Volker Kleinekort
Astrid Schmeing

DIE
~~STADT~~
Siedlung
IN
DER
STADT

Umformulierung
eines ungeliebten
Raummodells

BILDSERIE I

INHALT

AUFTAKT

DIE SIEDLUNG IN DER STADT   12

Theorie

EINE LEITBILDDISKUSSION   16

BILDSERIE II

EXKURS 1

Bildbasierte Forschung   35

BILDSERIE III

EXKURS 2
Forschendes Entwerfen   149

Analyse

SIEDLUNG GLEICH SIEDLUNG?   40

SIEDLUNGSBETRACHTUNGEN

HERTEN
SCHÜTZENSIEDLUNG   48
SIEDLUNG FEIGE SOPHIE   54
SIEDLUNG HOHENSTEIN   60

FRANKFURT/MAIN
SIEDLUNG TAUNUSBLICK   66
MÄRCHENSIEDLUNG   72
FERDINAND-HOFMANN-SIEDLUNG   78
EISENBAHNERSIEDLUNG   84
SIEDLUNG NIEDERKIRCHWEG   90
ADOLF-MIERSCH-SIEDLUNG   96

DARMSTADT
SIEDLUNG AM THEATERPLATZ   102
POSTSIEDLUNG   108
LINCOLN-SIEDLUNG   114

KARLSRUHE
SIEDLUNG GOTTESAUE   120
HARDTWALDSIEDLUNG OST   126
SIEDLUNG MÜHLBURGER FELD   132

Strategie

STRATEGISCHE
BESTANDSENTWICKLUNG   156

INSTRUMENTE UND MITTEL   168
ANWENDUNG DER INSTRUMENTE   176

HERTEN
SCHÜTZENSIEDLUNG UND
FEIGE SOPHIE   178

FRANKFURT/MAIN
FERDINAND-HOFMANN-SIEDLUNG   182

DARMSTADT
POSTSIEDLUNG   186

ENTWURFLICHE KONKRETISIERUNG   190

FRANKFURT/MAIN
MÄRCHENSIEDLUNG   192

ÜBER DAS BUCH   211
AUTOREN   213
BILDNACHWEIS / LITERATUR   214
IMPRESSUM   216

BILDSERIE I

AUFTAKT

DIE SIEDLUNG IN DER STADT

Der Titel des vorliegenden Buches spielt auf das ebenso inspirierende wie Fragen aufwerfende Manifest *Die Stadt in der Stadt* von Oswald Matthias Ungers und seinem Umfeld an, welches in den 1970er Jahren an der Cornell University entstand. *Die Stadt in der Stadt* geht von der Austauschbarkeit der Maßstäbe aus. Architektur, Quartier, Stadt sind Einheiten der gleichen Struktur. Sie alle sind – sofern ihre Morphologie und Typologie den „richtigen" Gesetzen folgen – in sich urban. Dieser Begriff der „Stadt in der Stadt" hat neben der Durchgängigkeit der Maßstäbe eine zweite Ebene: Er schließt zumindest implizit das Nichtstädtische aus. Bei Ungers ist dies schon allein dadurch gegeben, dass seine *Stadt in der Stadt* eine Studie zur Entwicklung der Großstadt Berlin ist. Aber der Begriff wurde nicht nur von Ungers benutzt; er war in den 1970er Jahren gängig. Und er zeigte eine klare Abkehr von der offenen Raumgestaltung der Moderne hin zum tradierten Raummodell der ebenso dichten wie funktionsgemischten europäischen Stadt. Diese Abkehr gilt für den Großteil der Planer und Architekten bis zum heutigen Tage.

Mit dem Austausch des Begriffs „Stadt" durch den Begriff „Siedlung" im Titel dieser Publikation wird die Durchgängigkeit der Maßstäbe infrage gestellt, aber auch die Polarisierung von Stadt und moderner Siedlung. Architektur ist nicht Siedlung, ist nicht Stadt, Siedlung ist aber auch nicht das Gegenteil von Stadt. Die Modelle der europäischen Stadt als Kernstadt und der Stadt der Moderne als Peripherie werden häufig gegeneinander ausgespielt; wir hingegen wollen Nachkriegssiedlungen als *städtische Räume* mit eigenständigen urbanen Qualitäten verstanden wissen. Es geht um das Verständnis von Siedlung als spezifischem Teil von Stadt. Damit folgen wir einem anderen Gedanken Ungers, nämlich die Stadt in der Stadt bzw. die Siedlung in der Stadt als urbanen Baustein mit eigener Identität zu verstehen, den eine spezifische soziale Struktur und räumliche Qualität kennzeichnen.

THEMA

Die Bestandsentwicklung des Wohnungsbaus der 1950er und 60er Jahre stellt eine bedeutende Herausforderung für die Wohnungswirtschaft und Stadtentwicklung dar. Der Blick liegt dabei zumeist auf der Architektur; aufgrund der bestehenden Raumgefüge unserer diversifizierten Städte handelt es sich aber vielmehr um eine Aufgabe des Städtebaus – so wird sie allerdings in den wenigsten Fällen verstanden. In dem diesem Buch zugrunde liegenden Forschungsprojekt „Wie Wohnen – Strategische Bestandsentwicklung im Wohnungsbau" wurden die urbanen Potenziale moderner Siedlungen der Nachkriegszeit stärker ins Blickfeld gerückt und ganzheitliche Entwicklungsmöglichkeiten aufgezeigt.

Siedlungen der Nachkriegsmoderne werden, einem zeitgenössischen Stadtbegriff folgend, meist als anti-urban empfunden. Entgegen dem geltenden Leitbild sind sie nicht dicht, durchmischt und vielfältig. Stattdessen folgen sie in ihren Zeilenbauten dem funktionalistischen Leitbild von „Luft und Sonne". Sie sind meist monostrukturell, sowohl in der Architektur als auch in der sozialen Zusammensetzung ihrer Bewohner. Der Grünraum ist der neutrale Hintergrund einer Architektur als Objekt, oft handelt es sich schlicht um ungenutzte „Resträume".

Diese Siedlungen sind nicht nur im Hinblick auf das städtebauliche Leitbild, sondern auch hinsichtlich ihrer Bausubstanz in die Jahre gekommen. Aus der negativen Wahrnehmung dieser Form von Stadtstrukturen heraus werden sie mancherorts abgerissen, im Falle einer Sanierung erfolgt diese oft nur nach energetischen Aspekten. Die Siedlungen werden dabei meist als autarke Einheit betrachtet und dementsprechend mehr als Architektur denn als Städtebau gehandhabt. Die Umbaupotenziale der Siedlungen ergeben sich aber vor allem aus ihrer Lage und der sie umgebenden Infrastruktur sowie aus ihrer programmatischen Flexibilität. Mit der Zunahme von Singlehaushalten, von Familien, in denen beide Elternteile arbeiten, Eineltern- und Patchworkfamilien, WGs und generationsübergreifendem Wohnen verändern sich die Anforderungen an die Wohntypologien, an die Freiräume und die Infrastruktur. Diesem Potenzial des Umprogrammierens soll in dem vorliegenden Buch Rechnung getragen werden.

Im Rahmen einer sinnvollen und nachhaltigen Bestandsentwicklung ist es notwendig, die Siedlungen stärker als interaktiven und formbaren Teil von Stadt zu verstehen. Denn im Gegensatz zum aktuellen Trend einer „low rise – high density"-Entwicklung mit großen Wohneinheiten auf minimierten Grundstücken bieten die inzwischen historisch gewordenen Siedlungen große Grünflächen und Freiräume. Insbesondere diesen unternutzten Freiflächen kommt ein besonderes Potenzial für veränderte, teilöffentliche und Teilöffentlichkeit stiftende Nutzungsformen zu, die sich in der Architektur ergänzen und ausbauen lassen.

ZIELFORMULIERUNG

Siedlung soll in dieser Arbeit als ein „alternatives Raummodell" verstanden werden. Die grundlegende Annahme dabei ist, dass eine als nicht urban empfundene Fläche in einer anderen Form urban sein kann. Die Siedlung, ursprünglich ausschließlich dem Wohnen gewidmet, wird „mehr als Wohnen". Dies ließe sich auch beschreiben als Aktivierung der homogenen Siedlungsräume zu heterogenen Stadträumen.

Dabei sollte „Stadtraum" nicht mit dem zurzeit vielfach zitierten Bild der europäischen Stadt identifiziert werden. Denn gerade „Siedlung in der Stadt" kann als ein Argument gegen das Eintauschen zweier Raumbilder verstanden werden, gegen den geradezu töricht erscheinenden Versuch, aus einer Siedlung klassische Stadt machen zu wollen und damit auch gegen die hochgradige Verdichtung der Siedlungen als Mittel der Stadtproduktion.

Denn in diesen gerade vielerorts entstehenden verdichteten Siedlungsräumen kann man aufgrund hoher Flächeneffizienz wiederum „nur noch wohnen". „Mehr als Wohnen" oder auch die „Siedlung in der Stadt" bedeuten hingegen die Nutzbarmachung von (Außen-)Räumen durch Mehrfachkodierung – also ein zutiefst urbanes Verständnis von Raum.

STRUKTUR

Diesen Zielen folgt das Buch anhand von drei Teilen, die wiederum in drei Bildserien eingebettet sind: ein Theorieteil zur Verortung der Thematik, gefolgt von einem Analyseteil und dem abschließenden Strategieteil. Zwei Essays in Form von methodischen Exkursen begleiten das Buch.

Der THEORIETEIL des Buches greift die grundsätzliche Frage auf, ob Stadt und Siedlung konträre Raummodelle sind oder ob sie, infolge falsch verstandener Planungsideologien, eher dazu gemacht wurden. Es wird dabei gegen die Vorstellung einer dem Siedlungsbau der Nachkriegsmoderne immanenten Monostruktur und -funktion argumentiert, der die Annahme zugrunde liegt, dass die Morphologie der Siedlungslandschaft keine Urbanität zulässt. Vor diesem Hintergrund wird im Theorieteil die Leitbilddiskussion aufgegriffen und dargelegt, dass Siedlungsstrukturen der Nachkriegsmoderne mehr sein können als notdürftige Wohnraumbeschaffung in der Phase des Wiederaufbaus.

Der ANALYSETEIL widmet sich 15 Siedlungen im Bundesgebiet und versucht deren räumliche Potenziale herauszuarbeiten.

Darauf aufbauend entwickelt der STRATEGIETEIL des Buches Werkzeuge für den Umgang mit diesen Potenzialen. Hier werden Strategien entwickelt und räumlich angewandt, um das eingangs erwähnte Ziel, Siedlung als urbane Raumkategorie zu verstehen, herauszuarbeiten. Die Kombination von Theorie, Analyse und Strategie soll Anstoß sein, bestehende Strukturen neu zu lesen und Vorschläge zur Zukunft der Siedlungen der Nachkriegsmoderne zu formulieren.

Getrennt und gleichermaßen verbunden werden die drei Buchteile durch Bildessays. Die letzten und ersten Seiten des Buches sind als eine zusammenhängende Bildstrecke zu verstehen – das Buch somit als ein gleich einem hermeneutischen Zirkel im Kreisschluss aufgebautes Werk. Den Grafiken in Analyse- und Strategieteil kommt eine eigene Bedeutung zu. Anstatt den Text bloß zu illustrieren, bilden sie vielmehr eine eigene Kategorie an Wissen, die sich komplementär zum Text verhält.

Die Publikation richtet sich an Wissenschaft und Praxis gleichermaßen. Sie soll den Diskurs im akademischen Kontext bereichern, aber auch in den Kommunalverwaltungen und in der Wohnungswirtschaft zum Nachdenken und Nachahmen im Umgang mit Wohnsiedlungen der Nachkriegsmoderne anregen.

Theorie
~~ANALYSE~~

~~STRATEGIE~~

EINE LEITBILDDISKUSSION

STADTLANDSCHAFT – EUROPÄISCHE STADT

Die Siedlungen der Nachkriegszeit zeichnen sich durch Bescheidenheit aus. Die zur Verfügung stehenden Wohnflächen sind gering, die Bauweise ist schlicht. Mit beidem, der einfachen Bauweise wie dem knapp bemessenen Wohnraum begegnete man dem großen Wohnungsmangel und den knappen Ressourcen nach dem Zweiten Weltkrieg. In den Anfangsjahren boten Siedlungen ungefähr zehn Quadratmeter Wohnfläche pro Person bei einer vorgeschriebenen Wohnungsgröße von zunächst 32–65 Quadratmetern.[1] Neben diesem Ausdruck von Bescheidenheit waren die Siedlungen aber auch Sinnbild einer angenommenen moralischen Überlegenheit, ästhetisch gegenüber dem monumentalen Stil des Nationalsozialismus, stadtstrukturell gegenüber der Stadt des 19. Jahrhunderts mit ihrer hohen Dichte, dem Block, der Parzelle, der Funktionsmischung und den damit einhergehenden Konflikten. Die lockeren Zeilenbauten mit dem hohen Grünanteil boten endlich Luft, Licht, Sonne. Dem Prinzip

Hochhausstadt, Ludwig Hilberseimer, 1924 / Quellennachweis: Hilberseimer, Ludwig: *Großstadtarchitektur.* Stuttgart 1927, S. 19

der Funktionstrennung folgend dienten sie ausschließlich dem Wohnen, ungestört vom Lärm und den Emissionen des benachbarten Gewerbes. Die funktional klar determinierten Grundrisse mit nutzungsbezogener Zuordnung von Wohnen, Essen, Küche, Bad, Flur, Schlafen ordneten mit wenigen Typologien das gleiche Leben der gleichartigen Siedlungsbewohner nach den festen Vorgaben der ersten Wohnungsbaugesetze nach dem Zweiten Weltkrieg.

Es gibt kaum, wenn überhaupt, eine Stadt in Deutschland, in deren Stadtgrundriss sich keine Zeilenbauten aus den 1950er Jahren finden. An die 1920er und 30er Jahre anknüpfend, fanden hier Überlegungen von Architekten und Planern wie Le Corbusier, Bruno Taut, Ernst May, Hans Scharoun oder Ludwig Hilberseimer ihre Umsetzung auf breitem Felde.

„Die natürlichen Faktoren, die die Dichte beeinflussen, sind Topographie und Besonnung. Ein Südhang kann dichter bebaut werden als ebenes Land. Diese Betrachtungen beziehen sich auf Südorientierung. Bei Ost- und Westorientierung wird die Dichte größer als bei reiner Südlage, besonders wenn wir die Besonnungsdauer reduzieren. Aber dann werden die Fronten der Gebäude, nicht die Räume selbst besonnt. In nördlichen Gegenden erhöht die größere Geschoßzahl die Dichte nur um ein geringes, in südlichen

---

[1] Wendorf, Gabriele: „Die Umbruchsituation in Wohnsiedlungen: Herausforderungen und Chancen". In: Wendorf, Gabriele (Hg.): *Wohnsiedlungen im Umbruch.* München 2011, S. 19 (Dem stehen laut dem Zensus 2011 heute ungefähr 42,5 Quadratmeter Wohnfläche pro Person gegenüber)

[2] Hilberseimer, Ludwig: *Entfaltung einer Planungsidee.* Frankfurt am Main 1963, S. 27

[3] Rowe, Colin / Koetter, Fred: *Collage City.* Zürich 1997, S. 89

Breitengraden dagegen in größerem Maße. Auch die Länge einer Wohnung übt einen Einfluß auf die Dichte aus. Wenn sie zu sehr verkürzt wird, werden die Räume zu tief, was nicht zweckentsprechend ist." [2]

Das Zitat und die links abgebildete Grafik wurden Hilberseimers Buch *Großstadtarchitektur* von 1927 entnommen – beide, Bild und Zitat, sagen sehr viel über die Denkart der Moderne aus, in welcher man Architektur versachlichen wollte, dabei aber die Komplexität eines lebendigen, am Menschen orientierten Stadtraumes oft außer Acht ließ.

Das Leitbild der Stadtlandschaft wurde zum Dogma, es wurde variiert und verändert, das Automobil hielt flächendeckenden Einzug, die Maßstäbe wuchsen, die Großsiedlungen der 1960er und 70er entstanden mit konzentrierter Gebäudemasse und erweiterten Landschaftsräumen. Das Thema der Urbanität hielt Einzug, wenn auch zunächst auf einer recht abstrakten Ebene. In den 1970ern dann revoltierte man bislang endgültig gegen die funktionsentflochtene Stadtlandschaft. Als Gegenbild bezog man sich ausgerechnet auf das Ideal, gegen das ihrerseits die neue Sachlichkeit und die Nachkriegsmoderne zu Felde gezogen waren: die dichte, funktionsgemischte, auf Parzellen gebaute Stadt mit vorgeblicher historischer Legitimation.

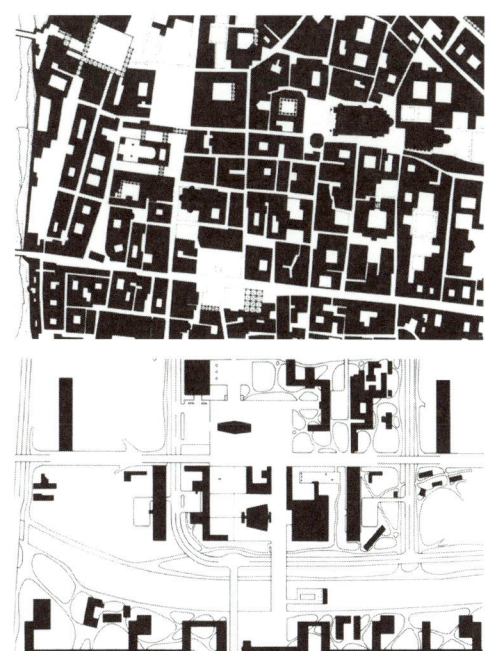

Stadt der Räume vs. Stadt der Objekte, Rowe / Koetter, 1997 / Quellennachweis: Rowe, Colin / Koetter, Fred: *Collage City*. Zürich 1997, S. 88, 89

Das zweite zentrale Leitbild des 20. Jahrhunderts war geboren, das der „europäischen Stadt". Aldo Rossis *Die Architektur der Stadt* und Colin Rowes und Fred Koetters *Collage City* bereiteten dafür in der Stadtbautheorie den Boden. Rowe und Koetter polarisierten moderne und historische Stadtstrukturen. Die moderne Stadt beschreiben sie als „Objektstadt", als eine „Seifenblase, die ihr Inneres aufrichtig zum Ausdruck bringt, was als allgemeingültige These nichts weniger als die Zerstörung des öffentlichen Lebens und der Schicklichkeit bedeutet". Die historische Stadt hingegen wird als Texturstadt definiert, sie kennzeichnet „das durchgehende Gefüge der Baumassen oder Textur, die ihrem Gegenstück, dem geformten Raum, Kraft verleiht, so entstehen Platz und Strasse, welche als eine Art Entlastungsventil für das öffentliche Leben wirken und eine ablesbare Gliederung ergeben – und ebenso wichtig, die beträchtliche Vielseitigkeit der unterstützenden Textur oder des Grundes". [3]

Léon Krier, einer der großen Utopisten, hatte mittels der Zeichnung das alte Stadtmodell neu erfunden. Mit Orten wie Poundbury konnte er im Echtraum experimentieren und seinen Utopien Leben einhauchen. Neben Léon Krier hat Prinz Charles von England eine zentrale Rolle in der Planung der Modellstadt gespielt, die auf seinem Grund und Boden errichtet wurde. Der erste Grundstein wurde 1993 gelegt. Poundbury ist ein Beispiel für den weit verbreiteten New Urbanism und zielt mit einer kleinteiligen Mischung von sozialem und privatem Wohnungsbau auf soziale Mischung. Aufgrund ihrer kompakten Form und Dichte erhebt die Stadt Anspruch auf Nachhaltigkeit. Stilistisch lehnt sich die Architektur an das Mittelalter und den

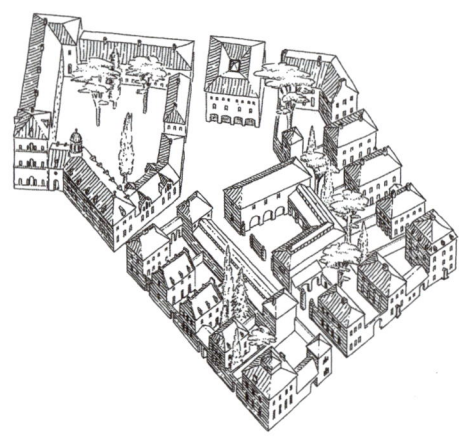

Poundbury, Dorset, Léon Krier, 1989, Axonometrie eines typischen städtischen Blocks / Quellennachweis: Krier, Léon: *Architektur. Freiheit oder Fatalismus.* München / New York 1998

Klassizismus an. Nach den Grundsätzen der europäischen Stadt geplant, zeigt Poundbury aber auch, dass sich weder deren Eigenschaften noch die Ideale, welche mit ihr verbunden werden, so einfach umsetzen lassen: die soziale Mischung ist effektiv eingeschränkt, da die Kaufpreise für Immobilien rund 30 Prozent über denen des Nachbarortes liegen. Nur zwei Prozent der Einwohner sind Migranten. Jeder zweite Einwohner ist pensioniert. Auch zum Thema der Nachhaltigkeit lässt sich einschränkend anmerken, dass Poundbury eine Stadterweiterung von Dorchester und nicht autark ist. Dafür liegt die Stadt unmittelbar an einer übergeordneten Straße. Mobilität ist damit ein Lebenselixier des Ortes.

So gegenteilig die beiden Leitbilder sind und so machtvoll das Bild der europäischen Stadt jenes der modernen Stadtlandschaft abgelöst hat, beide wirken bis in die Gegenwart des frühen 21. Jahrhunderts.

Räumliche und funktionale Entflechtung sind in die in der Nachkriegszeit entstandenen Gesetzeswerke und in die Flächennutzungsplanung eingeflossen. Sie prägen bis zum heutigen Tag höchst wirksam unsere Stadtstruktur. Der Raum gliedert sich in allgemeine und besondere Wohngebiete, Gewerbegebiete und Sondergebiete, die säuberlich voneinander getrennt immer weiter (wenn inzwischen auch langsamer) in die Fläche wachsen. Strukturiert und miteinander verbunden werden sie durch ein flächendeckendes Infrastrukturnetz, das vor allem auf den Individualverkehr, das Auto ausgerichtet ist. Diese Flächen machen einen Großteil unserer Städte aus. Nebenstehende Analyse, die im Rahmen des Ladenburger Kollegs um Thomas Sieverts erarbeitet wurde, zeigt das Limmattal bei Zürich im Vergleich zum Paminaraum um Karlsruhe. Man erkennt die Aufteilung des Raums in voneinander unabhängige, nur durch die Infrastruktur verbundene Patches, die in „Kerne, neue Zentren, XXL-Strukturen, Blinde Flecken, Klone Wohnen, Klone Gewerbe" unterteilt wurden. Augenfällig ist auch die Durchdringung von Stadt und Landschaft.

Diese reale funktionsentflochtene Stadtlandschaft entspricht trotz inhaltlicher Parallelen zu den Nachkriegssiedlungen in keiner Weise den Visionen ästhetisch hochwertiger Räume aus Architektenhand, die den Planern der Moderne vorschwebten und die sie zum Teil auch realisierten. Dazu wurde die Stadtlandschaft – oder Zwischenstadt, wie Thomas Sieverts sie in den späten 1990ern taufte – viel zu wenig gestaltet. Dennoch ist sie ein Subjekt von Planung, ein Ergebnis gängiger Planungspraxis.

URBANITÄT: SIEDLUNG ≠ STADT

Paradoxerweise wurde das eigens Produzierte von der Planerschaft nicht gutgeheißen. Man hielt sich an die Dichotomie von „guter" Kernstadt europäischer Prägung und „schlechter" Stadtlandschaft. Gestaltet hat man daher vor allem die historisch geprägten Innenstädte, welche über die Raumkategorie des Misch- und Kerngebietes ihre Existenz als funktionsgemischter, dichter und durch öffentliches Leben geprägter Stadtbaustein fortsetzen konnten. Mischung und öffentliches Leben – genau wegen dieser Eigenschaften wird die europäische Stadt

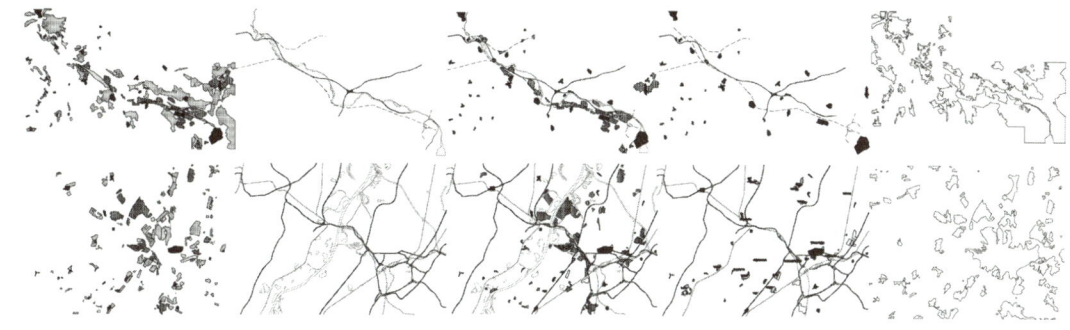

Vergleichende Analyse, Limmattal – Paminaraum / Quellennachweis: Die Analysegrafik ist ein Zwischenergebnis aus der Forschungsgruppe *Zwischen Stadt Entwerfen* mit Bormann, Koch, Schmeing, Schröder, Wall. Bild: Archiv Astrid Schmeing

so geschätzt. Schon zu Zeiten der intensiven Diskussion des Phänomens der „Zwischenstadt" in den späten 1990ern und frühen 2000ern haben sich die Vertreter des Leitbildes der europäischen Stadt nicht ernsthaft auf das Phänomen eingelassen. Die Innenstädte hatten über Dekaden massiv Bewohner an die Peripherie verloren. Doch Anfang der 2000er kehrte sich die Tendenz um, seitdem verzeichnen die Innenstädte wieder Zuwachsraten. Diese Rückzugstendenz in die Innenstädte war und ist vielen Planern ein Anlass, sich wiederum auf die Innenstadtentwicklung zu konzentrieren. Eine Gestaltung der Stadtlandschaft, zu welcher auch die Nachkriegssiedlungen zählt, wird weiterhin vernachlässigt.

Eine recht unmittelbare Fortsetzung und Forderung des Leitbildes der „europäischen Stadt" als flächendeckend anzunehmendes Raummodell ist die „Kölner Erklärung". Diese wurde im Mai 2014 als Manifest veröffentlicht und beinhaltet zunächst den Aufruf zu einem transdisziplinären Ansatz von Architektur, Stadt- und Verkehrsplanung schon in den Hochschulen, um die Stadt beziehungsweise den „guten Stadtraum" ganzheitlich kreieren zu können. „Das ‚Einmaleins des Städtebaus', bildet den Sockel der Ausbildung. Es umfasst städtebauliches Gestalten vom gesamtstädtischen Maßstab bis zum konkreten Stadtraum aus Straße, Platz, Block und Haus. Es beachtet die Trennung und Beziehung von Öffentlichkeit und Privatheit als eine Grundbedingung des Städtischen. Es vermittelt urbane Straßen, Platz und Parktypologien ebenso wie städtische Haus- und Fassadentypologien."[4]

In der „Kölner Erklärung" wird nur ein Raummodell als anerkanntes Leitbild verfolgt, jenes der traditionellen europäischen Stadt, das für jede Aufgabe und jeden Ort Gültigkeit haben soll. Doch man kann Stadt nicht mit Stadt erweitern. Was ist mit den weiten Flächen der Stadtlandschaft, die Nachkriegssiedlungen eingeschlossen? Ließen sich diese überhaupt nach dem Modell der dichten, funktionsgemischten Stadt mit den Elementen Straße, Park, Platz und städtisches Haus umbauen? Oder wird der Begriff der „europäischen Stadt" hier zu einem leeren Schlagwort, welches sich nicht mehr adäquat mit Inhalt füllen lässt?

[4] Vergleiche zur Debatte um die Kölner Erklärung auch: *StadtBauwelt* Nr. 205: *Die Europäische Stadt – eine Chimäre?*, 12/2015

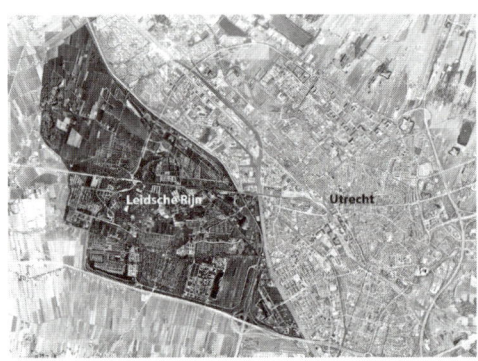

Vinex-Planung Leidsche Rijn /
Quellennachweis: maxwan
architects and urbanists

Wenn man sich die Raumproduktion der vergangenen Jahrzehnte anschaut, kann man sich fragen, ob die weitreichende Produktion monofunktionaler Siedlungen in der Peripherie nicht zumindest implizit ein Preis ist, den man zu zahlen bereit war, um in den Innenstädten das Leitbild der europäischen Stadt umsetzen zu können. Die niederländische Vinex-Planung, bei der für das Stadtwachstum notwendige Flächen als Stadterweiterungen an den vorhandenen Städten vorgehalten wurden, lässt sich hierzu als Beispiel heranziehen.

    Die Niederlande hatten in den 1990ern ein enormes Stadtwachstum zu verzeichnen, das vor allem aus einem erhöhten individuellen Raumbedarf resultierte. Die Niederländer zog es aus dem staatlich organisierten Wohnungsbau in das privat produzierte, größere Reihenhaus. Innerhalb von nur zwei Jahrzehnten entstanden ungefähr eine Million Reihenhäuser, die verschiedenen Städten als Stadterweiterungen angegliedert wurden. Neben den Reihenhäusern entstanden auch neue Zentren oder funktionsgemischte Areale, doch diese waren marginal im Verhältnis zu den Flächen reinen Siedlungsbaus. Warum konzipierte die Raumplanung derart große Flächen nicht als Stadt, sondern als Siedlungen? Das Leitbild der „europäischen Stadt" war in den Niederlanden ebenso in aller Munde wie hierzulande. Doch was wäre passiert, wenn man versucht hätte, die funktionsgemischte, dichte Stadt flächendeckend anzusiedeln?

Eine breit angelegte Durchmischung hätte den Innenstädten voraussichtlich ihre Kraft genommen, da sich der Bestand an öffentlichen und konsumorientierten Funktionen auf viel mehr Fläche hätte verteilen müssen. Der Einsatz „urbaner" räumlicher Typologien, ohne die Möglichkeit oder den Willen, die urbanen Funktionen mit in die Fläche zu ziehen, kann nur zum Raumbild der „europäischen Stadt" führen, ohne deren Inhalt katalysieren zu können, zumal heutige Gewerbeflächen oft wenig mit dem Parzellenurbanismus der historischen europäischen Stadt zu tun haben. Dieses Problem hat nicht nur mit der sektoralen Ausbildung und Praxis von Architektur, Planung und Verkehr zu tun, sondern vielmehr mit der Abhängigkeit des Raumes von gesellschaftlichen und ökonomischen Strukturen und Prozessen, die über die Raumplanung allein nicht gesteuert werden können.

    Wenn sich nun das Leitbild der „europäischen Stadt" nicht auf unsere gesamte Stadt anwenden lässt, muss es durch ein anderes Leitbild ersetzt werden. Markus Allmann schreibt zu den Nachkriegssiedlungen, der „europäischen Stadt" und möglichen Alternativen: „Für mich ist die Moderne mit all ihren Gebäuden und Strukturen einfach eine Tatsache. Das waren damals richtige Überlegungen. Wenn man Bilder sieht aus dem Deutschland der Nachkriegszeit, (…) dann wird angesichts der zerbombten Stadtstrukturen der damalige Wunsch umso verständlicher, aus der Moderne heraus Bilder zu finden, die zukünftig wirken. (…) Und immer, wenn wir heute über städtebauliche Modelle reden, ist für mich das Entscheidende, dass die Bausubstanz ja bereits da ist – eine Bausubstanz, die uns vor die Frage stellt, wie wir weiter mit ihr umgehen. Das Idealisieren von Modellen, neuen oder alten oder zukünftigen, halte ich für schwierig und für abgehoben."[5]

    Allmann spricht sich gegen ein Leitbild und für einen pragmatischen Umgang mit der historisch relevanten Bausubstanz aus. Folgt man diesem Ansatz, stellt sich eher die Frage, welche eigenen Potenziale jeweils unterschiedliche Stadtstrukturen im Hinblick auf zeitgenössische Fragestellungen, etwa die Themen Urbanität oder nachhaltige Stadtentwicklung, zu bieten haben.

Man könnte allerdings auch argumentieren, dass die existierende Heterogenität der Stadtstruktur das Leitbild ihrer weiteren Entwicklung sein könnte. Zum einen wäre dies ein denkmalpflegerischer Ansatz, dem es um die Lesbarkeit der Stadtstruktur und ihre unterschiedliche Ausprägung in den verschiedenen Epochen geht. Unsere Städte sind ein Stück Kulturgeschichte. Die Architektur der 1950er Jahre ist unlängst in der Denkmalpflege angekommen.

LEBENSMODELL NACHKRIEGSSIEDLUNG

Doch auch ein anderer Ansatz wäre denkbar. Unsere Gesellschaft ist zunehmend heterogen geprägt. Das hat mit dem zunehmenden Anteil an Migranten oder Menschen mit Migrationshintergrund zu tun. Und auch jenseits der Zuwanderungsfrage lässt sich eine Heterogenisierung feststellen. Stellten früher klassische Familien den Hauptanteil der Bewohner, sind diese inzwischen viel stärker aufgesplittet in Singles, Paare, Kleinfamilien, Patchworkfamilien, Alleinerziehende mit Kindern, Junge und Alte. Getragen wird dieser Prozess von einem Demokratieverständnis, das Vielfalt nicht nur erlaubt, sondern als seine Basis sieht. Selbst wenn Colin Rowe in *Collage City* für die Vielfalt der dicht gewachsenen historischen Stadt plädierte, bietet ein Konglomerat aus den in sich schon typologisch gemischten Kernstädten, Siedlungen unterschiedlicher Prägung und Einfamilienhausgebieten, also zusammenfassend Räume unterschiedlicher Dichten und Funktionsmuster sehr viel mehr Varianz an Räumen und damit Lebensmodellen, zumindest sofern diese echte Wahlmöglichkeiten darstellen und der Wohnort sich nicht nur nach dem zur Verfügung stehenden Einkommen bestimmt.

Wenn wir die Nachkriegssiedlungen als Baustein einer heterogen geprägten Stadtmorphologie anerkennen, heißt das im Umkehrschluss dass wir mit Siedlungen – auch den Nachkriegssiedlungen – in der Eindimensionalität leben müssen, in welcher sie angelegt wurden? Oder lassen sich Qualitäten der „europäischen Stadt", die ja durchaus gesellschaftlich sinnvolle Inhalte repräsentiert, auf die Stadtlandschaft bzw. die Nachkriegssiedlungen übertragen? Verfügt die Struktur der Stadtlandschaft über diesbezügliche Potenziale? Kristiaan Borett, der Stadtbaurat von Brüssel, schlägt die Einführung einer dritten Kategorie vor, die zwischen dem Öffentlichen (die Stadt) und dem Privaten (die Siedlung) liegt: „Die heutige Diskussion in Flandern dreht sich nicht um eine Unterscheidung in öffentlich und privat, denn bei uns wird privat immer auch als individuell verstanden. Wir haben drei Kategorien: öffentlich, kollektiv und privat. Die Vorstellung, die sich mit dem ‚kollektiven Stadtraum' verbindet, ist die, mehr Shared Space zu haben, der im privaten Besitz einer Gruppe von Bürgern ist. Bei dieser Art von organisierter Nachbarschaft wäre es völlig sinnlos, sich Gedanken über die Gestaltung eines Platzes oder einer Straße mit vielen Läden oder einem Café an der Ecke zu machen. Denn das wird dort nicht passieren. Die Dichte ist einfach nicht hoch genug!"[6] Was Borrett hier auf den Punkt bringt, ist die Notwendigkeit, Siedlung von Stadt zu unterscheiden, die Siedlung aber nicht als das Gegenteil der Stadt zu betrachten, sondern als Raumkategorie, die ihre eigenen Möglichkeiten hat, mehr als Wohnen zu ermöglichen. Auch Lukas Küng verfolgt dieses Ziel:

[5] Geipel, Kaye: „Städtebau! – Eine Debatte um die Gestalt der Stadt". In: *StadtBauwelt* Nr. 205. *Die Europäische Stadt – eine Chimäre?* 12/2015, S. 23

[6] Geipel, 2015, S. 23

„Wer sich aber mit Fragen der Urbanität im Kontext städtischer Agglomerationen auseinandersetzt, kommt unweigerlich zu der Erkenntnis, dass sich typisch kernstädtische Urbanität im sub- und periurbanen Kontext meist kaum erzeugen lässt. Andererseits treffen Prädikate wie ‚ländlich' oder ‚dörflich' die Eigenschaften dieser Gebiete ebenfalls nicht mehr, weshalb sich ein anderes Verständnis von Urbanität aufdrängt, das verschiedene Ausprägungen urbaner Zusammenhänge integriert. (…) Auch wenn in solchen Situationen kernstädtische urbane Intensität nur schwer erzielbar ist, lassen sich vorhandene oder potenzielle urbane Qualitäten durchaus identifizieren und auch fördern."[7]

Es muss darum gehen, eine den Nachkriegssiedlungen angemessene Urbanität zu entwickeln, eine Art „Urbanität light", die dazu dient, die Siedlung als Kollektiv zu stärken und Gemeinschaftsleben zu aktivieren. Ziele und Inhalte des Leitbilds „europäische Stadt" sind dabei nicht obsolet, aber zu filtern und an den veränderten Kontext anzupassen.

Dazu sollten die Siedlungen funktional aktiviert werden. Hierfür gibt es eine Reihe von Gründen: Gesamtgesellschaftlich gilt es dem Trend der zunehmenden Segregation in den Städten entgegenzuwirken. Diese Segregation zementiert neben sozialen oft auch ethnische Unterschiede. Sie betrifft nicht nur das Wohnen, sondern auch den Schulbesuch, über den ebensosehr wie über die Familienzugehörigkeit Lebenswege vorgezeichnet werden. Um Integration zu erreichen, müssen die Typologien und Standards der Wohnungen vervielfältigt werden, um unterschiedliche soziale Gruppierungen in den Siedlungsraum integrieren zu können. Es müssen aber auch die kollektiven Räume der Siedlung, insbesondere der Grünraum, ausgebaut werden, um Orte der Begegnung – und sei es der beiläufigen – zu kreieren.

Vielleicht sogar aufgrund des hohen Individualisierungsgrades in unserer Gesellschaft, verbunden mit dem Rückgang familiärer Strukturen, zeichnet sich ein Bedürfnis nach mehr Kollektivität ab. Die zunehmende Zahl an Baugemeinschaften, aber auch die hohe Ausnutzung unserer öffentlichen Stadträume sind ein Indikator hierfür. Es müssen neue Möglichkeiten gefunden werden, eine Nachbarschaftsstruktur aufzubauen, die sozialen Zusammenhalt bietet, um die Siedlungen als Lebensmittelpunkte attraktiv gestalten zu können und den Menschen eine stärkere Identifikation mit ihrem Quartier zu ermöglichen.

In einer Umfrage von Studentinnen und Studenten der Hochschule Darmstadt (h_da) gaben deren Interviewpartner in den Siedlungen wiederkehrend die Antwort, dass der soziale Zusammenhalt in den Siedlungen fehle. Einige langjährige Bewohner der ersten Generation merkten wehmütig an, dass dies nicht immer so gewesen sei. In ihren Anfangsjahren gab es in den Siedlungen durchaus nachbarschaftliche Strukturen. Oft waren die Siedlungen Werkssiedlungen und ihre Bewohner arbeiteten in der gleichen Firma. Die Siedlungen wurden von Familien bewohnt. Man kannte sich. Treffpunkte waren die allgegenwärtigen Teppichstangen, die Waschhäuser, aber auch die Kioske oder Tante-Emma-Läden. Die Mieterstruktur hat sich mittlerweile vielerorts gewandelt. Zwar wohnen zum Teil noch besagte Erstmieter in den Siedlungen, aber das Zusammenleben hat sich häufig anonymisiert. Diejenigen, die neu hinzukommen, identifizieren sich nicht immer mit ihrem Wohnstandort und pflegen nachbarschaftliche Kontakte kaum oder gar nicht. Man muss hier aber einschränken, dass dies nicht für alle Siedlungen gilt, in denen Bewohner befragt wurden. Das Ergebnis der Befragungen deutet vielmehr darauf hin, dass das Verhalten der Wohnungsbaugesellschaften, also ob diese

[7] Küng, Lukas: „Vom Entstehen urbaner Qualitäten". In: *archithese* 5/2015, S. 87, 88 und 90

soziale Aktivitäten anregen oder nicht, aber auch die Lage in der Stadt und das Klientel das Sozialleben in den Siedlungen beeinflussen.[8]

NACHHALTIGKEIT

Ein weiteres Phänomen hat die Debatte um Stadtmodelle und Bestandsentwicklung der Innenstädte gegenüber der Peripherie begünstigt: die Notwendigkeit eines nachhaltigen Städtebaus, also eines Städtebaus, der möglichst wenig Ressourcen, insbesondere Boden, verbraucht und einen möglichst geringen Schadstoffausstoß verursacht. Nachhaltiger Städtebau wird aus diesem Grund vor allem mit der dicht bebauten, funktionsgemischten Stadt der kurzen Wege verbunden, die fast alles mit der europäischen Stadt gemein hat – hingegen fast nichts mit der funktionsentflochtenen Stadtlandschaft in ihrer Abhängigkeit vom ökologisch negativ zu bewertenden Individualverkehr.

Die Nachkriegssiedlungen tragen somit zumindest auf den ersten Blick nichts zur Nachhaltigkeit unserer Städte bei. Sie sind nicht dicht, sie sind nicht funktionsgemischt, die Gebäude haben einen hohen Energieverbrauch, die Außenräume sind unterentwickelt und haben weder eine ausreichende ökologische noch soziale Funktion, sie liegen oft peripher und sind Teil eines autozentrierten Städtebaus. Die Antwort, welche Städtebauer auf die Frage der städtebaulichen Bestandsentwicklung geben, ist – sofern diese überhaupt stattfindet – häufig dieselbe Antwort, die für die Innenstädte in Ansatz gebracht wird: eine Verdichtung des Raumes, gesteigert zum Umbau der offenen Zeilen zum geschlossenen Block mit definierten Straßenräumen, Plätzen und Höfen. Die Problematik dieses Ansatzes ist weiter oben benannt worden.

Es geht kein Weg an einem nachhaltigen Städtebau vorbei und Nachverdichtung sowie energetische Sanierung sind nicht wegzudiskutierende Bausteine dafür, dennoch ist die Reduktion auf diese Aspekte fatal. Es ist zu kurz gedacht, sich auf energetische Sanierung und Nachverdichtung zu beschränken, zumal aus dem Kontext des Naturschutzes heraus eine ganz andere Antwort auf die Frage nach der nachhaltigen Gestaltung unserer Städte gegeben wird. Das Bundesministerium für Umwelt, Naturschutz, Bau und Reaktorsicherheit setzt sich dafür ein, als Nachhaltigkeitsstrategie den Grünanteil in den Städten nicht nur zu qualifizieren, sondern darüber hinaus zu erhöhen. Barbara Hendricks schreibt hierzu im *Grünbuch Stadtgrün*: „Bäume und Sträucher, Hecken, Blumen und Wiesen – urbanes Grün macht unsere Städte attraktiver und lebenswerter. Stadtgrün reguliert die Temperatur, reinigt die Luft und wirkt sich damit positiv auf das Stadtklima und die Gesundheit aus. Es bietet Lebensraum für Flora und Fauna und unterstützt die biologische Vielfalt in der Stadt. Da immer mehr Menschen in unseren Städten leben wollen und leben werden, nimmt die Bedeutung einer ‚grünen Infrastruktur' zu. Sie steigert die Wohnqualität, fördert Freizeit, Sport und Erholung und kann damit den sozialen Zusammenhalt und die gesellschaftliche Teilhabe stärken. Mit städtischem Grün können die negativen Begleiterscheinungen der Urbanisierung wirksam begrenzt werden."[9] Den Autoren ist aber klar, dass man um die Nachverdichtung der Städte nicht herumkommen wird.

[8] Scherer, Iris / Schuster, Kai: „Wie wohnst du so? Stadtsoziologie – Feldforschung, Empirie und Kaffeeklatsch im Städtebau". h_da-Seminar im Wintersemester 13/14

[9] Bundesministerium für Umwelt, Naturschutz, Bau und Reaktorsicherheit: *Grün in der Stadt – für eine lebenswerte Zukunft. Grünbuch Stadtgrün.* Berlin 2015, S. 5

Im *Grünbuch* wird auf den herrschenden Konflikt zwischen dem Ziel der Nachverdichtung einerseits und dem Ansinnen, den Grünraum zu stärken, aufmerksam gemacht: „In Wachstumsregionen und insbesondere in Innenstadtlagen werden Flächenreserven zunehmend bebaut. Stadtgrün wird häufiger im Konflikt mit anderen Nutzungen verdrängt; das Regierungsziel, die Durchgrünung von Siedlungen einschließlich des wohnumfeldnahen Grüns bis zum Jahr 2020 deutlich zu erhöhen, ist damit gefährdet." [10]

In der strategischen Bestandsentwicklung der Nachkriegssiedlungen sollten deren Grünräume also nicht leichtfertig einer Verdichtung im Sinne des Modells der europäischen Stadt als allein gültigem Paradigma geopfert werden, zumal diese bei den Bewohnern einen hohen Stellenwert genießen. Je nach Lage und Kontext der Siedlungen ist es vielmehr sinnvoll, die Grünräume sozial wie ökologisch zu aktivieren: „In Bürgerbefragungen wird Stadtgrün als wichtig und sehr wichtig bewertet, dies mit wachsender Tendenz. Parks und Grünanlagen sowie ein grünes und attraktives Wohnumfeld bedeuten Lebensqualität und Vitalität. Grüne Städte [bzw. grüne Quartiere, Anm. der Autoren] punkten im Standortwettbewerb. Stadtgrün fördert Erholung und Gesundheit, ermöglicht Begegnung und Teilhabe und schafft Gestaltungsräume für alle Stadtbewohner. Zudem fördert es ein gesundes Klima, den Erhalt der Biodiversität und dient zugleich der Luftreinhaltung, der Grundwasserneubildung und dem Schutz der Stadtböden." [11]

Ein weiteres Stichwort zum nachhaltigen Ausbau der Siedlung ist das Thema Suffizienz. Die Wohnungen in den Nachkriegssiedlungen sind für heutige Standards klein. Das könnte ein Potenzial im Hinblick auf eine flächensparende Stadtentwicklung sein, welche Grünräume erhalten und stärken möchte. Unter Umständen sind Mieter bereit, kleinere Wohnungen mit angepassten, raumvermittelnden Grundrissen in Kauf zu nehmen, wenn sie dafür mehr Grünfläche vor der Tür haben. Allerdings sollten dann zusätzliche Gemeinschaftsräume entstehen, öffentliche oder halböffentliche „Wohnzimmer", Fitnessräume, Spiel-, Gäste- und Arbeitszimmer, welche die knapp bemessenen Wohnungsgrundrisse ergänzen und ein kollektiveres Sozialleben ermöglichen. Zudem müssen sinnvolle Lösungen gefunden werden, um das Auto durch umweltfreundlichere Mobilitätsformen ersetzen zu können. Es geht also weniger darum, nicht zu verdichten, als vielmehr darum, Verdichtung sehr differenziert zu betrachten, auf vielfältige Art und Weise umzusetzen und bei bestimmten Arealen der Stadt Nachverdichtung zu begrenzen, um den vorhandenen Grünraum als qualitativen Raum ausbauen zu können.

Ein wesentlicher Baustein einer nachhaltigen Bestandsentwicklung ist die Eindämmung des CO_2-Ausstoßes durch den Verkehr. Wiederum hat das Modell der kompakten, dichten, funktionsgemischten Stadt, also jenes der „europäischen Stadt", erst einmal mehr zu bieten. Die Wege sind kurz, die Funktionen gemischt – damit lassen sich viel leichter Alternativen zum Auto etablieren, vom Gebrauch der eigenen Füße über das Rad bis hin zum ÖPNV, als in der Stadtlandschaft einschließlich der oft peripher gelegenen weitläufigen Siedlungen. Aber auch hier greift das Argument, dass sich die Städte kaum ganzheitlich dem Modell der europäischen Stadt folgend umplanen lassen. Dies würde den Abriss weiter Teile von Stadt und einen Wiederaufbau an anderer Stelle bedeuten. Der damit verbundene Energieaufwand wäre enorm. Wiederum gilt es, die ureigenen Potenziale des Raumes bei einer Anpassung an heutige Aufgabenstellungen zu erkennen und auszubauen und nicht gegen die Raumsituation zu arbeiten. Zielführend ist auch

[10] Bundesministerium für Umwelt, Naturschutz, Bau und Reaktorsicherheit, 2015, S. 16

[11] Bundesministerium für Umwelt, Naturschutz, Bau und Reaktorsicherheit, 2015, S. 12

hier wieder alternativ, den kollektiven Raum der Siedlungen auszubauen, um den Bewohnern zu ermöglichen, zumindest ihre Freizeit verstärkt vor Ort zu gestalten, die Nahversorgung mit alternativen Konzepten auszubauen sowie Serviceeinrichtungen zu integrieren. Beispielhaft für ein solches alternatives Konzept ist die DORV. DORV steht für „Dienstleistungen und ortsnahe Rundum-Versorgung". Gegründet wurde die Initiative von Heinz Frey, einem Lehrer und Kommunalpolitiker, der eine Lösung für „seinen" Ortsteil in Jülich suchte, um der Abwärtsspirale der dörflichen Nahversorgung Einhalt zu gebieten. Anstelle einzelner Institutionen, wie einem Bäcker, Metzger, Lebensmittelladen, Reisebüro, Café, einer Reinigung, Sozialservicestation, Bank, Post, einem Energieversorger et cetera, werden diese Funktionen innerhalb eines Ladens unter dem Stichwort „multidimensionale Nahversorgung" vereint. Der Laden wird zum Kommunikationszentrum für die Bewohner, die zugleich auch Betreiber sein und oder über Anteilsscheine finanziell beteiligt sein können. In Eisental, wo ein anderer Laden des Modells entstanden ist, kooperiert man inzwischen mit Sozialträgern, um einen Mittagstisch zu ermöglichen, ehrenamtliche Helfer sind involviert, um einen Einkaufsservice anbieten zu können. Das Modell wird inzwischen mehrfach kopiert. Als Quart-Vier-Zentrum wird die Idee nun auch auf städtische Kontexte mit ähnlichen Problemen – hierzu lassen sich auch die meisten Nachkriegssiedlungen zählen – übertragen. Ebenso können bestimmte Arbeitstypologien wie das Homeoffice, Coworking-Spaces oder kleinere Bürostrukturen in die Siedlungen integriert werden.

Auch auf dem Terrain der Mobilitätsgestaltung lassen sich Maßnahmen treffen, welche es ermöglichen, die Nutzung des Automobils zumindest einzuschränken, wenn nicht gar ganz auf dieses zu verzichten. Sihlbogen ist eine neue Modellsiedlung mit 200 Wohneinheiten in der Schweiz, die als 2000-Watt-Siedlung zertifiziert ist. In dem Stellplatzschlüssel von 0,29 sind nicht nur die Plätze für die Mieter berücksichtigt, sondern auch die Parkplätze für Besucher sowie für das Carsharing. Mieter verpflichten sich vertraglich, keinen Parkplatz in Anspruch zu nehmen. Dafür bekommen Sie einen sogenannten Railcheck von CHF 800 jährlich für die Nutzung des ÖPNV. Die Siedlung ist gut an das Nahverkehrsnetz angebunden. Neben dem ÖPNV-Angebot gibt es Anlehnbügel sowie Einstellhallen für Fahrräder. Es gibt ein Fahrradwegenetz in der Umgebung. Für die Nahversorgung wird anhand einer kleinen Filiale des Einzelhändlers Migros und einer Post gesorgt, die in der dritten Bauphase entstehen sollen.

Dieses und andere Modelle und Organisationsformen zeigen, dass urbane Aspekte durchaus auf Siedlungsstrukturen übertragbar sind und auch hier Nutzungsmischung und eine „Stadt der kurzen Wege" möglich sind.

Zusammengefasst ergibt sich aus den Aspekten und Argumenten ein deutlich anderer Blick auf die Siedlung der Nachkriegsmoderne. Anstatt als reines „Gegenmodell" zu Stadt erscheint diese als Alternativangebot, das Wahlfreiheit bietet. Die Aspekte, die zur Stärkung dieser Wahlfreiheit beitragen, will die vorliegende Publikation herausarbeiten.

Die Bilder der Bildserien stehen für sich, bewusst ohne erläuternden Text oder Bildunterschriften. Zum Verfahren der bildbasierten Forschung siehe Seite 35.

Bildbasierte Forschung

Zur Methode und Bedeutung
eines *image based research* für
die Stadtforschung

Grundlegende Gedanken

Im Jahr 1781 erschien der erste Band von Louis-Sébastien Merciers *Tableau de Paris*. Mercier fertigt in diesem Buch „Bilder" von Paris in Form von Essays an. Die Bilder sind Momentaufnahmen der Stadt in Schriftform. Sie beschreiben vor allem alltägliche Straßenszenen „und sind als Bilder zu bezeichnen, weil sie – literarisch aufgenommen – Merciers Bild, das er sich von der Stadt macht", zeigen.[1] Diese Aufnahmen werden somit zu einem Abbild der Stadt. Nicht umsonst tragen viele zeitgenössische deutschsprachige Publikationen Merciers Titel wie *Bilder einer Großstadt* oder *Pariser Nahaufnahmen* und weisen damit schon im Titel auf die beschriebene Lesart des Buches hin.[2]

Hatten sich Publikationen zu den europäischen Städten in der Zeit Merciers, wie heute zumeist auch, eher auf die besonderen Gebäude wie Kirchen, Schlösser und öffentliche Bauten fokussiert, so ist sein Blick auf das Normale, das scheinbar Ordinäre für seine Zeitgenossen geradezu eine Offenbarung. Das Tableau de Paris avanciert zu einem allgemeinen Gesellschaftsbild, das mit „sozialer Präzision in gänzlich neuer Form" den Pariser Alltag beschreibt.[3] Damit sind Merciers Texte als Vorläufer der Reportage zu verstehen, mithilfe derer wir uns heute ein Bild von der Welt machen, und als zeitgenössischer Diskurs über Stadt. So hält auch der Literaturwissenschaftler Karlheinz

Stierle in seiner „Entdeckung der Stadt" fest, dass „der wissenschaftliche Diskurs der Urbanistik" den Stadtdiskurs des 19. Jahrhunderts wohl an Genauigkeit übertreffe, an Kraft, Vergegenwärtigung und Einsicht der Stadt aber blieb der Diskurs der Stadt des 19. Jahrhunderts unübertroffen.[4]

Wir sind es heute gewohnt, dass Bilder und Texte kombiniert werden. Der Text beschreibt oder erläutert das Bild – das Bild visualisiert den Text. Aber schon Mercier zeigt, dass das Isolieren eines der beiden Erzählelemente eine eigene Erfahrungstiefe hervorrufen kann.

Methode

An genau diesen Gedanken knüpft das Isolieren der Bildinformation in den Bildstrecken dieses Buches an. Die Bilder sind nicht als Illustrationen zum Text misszuverstehen. Sie stehen für sich selbst, sind sozusagen selbsterklärende Information – mit all den unterschiedlichen Möglichkeiten der Interpretation. Der Betrachter muss sich mittels der Fotografien selbst ein Bild machen und seine eigenen Schlüsse ziehen – ganz im Sinne von Wittgensteins Forderung „Nicht erklären, nur beschreiben".

Erkenntnisgewinn

Was bedeuten solche Formen von Darstellung und Visualisierung für wissenschaftlichen Erkenntnisgewinn in der Urbanistik? Wie subjektiv ist, im Vergleich zum vermeintlich objektiven Text, bereits ein Bild? Eine Fotografie?

Mit diesen Fragen bezieht sich dieser Exkurs auf den Aspekt der Darstellung, besonders des Bildes. In den Naturwissenschaften werden beispielsweise unterschiedliche Techniken der

Bildgebung und Sichtbarmachung eingesetzt, hier hat oft erst das geeignete Werkzeug, wie das Mikroskop oder der Kernspintomograf, zu neuer Erkenntnis geführt. Die Stadtforschung hat seit den 1970er Jahren die Technik des *mapping* entwickelt. Diese erlaubt es, auch flüchtige oder wenig greifbare Informationen wie Bewegungen oder Nutzungen im Raum zu visualisieren und damit Raum bildende Strukturen kenntlich zu machen. Diese Vorgehensweise kann in der architektonischen Wissenschaft aufgrund ihrer Individualität zum interpretativen Verständnis von Raum dienen. Als These kann gelten, dass dem Verstehen einer räumlichen Situation durch Bildgebung bereits ein entwerferischer Prozess beim Betrachten zugrunde liegt. Dieser Gedanke stützt sich auf die Tatsache, dass jeder ein Bild anders „sieht". Es ist mitnichten so, dass das, was wir sehen, von verschiedenen Personen auf die selbe Weise wahrgenommen wird – diese Diskrepanz hat unterschiedliche Ursachen: etwa wie wir sozialisiert wurden und wie wir letztlich gelernt haben die Dinge zu sehen. So bringt in der Betrachtung eines Bildes jeder sein eigenes Verständnis in den Verstehensprozess mit ein. Bezogen auf den architektonischen Entwurfsprozess verdeutlicht das den entwerferischen Charakter, den bereits das Verstehen der bestehenden Situation hat.

    Aber wie wissenschaftlich, oder anders, wie objektiv kann dann eine solche – individuelle – Erkenntnis sein? In seinem Buch *Sprachen der Kunst* argumentiert Nelson Goodman, dass der Unterschied zwischen einem Bild und der Beschreibung eines Gegenstandes nicht darin besteht, dass das Bild dem Gegenstand ähnlicher ist als seine Beschreibung. Ähnlichkeit ist Goodman zufolge weder eine hinreichende noch eine notwendige Bedingung für Repräsentation, da Ähnlichkeit eine symmetrische Beziehung ist, während dies bei Repräsentation nicht der Fall ist. Goodman fasst Abbilder als Symbole auf, die ein Objekt oder einen Zustand repräsentieren.[5] In unserem Beispiel repräsentiert die Fotografie also einen räumlichen Zustand, eine Situation. Und dieses Repräsentieren ergibt sich aus dem eigenen Erfahrungshorizont.

Die drei Bildserien, die die vorliegende Publikation strukturieren, sind in diesem Zusammenhang zu verstehen und sollen es dem Leser ermöglichen, sich selbst, aufbauend auf seinen Erfahrungen, ein Bild vom Sujet „Siedlung" zu machen. Durch die erwähnte Repräsentation von räumlichen Gegebenheiten lassen die Fotografien den Leser im Kontext des Buches möglicherweise Siedlung neu und mit anderen Augen sehen. So bildhaft verdichtet, bilden die Ergebnisse der einzelnen Bildserien die Grundlage einer phänomenologischen Analyse des Raums Siedlung.

[1] Walk, Sophia: „Stadtbilder und Bildgeschichten". In: Dies.: *Lissabon*. Berlin 2014, S. 40

[2] Vgl. hierzu: Mercier, Louis-Sébastien: *Bilder einer Großstadt*. Berlin 1998. Oder: *Pariser Nahaufnahmen*. Frankfurt am Main 2000, als deutsche Ausgaben des *Tableau de Paris*, 1781

[3] Thiel, Paul: „Nachwort". In: Mercier, Louis-Sébastien: *Bilder einer Großstadt*. Berlin 1998, S. 204

[4] Stierle, Karlheinz: „Die Entdeckung der Stadt". In: Knilli, Friedrich (Hg.): *Medium Metropole*. Berlin/Paris/New York 1986, S. 81

[5] Vgl. Goodman, Nelson: *Sprachen der Kunst. Entwurf einer Symboltheorie*. Frankfurt am Main 1995. Originalausgabe: *Languages of Art. An Approach to a Theory of Symbols*. Indianapolis 1968

~~THEORIE~~
Analyse
~~STRATEGIE~~

EINLEITUNG

SIEDLUNG GLEICH SIEDLUNG?

Die Siedlungen der Nachkriegsmoderne aus den 1950er Jahren entsprechen, so würde man meinen, alle demselben Stereotyp: zwei- bis viergeschossige Zeilen, schlichte Architektur mit Satteldach – in Einzelfällen haben sich auch Flachdächer durchgesetzt –, weite Abstandsflächen, nach den Sonnenständen ausgerichtet, ohne Rücksicht auf den umgebenden Stadtkontext. Die Häuser bilden keine Raumkanten entlang der Straßen, sondern folgen den Himmelsrichtungen entweder als Nord-Süd- oder Ost-West-ausgerichtete Typologie. Die Erschließung der Zeilen erfolgt durch ein sekundäres Wegenetz in Form einer Stichstraße oder als Fußgängerweg, der von der Straße durch Abstandsgrün zum Eingangsbereich führt. Dieser liegt an der für die Belichtung ungünstigeren Längsseite, meist im Norden oder Osten der Zeilen.

Tatsächlich sind dies Merkmale, welche fast alle Siedlungen auszeichnen. Darüber hinaus lässt sich aber ein hohes Maß an Varianz feststellen hinsichtlich der Größe, Lage, Bewohnerschaft, Miethöhe, gestalterischen Qualität und Atmosphäre, sodass die Siedlungen bei gleicher Morphologie des Zeilenbaus sehr unterschiedliche Lebensgefühle hervorbringen dürften. Es lässt sich also festhalten, dass 50er-Jahre-Siedlung nicht gleich 50er-Jahre-Siedlung ist.

Diese, oft subtilen, Alleinstellungsmerkmale will das folgende Kapitel anhand von Texten und analytischen Karten identifizieren. Denn eine Siedlung in Herten im nördlichen Ruhrgebiet ist etwas anderes als eine Siedlung gleicher Größe und Machart in Frankfurt am Main. Im strukturschwachen Herten prägen bisweilen Leerstände das Bild. In Frankfurt hingegen ist selbst die peripherste, kleinste Wohnung noch belegt und bringt eine gute Miete ein, wobei dies nicht unbedingt ein entsprechendes Plus an Wohnqualität oder Nutzungsangeboten der Freiräume in den Siedlungen bedeutet.

Nicht nur die regionale Lage, auch die Lage in der Stadt ist wesentlich für die Prägung der Siedlungen. Diese wurden oft an den Rand der seinerzeit zerstörten Innenstädte gebaut. So auch die Siedlung am Theaterplatz in Darmstadt, die heute nicht nur an das Theater grenzt, sondern auch an die dahinterliegende Fußgängerzone. Hier wohnt man städtisch, aber inmitten von Grün. Andere Siedlungen wie die im Strategieteil des Buches ausführlich besprochene Märchensiedlung in Frankfurt-Zeilsheim sind von vorneherein in einen suburbanen Siedlungsraum integriert. Zeilsheim ist vor allem die Aneinanderreihung von Siedlungsbausteinen aus unterschiedlichen Epochen des 20. Jahrhunderts. Die Märchensiedlung mit ihrer Feldrandlage verfügt über einen direkten Landschaftsbezug. Allerdings ist man mit der S-Bahn in 15 Minuten in Frankfurts Innenstadt. Man kann also auch hier durchaus von einem städtischen Gefüge sprechen. Es lässt sich sogar festhalten, dass die modernen Nachkriegssiedlungen per se städtisch sind; denn anders als das Einfamilienhaus findet man diese Art von Siedlungen kaum in den Dörfern des ländlichen Raums. Allerdings entfalten die Siedlungen keine Urbanität: Man kann hier kaum etwas tun außer wohnen.

FREIRAUM

Viele der Siedlungen sind eingegrünt, oft mit einem nennenswerten Baumbestand. Dem idealen Charakter der „Stadtlandschaft", wie sie die Moderne postuliert hat, entspricht jedoch praktisch keine Siedlung. Die Grünräume entfalten hierfür weder die notwendige Weite noch sind sie sinnvoll zu nutzen. Sie haben eher den Charakter eines visuell wirksamen Abstandsgrüns und sind Träger einer objekthaften, dabei aber wenig inszenierten Architektur. Die Qualität der Freiräume variiert stark. In einigen Fällen eignen sie sich als Spielfläche und Treffpunkt für Kinder, die es allerdings längst nicht mehr so häufig gibt wie in früheren Zeiten. In anderen Fällen unterstützt die Geländemodulation die Bildung „grüner Plätze", die unter Umständen mehr räumliche Qualität entfalten könnten, als lange Reihen vereinsamter Teppichstangen zu beherbergen.

TYPOLOGIE

Auch wenn die Zeile die vorherrschende Form der Nachkriegssiedlung ist, beherbergen die Siedlungen nicht grundsätzlich gleichförmige Typologien. In der Postsiedlung in Darmstadt mischen sich in den Geschosswohnungsbau Reihenhaustypen und Einzelhäuser. Bei gleicher Morphologie, nämlich jener der langen, freistehenden Zeile, entsteht eine ganz andere Form von Siedlung. Aufgrund der Größe der hiesigen Reihenhäuser wohnen hier – neben älteren Bewohnern erster Generation – Mittelstandsfamilien mit relativ vielen Kindern. Die ansonsten halböffentlichen Grünräume nehmen die Form privater Gärten an. Die Durchlässigkeit der Freiräume ist nicht gegeben. Zäune und kleine Wohnwege prägen das Bild. Das Wohngefühl ist „kuscheliger" als in dem unmittelbar benachbarten höheren Geschosswohnungsbau. Die Mischung diverser Typologien in enger Nachbarschaft, die man in der Postsiedlung findet, ist aber eher untypisch für die Nachkriegssiedlungen, was auch die sozial homogene Nutzerstruktur der meisten Siedlungen erklärt.

TENDENZEN

Das Lebensgefühl in den Siedlungen scheint zunehmend negativ gekennzeichnet zu sein. Diesen Eindruck hinterließ die Befragung von Bewohnern unterschiedlicher Siedlungen sowie Vertretern verschiedener Wohnungsbaugesellschaften, die im Rahmen eines Seminars an der h_da erfolgte.[1] In den 1950ern zogen oft Vertreter einheitlicher Bevölkerungsschichten in die Siedlungen. Einige wiesen als Betriebssiedlungen eine besonders homogene Bewohnerstruktur auf. Man hatte gemeinsame Identifikationspunkte, die verbanden. Zudem waren die Siedlungen reich an Kindern, und Kinder erzeugen Zusammenhalt und Kommunikation. Man traf sich beiläufig an Orten wie den Teppichstangen im Außenbereich; Kioske und Tante-Emma-Läden waren noch in Betrieb. Mittlerweile ist die Bewohnerschaft der Siedlungen sehr viel heterogener aufgestellt. In vielen Siedlungen gibt es einen hohen Migrantenanteil mit Menschen aus aller Herren Länder, die nicht unbedingt viel gemeinsam haben. Die Orte beiläufiger Kommunikation, wie die erwähnten Teppichstangen und die Wäschehäuser, -keller oder -dachböden werden nicht mehr genutzt, die Siedlungen sind anonymer geworden. Auch die Verweildauer in den Siedlungen ist oft längst nicht mehr so hoch wie in früheren Zeiten. Doch auch wenn die Identifikation mit den Siedlungen tendenziell gesunken ist, bedeutet dies keine Abneigung der Bewohner gegen die Typologie des Zeilenbaus im Grünen. Im Gegenteil: Der Blick ins Grüne und die damit verbundene geringe Dichte werden von den Bewohnern geschätzt. Eventuelle Nachverdichtungsmaßnahmen stoßen somit sehr häufig auf Widerstand. Allerdings genügen die Wohnungsgrößen und die bauphysikalischen Eigenschaften der Gebäude nicht mehr den heutigen Ansprüchen an das Wohnen.[2] Zudem fehlt es an Kollektivräumen und Gemeinschaftsleben. Damit stellt sich die Aufgabe, die Siedlungen so umzubauen, dass nachhaltiger Wohnraum mit Identifikationspotenzial und ein

---

[1] Scherer, Iris / Schuster, Kai: „Wie wohnst du so? Stadtsoziologie – Feldforschung, Empirie und Kaffeeklatsch im Städtebau". h_da-Seminar im Wintersemester 13/14

[2] Vergleiche hierzu auch: Hopfner, Simon-Philipp: *Das Wohnungsbauerbe der 1950er bis 1970er Jahre – Perspektiven und Handlungsoptionen für Wohnquartiere.* Ludwigsburg 2013

neuer sozialer Zusammenhalt in den Siedlungen entstehen kann. Sie müssen Raum für mehr als nur das Wohnen bieten.

SIEDLUNGSAUSWAHL

Die Auswahlkriterien der im Folgenden untersuchten Siedlungsstrukturen sind bewusst weit gefasst, sodass die vorgestellten Siedlungen neben ihren strukturellen deutliche regionale Unterschiede aufweisen. Dazu folgen sie unterschiedlichen Lagesituationen im Stadtraum, haben unterschiedliche Größen, Morphologien und Erschließungsstrukturen, um die Bandbreite der Typologie „Nachkriegssiedlung" aufzuzeigen. Die ausgewählten Siedlungen liegen jeweils in westdeutschen Ballungsgebieten – im Ruhrgebiet, dem Rhein-Main-Gebiet sowie in Karlsruhe. Die Auswahl der Gebiete rührt zum einen aus deren Unterschiedlichkeit insbesondere hinsichtlich der Wirtschaftskraft und Strukturstärke der jeweiligen Region. Zum anderen wohnen oder arbeiten die Autoren des Buches in diesen Regionen, sodass es möglich war, die Siedlungen zu besuchen, engere Bindungen aufzubauen und vor Ort kontinuierlich zu begleiten.

SIEDLUNGSANALYSEN
– ZUR METHODIK

Jede der folgenden Siedlungsanalysen besteht aus drei Doppelseiten mit identischem strukturellen Aufbau. Zunächst wird die jeweilige Siedlung in einem Einleitungstext charakterisiert. Die Lage in der Region und in der Stadt, die Größe der Siedlung, die Bewohnerstruktur, die Gebäudetypologien, der vorhandene öffentliche Raum, Nutzungen mit den vorhandenen Geschäften und Freizeitmöglichkeiten werden kurz umrissen. Der Sanierungsstand wird ebenso beschrieben wie die räumlichen Qualitäten der Siedlung, die Aufenthaltsmöglichkeiten sowie Planungsabsichten oder Leerstandstendenzen.

Ein Schwarzplan im Maßstab 1:10.000 gibt grafisch Aufschluss über die Morphologie der jeweiligen Siedlung und ihre Lage im städtischen Kontext. Auf der folgenden Doppelseite findet sich eine Axonometrie der Siedlung, die gegenüber dem Schwarzplan eine andere Ebene an Informationen beinhaltet. Man erkennt die Proportionen der Gebäude und Freiflächen, die Dachformen, die Gebäudeteilungen, etwa in Geschosswohnungsbau oder Reihenhaus, den öffentlichen wie halböffentlichen Grünraum, den Baumbestand, das Erschließungsnetz und den städtebaulichen Kontext. Für das Quartier wichtige Funktionen sind als Schriftblock am jeweiligen Standort erläutert.

Die in diesem Buchteil dargestellten Diagramme am unteren Bildrand zeigen markante Daten und Informationen zu den Siedlungen, beispielsweise die Grundfläche, Dichte, die Anzahl der Wohneinheiten und Einwohner sowie die prozentuale Verteilung von Altersgruppen und Haushaltsgrößen. Soweit verfügbar, wurden diese Daten aus statistischen Erhebungen zu diesen Siedlungen gewonnen. Diese Zahlen standen aber nicht für alle Siedlungen in gleichem Umfang zur Verfügung. Meist bezogen sich die Daten auf das Quartier oder die Verwaltungseinheit, in welchen die jeweilige Siedlung liegt. Daher sind die vorgelegten Daten in den Diagrammen statistisch nicht absolut exakt, sondern Größenordnungen und Tendenzen, die aber ausreichen, um die Siedlung interpretativ zu charakterisieren.[3]

Die dritte Doppelseite zeigt einen Lageplanausschnitt im Maßstab 1:5000 als Luftbild. Dieses übersetzt die Siedlung nach Schwarzplan und Axonometrie in eine dritte Grafikform, die noch weitere Details wie die Wirkung der Zwischenräume oder parkende Autos zeigt. Diese Bilder sind als atmosphärisch-räumliche Darstellungsform in der Analyse gedacht. Hier werden Qualitäten und Defizite benannt, die bei Besuchen und in Gesprächen mit den Anwohnern ins Auge gefallen sind. Diese Benennung von Qualitäten und Defiziten bildet einen Übergang zum folgenden strategischen Entwurfsteil des Buches.

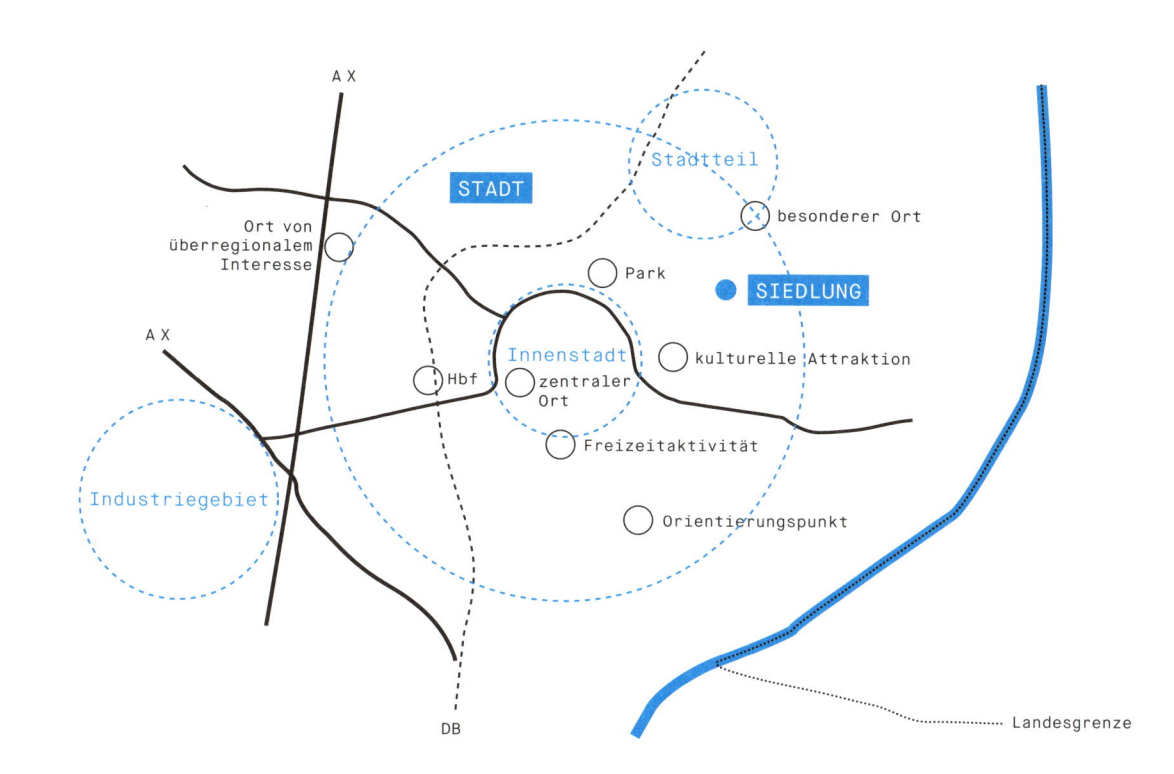

[3] Die Größe der Siedlung, als genauer Umgriff der Baukörper, wurde jeweils aus eigenen CAD-Zeichnungen entnommen. Die zur Verfügung stehenden Hauptquellen waren die Statistischen Berichte der Kommunen Darmstadt (Wissenschaftsstadt Darmstadt, Amt für Wirtschaft und Stadtentwicklung Statistik und Stadtforschung (Hg.): *Statistische Berichte 1/2008*. Darmstadt 2008), Frankfurt am Main (Wörner, Anke / Schröpfer, Waltraud: „Frankfurter Siedlungen 2008". In: *Frankfurter Statistische Berichte 2/3'2009*. Frankfurt/Main 2009) und Karlsruhe (Stadt Karlsruhe, Amt für Stadtentwicklung: *Statistisches Jahrbuch der Stadt Karlsruhe 2009*. Karlsruhe 2009) sowie für die Stadt Herten dazu die persönlichen Gespräche mit Mitarbeitern des Planungsamtes der Stadt.

Darüber hinaus sind die Angabe der Wohneinheiten Schätzwerte, indem die Anzahl der Gebäude pro Siedlung festgehalten und die Treppenhäuser und die Anzahl der Wohnungen pro Treppenhaus ermittelt wurden. Daraus wurden Folgewerte wie die Anzahl der Bewohner, die Freifläche pro Person oder die Dichte ermittelt. Angaben zum Sanierungsstand beruhen auf eigener fachlicher Einschätzung bei den Begehungen der Siedlungen, ebenso wie die Angaben zum Image der Siedlungen. Die Angaben zur Wohndauer beruhen auf unterschiedlichen Quellen, unter anderem der Befragung der jeweiligen Wohnungsbaugesellschaft oder der Befragung von Anwohnern. Mietpreisangaben wurden, neben den Aussagen der Eigner, entweder dem jeweiligen Mietspiegel oder verschiedenen Internetportalen entnommen.

LAGEDIAGRAMME

● Lage der Siedlung

○ Ort von Interesse

----- wichtige ÖPNV-Trasse

⎯⎯ wichtige MIV-Trasse (z.B. Autobahn)

.... Landesgrenze

▬▬ Fließgewässer

SIEDLUNGSBETRACHTUNGEN

ÜBERSICHT
AUSGEWÄHLTE BEISPIELE

HERTEN
SCHÜTZENSIEDLUNG

HERTEN
SIEDLUNG FEIGE SOPHIE

HERTEN
SIEDLUNG HOHENSTEIN

FRANKFURT/MAIN
SIEDLUNG TAUNUSBLICK

FRANKFURT/MAIN
MÄRCHENSIEDLUNG

FRANKFURT/MAIN
FERDINAND-HOFMANN-SIEDLUNG

FRANKFURT/MAIN
EISENBAHNERSIEDLUNG

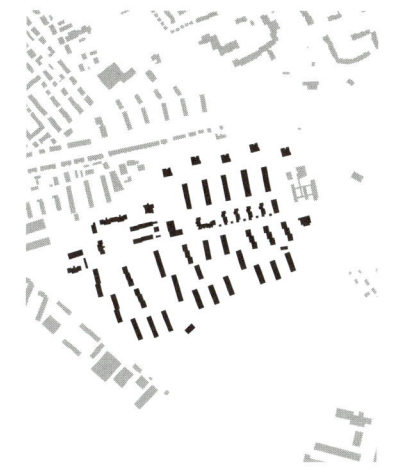

FRANKFURT/MAIN
SIEDLUNG NIEDERKIRCHWEG

FRANKFURT/MAIN
ADOLF-MIERSCH-SIEDLUNG

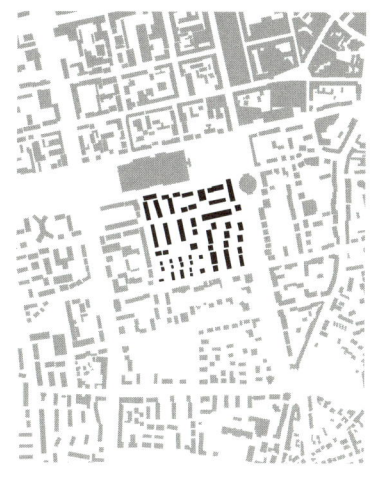

DARMSTADT
SIEDLUNG AM THEATERPLATZ

DARMSTADT
POSTSIEDLUNG

DARMSTADT
LINCOLN-SIEDLUNG

KARLSRUHE
SIEDLUNG GOTTESAUE

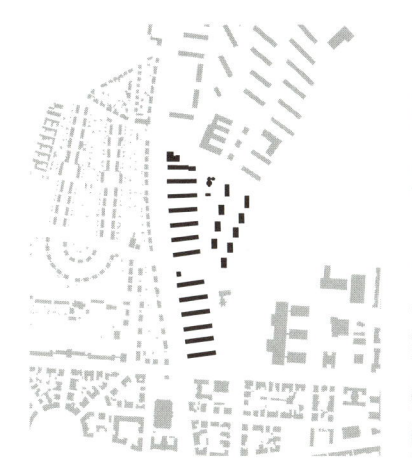

KARLSRUHE
HARDTWALDSIEDLUNG OST

KARLSRUHE
SIEDLUNG MÜHLBURGER FELD

ANALYSE / SIEDLUNGSBETRACHTUNGEN

SIEDLUNGSÜBERSICHT
STATISTISCHE WERTE

	Bauzeit	Fläche [ha]	Einwohner [Anzahl]
HERTEN (SÜD) SCHÜTZENSIEDLUNG	~ 1950–1960	4,7	984
HERTEN (SÜD) SIEDLUNG FEIGE SOPHIE	~ 1950–1960	4,1	1206
HERTEN (NORD) SIEDLUNG HOHENSTEIN	~ 1950–1960	8,4	744
FRANKFURT/MAIN (ZEILSHEIM) SIEDLUNG TAUNUSBLICK	1950–1962	12,0	828
FRANKFURT/MAIN (ZEILSHEIM) MÄRCHENSIEDLUNG	1955–1975	19,2	2592
FRANKFURT/MAIN (SINDLINGEN) FERDINAND-HOFMANN-SIEDLUNG	1959	23,9	2785
FRANKFURT/MAIN (NIED) EISENBAHNERSIEDLUNG	1951–1961	31,5	1685
FRANKFURT/MAIN (NIED) SIEDLUNG NIEDERKIRCHWEG	1961–1969	17,7	2155
FRANKFURT/MAIN (NIEDERRAD) ADOLF-MIERSCH-SIEDLUNG	1956–1965	28,1	4362
DARMSTADT (ST. LUDWIG/EICHBERGVIERTEL) SIEDLUNG AM THEATERPLATZ	1955–1961	7,0	1500
DARMSTADT (AM SÜDBAHNHOF) POSTSIEDLUNG	~ 1950–1960	36,4	3180
DARMSTADT (AN DER LUDWIGSHÖHE) LINCOLN-SIEDLUNG	~ 1950–1960	23,3	0
KARLSRUHE (OSTSTADT) SIEDLUNG GOTTESAUE	~ 1930–1952	1,4	280
KARLSRUHE (NORDSTADT) HARDTWALDSIEDLUNG OST	1950–1970	12,9	1912
KARLSRUHE (MÜHLBURG) SIEDLUNG MÜHLBURGER FELD	1953–1969	15,7	2500

Freiraum [m²/Einw.]	Wohnungen [Anzahl]	Dichte [E/ha]	Lage1 [km]	Miete Bsp.2 [€/m²]
38	328	273,33	1,6	4,80 €/m²
26	402	280,46	1,1	4,35 €/m²
99	248	148,8	3,8	5,79 €/m²
132	276	68	16,0	11,70 €/m²
63	864	135	16,8	8,44 €/m²
67	1114	139,8	20,3	11,2 €/m²
x	674	64,2	6,8	10,2 €/m²
x	862	146,1	8,1	9,4 €/m²
x	2047	153	4,5	13 €/m²
x	600	258,62	1,3	9,30 €/m²
x	1272	87,36	2,6	11,1 €/m²
x	300	0	3,4	0/m²
x	112	200	1,9	7,6 €/m²
x	765	177,9	1,9	8,5 €/m²
x	1100	70,06	3,9	12,30 €/m²

EINE BESTANDSAUFNAHME

HERTEN SCHÜTZENSIEDLUNG

Die Schützensiedlung liegt in Herten Süd im nördlichen Ruhrgebiet. Die Lage in der Stadt ist gut, dennoch hat die Siedlung mit Leerständen zu kämpfen, die sicherlich auch auf die Strukturschwäche der Region zurückzuführen sind. Im Nordwesten der Siedlung befindet sich in fußläufiger Entfernung die verwinkelte Altstadt. Im Osten folgt das innerstädtische Waldgebiet Katzenbusch. Sowohl die städtische Infrastruktur als auch Naherholungsräume sind damit sehr gut erreichbar.

Die regionale Vernetzung ist nicht besonders stark ausgebaut. So gibt es keinen Zugverkehr mehr nach Herten. Der Linienverkehr wird hauptsächlich über den Busbahnhof Herten abgewickelt, der von der Siedlung in ca. 15 Gehminuten erreichbar ist. Hier bestehen unter anderem Verbindungen nach Recklinghausen (ca. fünf Kilometer, 22 Minuten, Buslinie 249) sowie nach Gelsenkirchen (ca. 15 Kilometer, 45 Minuten, ein bis drei Umstiege). Von dort besteht jeweils Anschluss an den Regional- und Fernverkehr.

Der motorisierte Individualverkehr ist durch die drei Kilometer südlich gelegene Autobahnanschlussstelle an die A2 angebunden. Für Pendler sind so die Großstädte Essen (25 Kilometer), Dortmund (33 Kilometer) oder Düsseldorf (68 Kilometer) in erreichbarer Nähe, allerdings ist die Verkehrssituation auf den Autobahnen im Ruhrgebiet mehr als angespannt.

Beides, der mangelnde Ausbau des ÖPNV wie auch die angespannte Verkehrssituation auf den Autobahnen, tragen dazu bei, dass die Lage für regionale Pendler nicht interessant ist.

Zwölf klassische Zeilenbauten, mit drei bis vier Geschossen und Satteldach, werden typologisch durch zwei später entstandene Zeilen mit Flachdach entlang der Schützenstraße, durch zwei achtgeschossige Punkthäuser am Rande der Siedlung sowie durch ein neues Gebäude inmitten der Zeilenbauten ergänzt.

Sowohl die Bausubstanz als auch die Außenanlagen sind veraltet. Sie befinden sich nahezu im unveränderten Originalzustand. Insbesondere die in Ostwestrichtung verlaufenden etwas längeren Riegel machen einen baufälligen Eindruck. Auch die Bewohnerschaft ist mit der Siedlung alt geworden.

Die Schützensiedlung zeichnet sich durch einen harmonischen Gesamteindruck, eine sehr ruhige Atmosphäre sowie ihre gute Lage am Rand der Innenstadt aus. Sie scheint sich mitsamt ihren Bewohnern im „Dornröschenschlaf" zu befinden.

Die fußläufige Verbindung zum nordwestlichen Innenstadtbereich ist gestalterisch wenig thematisiert, ein „versteckter", nicht barrierefreier Zugang stellt einen wichtigen, verhältnismäßig hoch frequentierten Weg dar. Der im Süden befindliche Südermarkt bietet begrenzt Einkaufsmöglichkeiten und Gastronomieeinrichtungen. Der öffentliche Platz mit Bänken und Brunnen ist Aufenthalts- und Begegnungsort. Er ist der öffentlichste Treffpunkt der Siedlung.

M 1 : 10.000

ANALYSE / SIEDLUNGSBETRACHTUNGEN

SCHÜTZENSIEDLUNG — EINE BESTANDSAUFNAHME

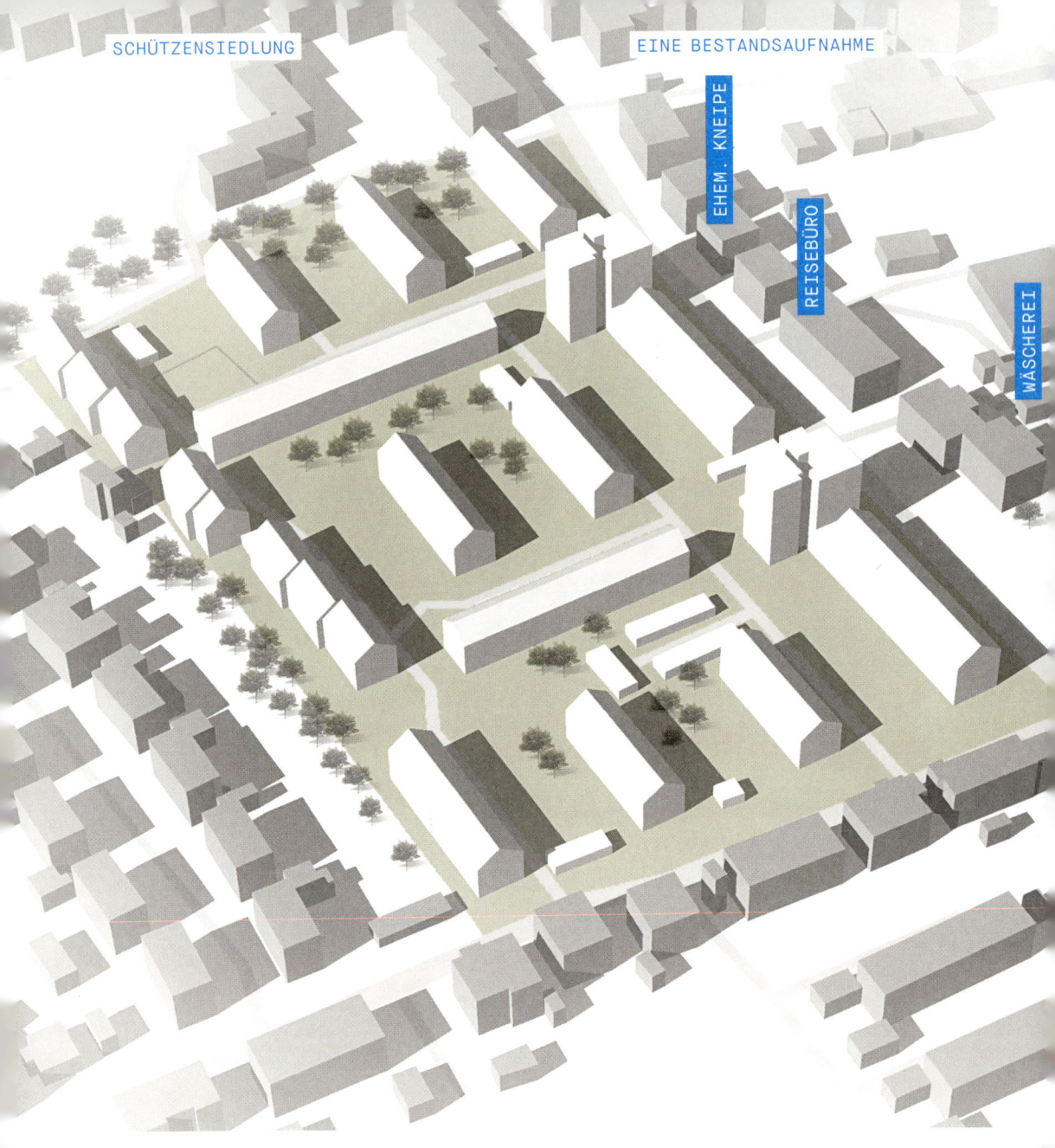

EHEM. KNEIPE
REISEBÜRO
WÄSCHEREI

GRÖSSE	EINWOHNER	NICHT BEBAUTE FLÄCHE	SANIERUNGSZUSTAND	BSP. MIETPREIS
4,7 ha	**984**	**38 m²** / Einwohner	saniert — unsaniert	**4,8 €/m²**
47.052 m²	eher Ältere	halböffentlicher / öffentlicher Raum		Herten Ø: 4,84 €/m²

Ø WOHNDAUER	IMAGE	WOHNEINHEITEN	NETTOWOHNDICHTE
kurz — lang	sozialschwach	**328** (insgesamt)	**209**
	Interviews / Erkundung	in 36 Gebäuden, davon 34 Zeilen	Einwohner / Hektar

ANALYTISCHER RAUM

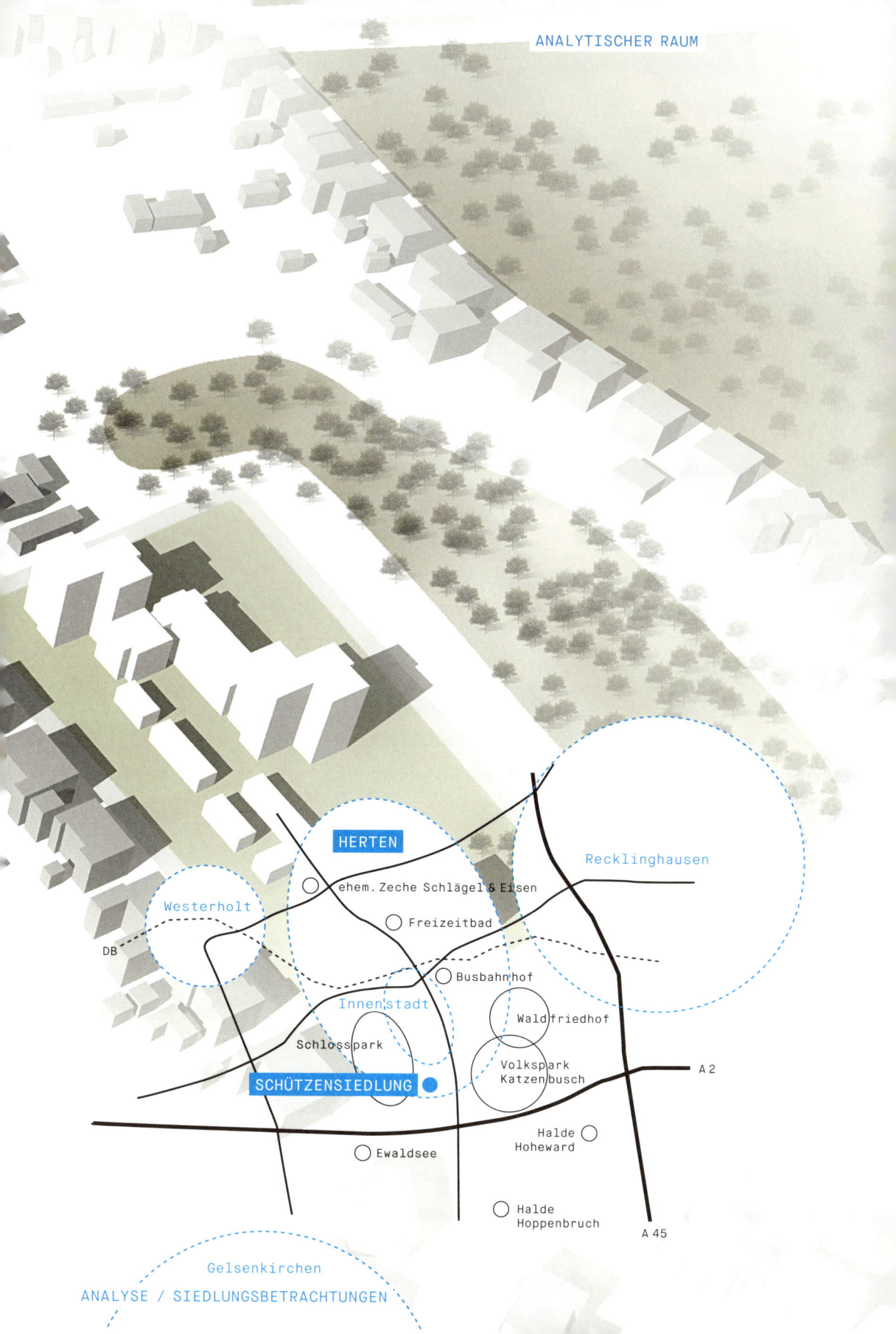

HERTEN
○ ehem. Zeche Schlägel & Eisen
○ Freizeitbad
Recklinghausen
Westerholt
DB
○ Busbahnhof
Innenstadt
Waldfriedhof
Schlosspark
Volkspark Katzenbusch
SCHÜTZENSIEDLUNG
A 2
○ Ewaldsee
○ Halde Hoheward
○ Halde Hoppenbruch
A 45
Gelsenkirchen

ANALYSE / SIEDLUNGSBETRACHTUNGEN

SCHÜTZENSIEDLUNG — EINE BESTANDSAUFNAHME

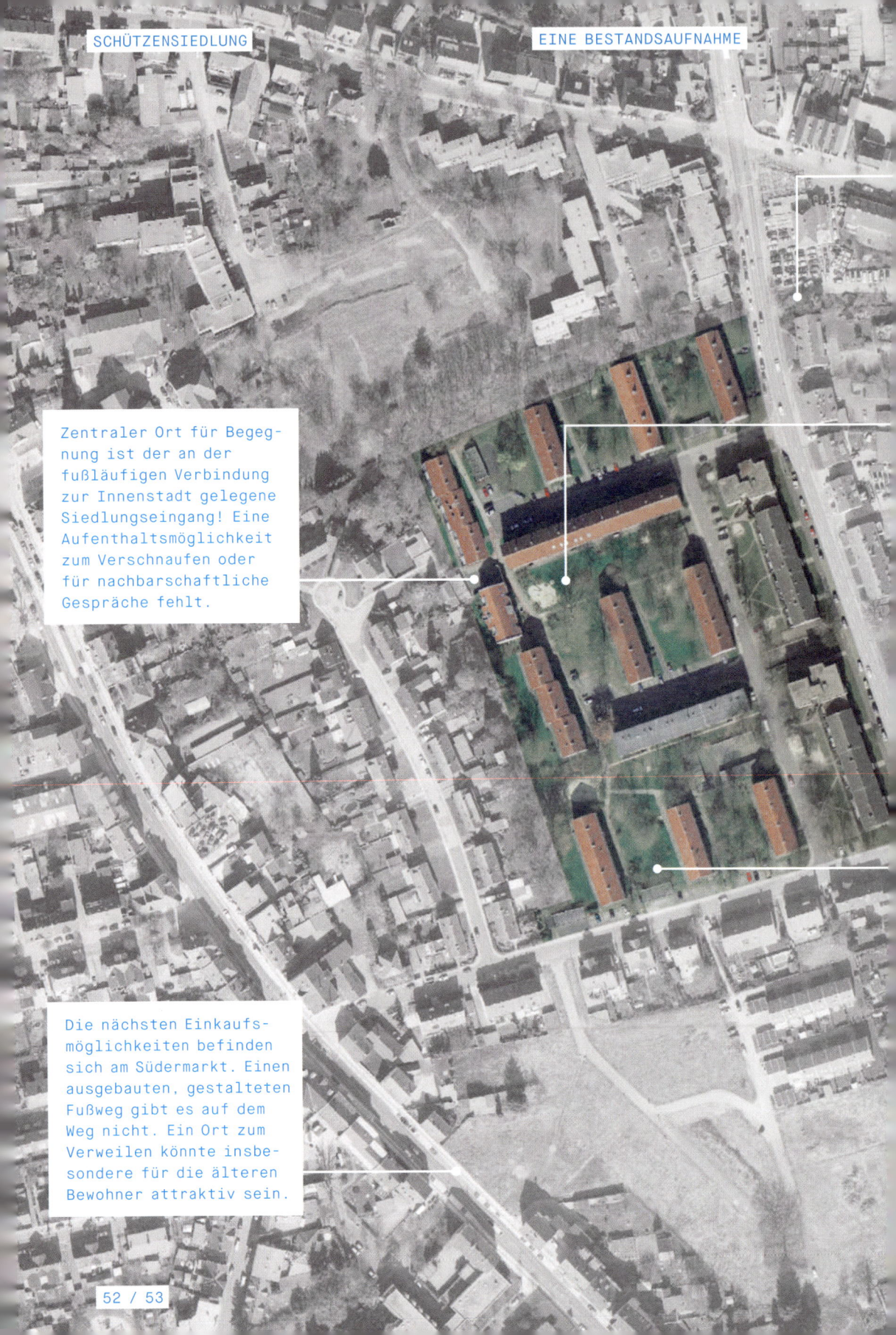

Zentraler Ort für Begegnung ist der an der fußläufigen Verbindung zur Innenstadt gelegene Siedlungseingang! Eine Aufenthaltsmöglichkeit zum Verschnaufen oder für nachbarschaftliche Gespräche fehlt.

Die nächsten Einkaufsmöglichkeiten befinden sich am Südermarkt. Einen ausgebauten, gestalteten Fußweg gibt es auf dem Weg nicht. Ein Ort zum Verweilen könnte insbesondere für die älteren Bewohner attraktiv sein.

M 1 : 5000 POTENZIALRAUM

Die gastronomischen Flächen „Wiesengrund" und „Kongobar" stehen beide leer und lassen vermuten, dass dies nicht die umsatzstärksten Einrichtungen waren. Alternative öffentlich nutzbare Einrichtungen wären wünschenswert.

Dem Außenraum fehlen Funktionen. Hier könnte gemeinsam gespielt, gegrillt oder gegärtnert werden.

Um zum Waldgebiet Katzenbusch zu gelangen, muss die stark befahrene Schützenstraße überquert werden. Ein Zebrastreifen würde die Verbindung erleichtern und auch akzentuieren.

Die intime Fläche im Siedlungsinneren ist durch Verbotsschilder geprägt, die sich gegen Fußballspiel und Hunde richten.

Eine Gestaltungsabsicht oder gar Nutzung der Außenräume im Bereich der Hochhäuser existiert nicht. Allein die Absteckungen der Feuerwehrstellflächen zonieren den Raum. Die Zugänge sind stark vernachlässigt.

→ Stragtegie für die Bestandsentwicklung der Schützensiedlung siehe Seite 178

ANALYSE / SIEDLUNGSBETRACHTUNGEN

EINE BESTANDSAUFNAHME

HERTEN SIEDLUNG FEIGE SOPHIE

Auch die „Feige Sophie" gehört zum Verwaltungsbezirk Herten Süd. In unmittelbarer Nähe zur Schützensiedlung gelegen, teilt sie mit dieser die Probleme im Hinblick auf die Strukturschwäche der Region, den Mangel an ÖPNV, die schwierige regionale Verkehrssituation, aber auch die gute Lage in der Stadt. Der unmittelbar westlich gelegene Schlosspark mit Wasserschloss und attraktiver Parklandschaft ist als zusätzliche Standortqualität hervorzuheben. Die Reihenhäuser bzw. Einfamilienhäuser, die in erster Reihe an diese öffentliche Grünfläche angrenzen, gehören zur besten städtischen Wohnlage.

Die drei- bis viergeschossige Kammbebauung besitzt jeweils Südbalkone. Die zwischenliegenden Höfe sind frei zugänglich. Einzelne Gartenmöbel und Grills lassen auf eine individuelle Nutzung dieser Bereiche schließen.

Im Norden wurden die Fassaden der drei gestaffelten Flachdachzeilen jüngst mit Außendämmung versehen. Auf der gegenüberliegenden Straßenseite befinden sich siebengeschossige Punkthäuser, die ebenfalls gerade eine Fassadenmodernisierung erhalten haben. Zudem wurden die Eingänge und gemeinschaftlichen Außenbereiche wie Mülleinhausungen und Spielflächen zwischen den Gebäuden, zeitgemäß erneuert.

Insbesondere die Topografie – das Gelände fällt nach Süden stark ab – aber auch die differenzierten Gebäudetypen und Gebäudehöhen mit unterschiedlicher Geschossigkeit in derselben Zeile erzeugen ein heterogenes Erscheinungsbild, das sich auch in der Bewohnerstruktur widerspiegelt.

Der Einzelhandel entlang der Ewaldstraße sorgt für ein erhöhtes Fußgängeraufkommen im Vergleich zur Schützensiedlung. Die Freizeit- bzw. Spielflächen für Kinder und Jugendliche sind attraktiv und in gutem Zustand. Sonstige öffentliche Flächen mit Aufenthaltsqualität oder gar Sitzgelegenheiten innerhalb der Siedlung gibt es nicht.

Ein von der Wohnungsbaugesellschaft geführtes Quartiersbüro im mittleren Punkthaus macht verschiedene soziale Angebote, zum Beispiel ein Müttercafé. An mehreren Wochentagen können Hausaufgabenhilfe oder Gitarrenkurse und einmal im Jahr ein Fußballcamp besucht werden.

M 1 : 10.000

ANALYSE / SIEDLUNGSBETRACHTUNGEN

SIEDLUNG FEIGE SOPHIE — EINE BESTANDSAUFNAHME

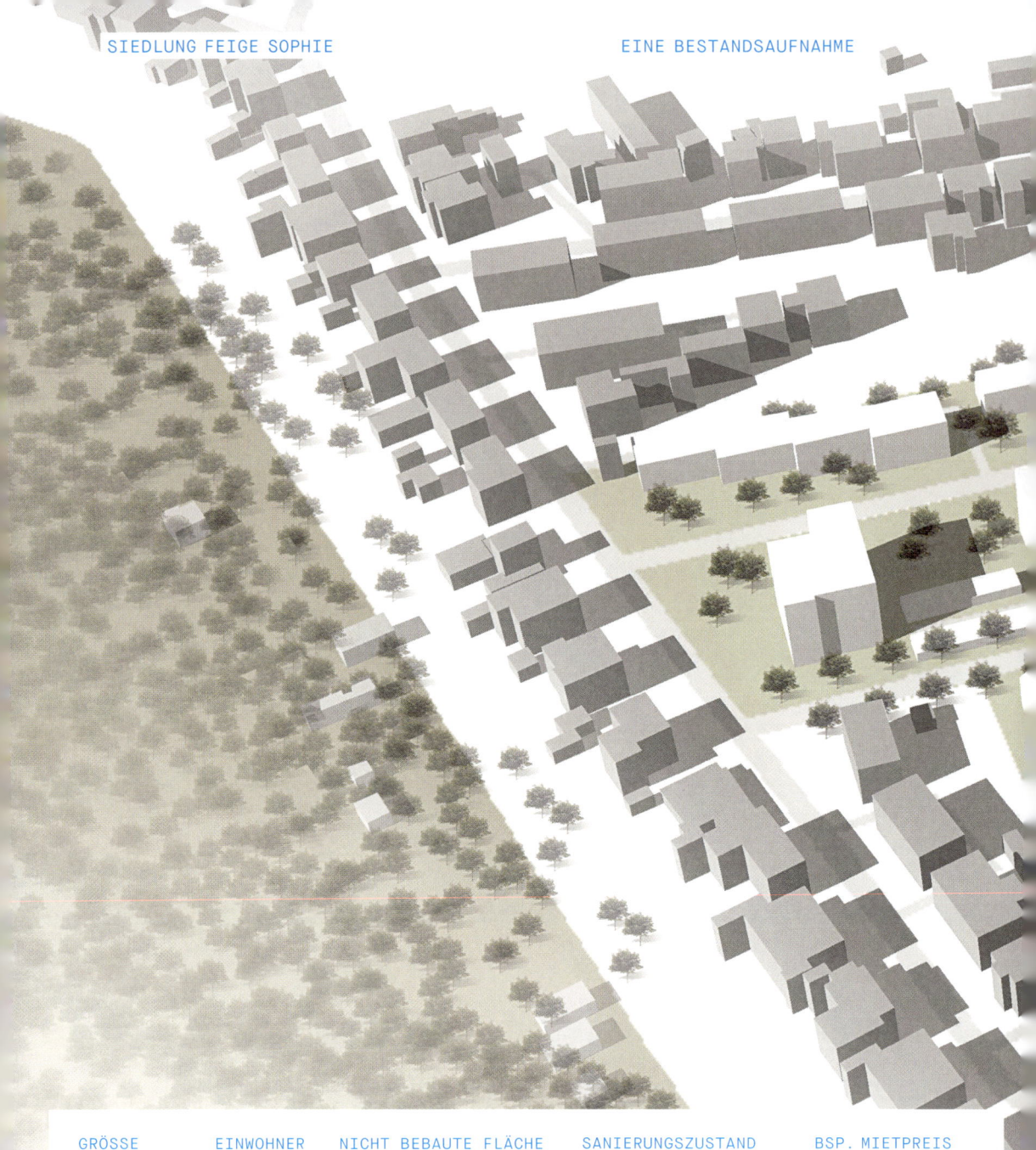

GRÖSSE	EINWOHNER	NICHT BEBAUTE FLÄCHE	SANIERUNGSZUSTAND	BSP. MIETPREIS
4,1 ha	1206	26 m² / Einwohner	saniert — unsaniert	4,4 €/m²
41.328 m²	eher Familien	halböffentlicher / öffentlicher Raum		Herten Ø: 4,84 €/m²

Ø WOHNDAUER	IMAGE	WOHNEINHEITEN	NETTOWOHNDICHTE
kurz — lang	reich an Migranten und Kindern	402 (insgesamt)	294
	Interviews / Erkundung	in 40 Gebäuden, davon 20 Zeilen	Einwohner / Hektar

ANALYTISCHER RAUM

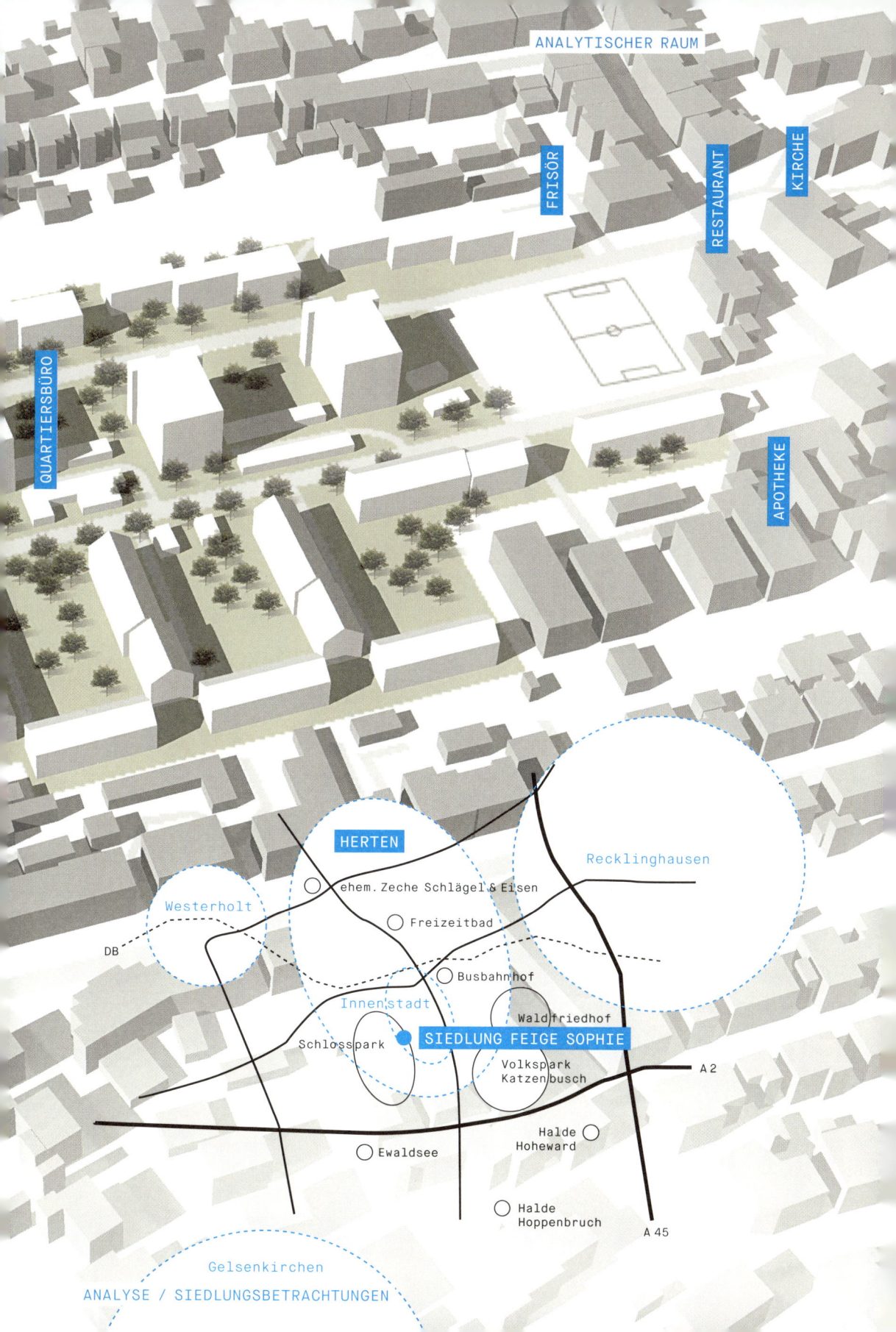

FRISÖR

RESTAURANT

KIRCHE

QUARTIERSBÜRO

APOTHEKE

HERTEN
ehem. Zeche Schlägel & Eisen
Recklinghausen
Westerholt
Freizeitbad
DB
Busbahnhof
Innenstadt
Waldfriedhof
Schlosspark
SIEDLUNG FEIGE SOPHIE
Volkspark Katzenbusch
A 2
Ewaldsee
Halde Hoheward
Halde Hoppenbruch
A 45

Gelsenkirchen
ANALYSE / SIEDLUNGSBETRACHTUNGEN

SIEDLUNG FEIGE SOPHIE — EINE BESTANDSAUFNAHME

Als semiprivate Flächen haben die Hinterhöfe dieser Häuser eine wichtige Funktion für die Bewohner. Der Raum zum Grillen, Spielen und Wäschetrocknen könnte durch eine Einfriedung Privatheit erhalten.

Besonderes Raumpotenzial haben die U-förmigen Innenhöfe der südlichen Gebäude. Die angrenzenden Wohnungen und zentralen Erschließungskerne sind allerdings nicht mit diesen Höfen verbunden. Hier könnte ein programmatischer Anstoß zum Aneignen und Benutzen gegeben werden.

M 1 : 5000　　　　　　　　　　POTENZIALRAUM

Ein ehemaliger Hochbunker befindet sich an präsenter Stelle und könnte mit einer zusätzlichen Freizeitnutzung bespielt werden.

Die Sport- und Spielfläche für Kinder und Jugendliche kann als quartiersübergreifender Treffpunkt weiter ausgebaut werden.

Die Garagenriegel und die Garagenhöfe sind wichtig für die beiläufige Kommunikation der Bewohner. Außerdem bieten sie ungenutzte Dachflächen, die durch die Hanglage der Siedlung von den Punkthochhäusern einfach zu nutzen wären.

→ Strategie für die Bestandsentwicklung der Siedlung Feige Sophie siehe Seite 178

ANALYSE / SIEDLUNGSBETRACHTUNGEN

EINE BESTANDSAUFNAHME

HERTEN SIEDLUNG HOHENSTEIN

Das in Herten Nord gelegene und im Folgenden als Siedlung Hohenstein bezeichnete Gebiet umfasst den Bereich unmittelbar um die Hohensteinstraße, das südliche Ende der Lyckstraße sowie die Agnes-Miegel-Straße.

Auch hier ist die Lage in der Region nicht grundsätzlich anders zu bewerten als bei den beiden anderen Hertener Siedlungen. Der zentrale Busbahnhof ist Ausgangspunkt zum regionalen und überregionalen Netz (Recklinghausen 22 Minuten, Gelsenkirchen 45 Minuten, Essen 50 Minuten, Dortmund 70 Minuten). Allerdings gibt es zusätzliche Fahrten und Umstiege, da zunächst die Innenstadt mit dem dort gelegenen Busbahnhof erreicht werden muss. Der Autobahnanschluss der A 43 ist mit einer Distanz von vier Kilometern nicht allzu weit entfernt und die Siedlung so an das regionale Netz angebunden (Bochum 22 Kilometer, Essen 37 Kilometer, Dortmund 38 Kilometer, Duisburg 52 Kilometer).

Die zwei- bis dreigeschossigen Zeilenbauten sind unterschiedlich erschlossen, teils durch die begleitenden Straßen mit direkten Eingängen am Gehweg, mehrheitlich mit den typischen Zugangswegen, die kopfseitig angegliedert sind. Im Nordosten spannt sich ein kleiner, gestalteter Vorplatz zwischen zwei Zeilen auf, der die Zugänge gliedert. Die Gebäude wurden teilweise durch vorgestellte Balkongerüste ergänzt, die halböffentlichen Außenräume sind unternutzt und wenig gepflegt. Vereinzelt sind Gartenmöbel im Außenraum vorzufinden, bei schönem Wetter halten sich Kleingruppen im Freien auf. Die ehemalige Feldrandlage mit Kleingärten musste in jüngster Vergangenheit einem neuen Baugebiet für Einfamilienhäuser weichen. Ein Zaun trennt diese beiden Wohnsiedlungen voneinander.

Die sozialen Merkmale sind partieller Leerstand, eine größtenteils einkommensschwache Bewohnerschaft und eine vielfältige ethnische Mischung. Am Ende der Agnes-Miegel-Straße befindet sich eine Pflegeeinrichtung für Senioren.

Die etwas erhöhte Lage eröffnet den Blick auf die stillgelegte Zeche Schlägel & Eisen mit den typischen markanten Industriegebäuden. Die Zechenbahntrasse Blumenthalweg wird zukünftig direkt an der südlichen Bebauung entlang führen. Diese Fuß- und Radwegeverbindung ist Teilstück der Verbindung zwischen Herten und Recklinghausen.

Die nächsten Einkaufsmöglichkeiten befinden sich in fußläufiger Entfernung, auch mehrere Schulen, ein Hallenbad, Sportflächen und eine Minigolfanlage sind im Umfeld vorhanden. Ein neu angelegter Spielplatz im Nordwesten der Siedlung Hohenstein schafft für deren Bewohner eine attraktive Freizeitfläche, der Zuweg besteht aus einem wenig offensichtlichen Trampelpfad.

M 1 : 10.000

ANALYSE / SIEDLUNGSBETRACHTUNGEN

SIEDLUNG HOHENSTEIN — EINE BESTANDSAUFNAHME

GRÖSSE	EINWOHNER	NICHT BEBAUTE FLÄCHE	SANIERUNGSZUSTAND	BSP. MIETPREIS
8,4 ha	**744**	**99 m²** / Einwohner	saniert — unsaniert	**5,8 €/m²**
84.375 m²	eher Familien	halböffentlicher / öffentlicher Raum		Herten Ø: 4,84 €/m²

Ø WOHNDAUER		IMAGE	WOHNEINHEITEN	NETTOWOHNDICHTE
kurz	lang	**indifferent**	**248** (insgesamt)	**88**
		Interviews / Erkundung	in 39 Gebäuden, davon 27 Zeilen	Einwohner / Hektar

ANALYTISCHER RAUM

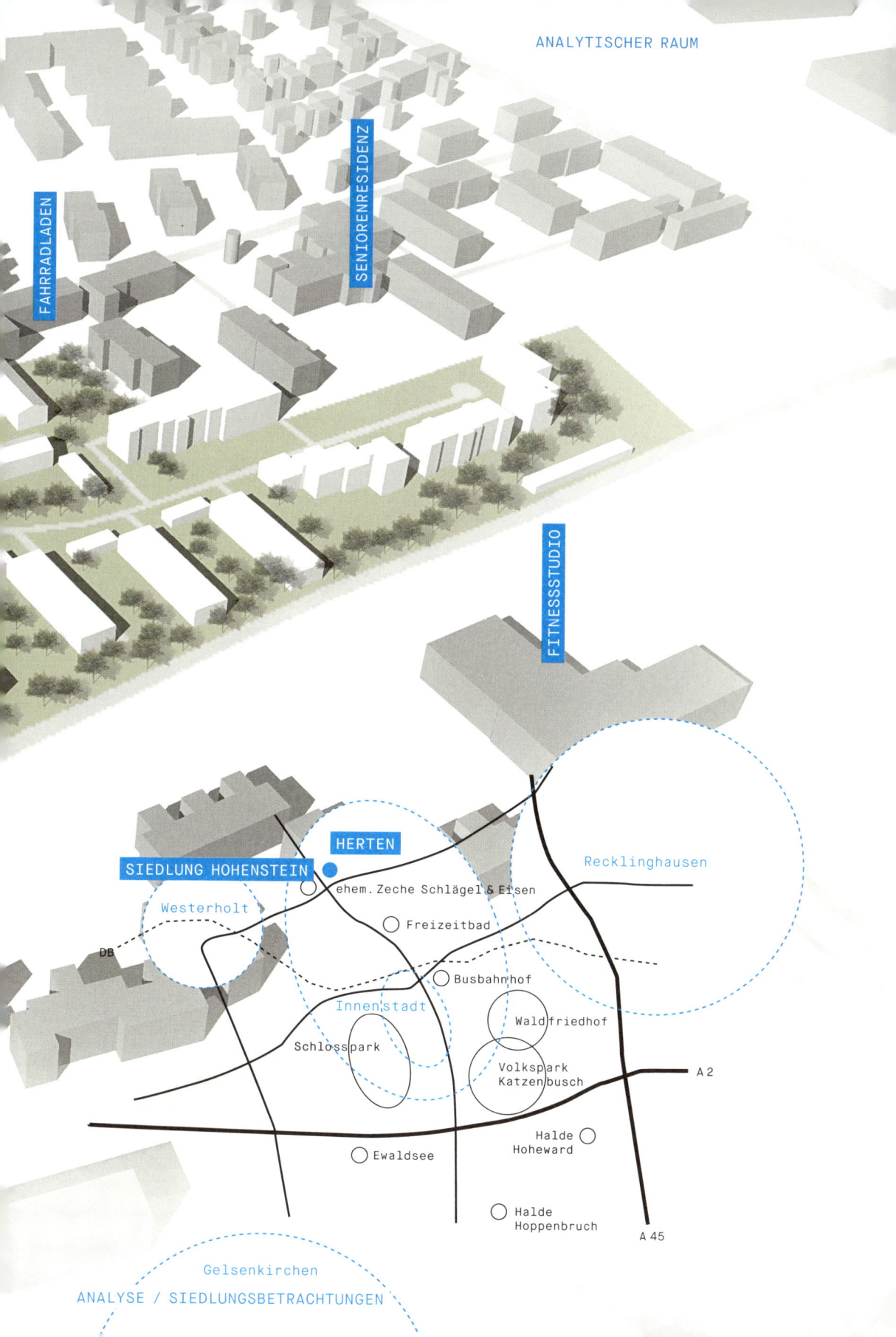

FAHRRADLADEN

SENIORENRESIDENZ

FITNESSSTUDIO

SIEDLUNG HOHENSTEIN

HERTEN

Westerholt
DB
ehem. Zeche Schlägel & Eisen
Recklinghausen
Freizeitbad
Busbahnhof
Innenstadt
Schlosspark
Waldfriedhof
Volkspark Katzenbusch
A 2
Ewaldsee
Halde Hoheward
Halde Hoppenbruch
A 45
Gelsenkirchen

ANALYSE / SIEDLUNGSBETRACHTUNGEN

SIEDLUNG HOHENSTEIN   EINE BESTANDSAUFNAHME

Von dem neuen Spielplatz profitieren neben den Anwohnern auch die angrenzenden Viertel. Die Anbindung in Form eines ausgetretenen Pfades könnte deutlich verbessert werden.

Die Einfamilienhäuser, welche anstelle der ehemaligen Kleingärten gebaut wurden, werden von kinderreichen Familien bewohnt. Die Lage scheint also grundsätzlich für Familien interessant zu sein.

Ein Zaun trennt die neue und die alte Wohnsiedlung voneinander. Warum man sich so streng voneinander abgrenzt, ist jedoch nicht nachvollziehbar, die Einzelgrundstücke sind ansonsten frei zugänglich.

M 1 : 5000

POTENZIALRAUM

Der Auftakt zum Wohngebiet lässt sich besser gestalten. Noch liegt die Grünfläche unattraktiv zwischen Wohnhaus und Straßenraum.

Ungepflegte und nicht gestaltete Vorzonen wirken wenig einladend.

Die tiefen Balkone lassen sich gut nutzen, doch schaut man von dort auf eine braune, triste Fläche. Ein bisschen mehr Pflege muss sein!

ANALYSE / SIEDLUNGSBETRACHTUNGEN

EINE BESTANDSAUFNAHME

FRANKFURT/MAIN ZEILSHEIM SIEDLUNG TAUNUSBLICK

Am nördlichen Rand von Zeilsheim, einem westlichen Stadtteil von Frankfurt am Main, befindet sich die Siedlung Taunusblick. Wie schon der Name der Siedlung nahelegt, kann man bei gutem Wetter von hier die Berge des Taunus erkennen.

Das Rhein-Main-Gebiet ist strukturstark. Frankfurt beheimatet nicht nur die Finanzbranche, sondern bietet auch zahlreiche Arbeitsplätze in Industrie und Dienstleistung. In der Region herrscht Wohnungsmangel, sodass die Siedlung ausgelastet ist und die Mieten hoch sind.

Das öffentliche Verkehrsnetz ist in Richtung Innenstadt gut ausgebaut. Die Haltestelle Zeilsheim ist mit dem Bus in sieben Minuten erreichbar, in 15 weiteren Minuten ist man mit der S-Bahn am Frankfurter Hauptbahnhof.

Der nahegelegene Flughafen ist allerdings auch nur über den Hauptbahnhof zu erreichen. Man braucht für die ca. zehn Kilometer Distanz ungefähr 50 Minuten.

Die Bundesautobahn A66 führt 100 Meter nördlich an Zeilsheim vorbei, die Anschlussstelle befindet sich unmittelbar am Ortsrand, die gute Verkehrslage geht allerdings auch mit einer gewissen Lärmbelastung einher. Charakteristisch für die Lage der Siedlung ist die sehr grüne Umgebung und auch wenn man die Autobahn hört, gibt es offenbar trotz der Nähe zum Frankfurter Flughafen keinen Fluglärm. Das in fünf Autominuten erreichbare Main-Taunus-Zentrum (das erste Einkaufszentrum Deutschlands, das 1964 eröffnet wurde), wird in der Vermarktung der Immobilien ebenfalls als Standortvor-teil betrachtet.[1]

Zwischen 1958 und 1962 entstanden hier über 1000 Wohnungen und Eigenheime für ca. 4000 Menschen, heute leben etwa 3700 Einwohner in der Siedlung. Augenfällig ist der Altersdurchschnitt, nur 15,7 Prozent der Einwohner sind über 65 Jahre alt, die Siedlung ist damit relativ „jung".[2] Die zweischenklig angelegte Siedlung rahmt einige Sonderbauten in ihrer Mitte. Hier befinden sich Einkaufsmöglichkeiten, Gastronomie und soziale Nutzungen. Einige der Kollektivflächen stehen derzeit leer.

Am nordöstlichen Rand tragen sieben achtgeschossige Punkthäuser – im Erdgeschoss befindet sich jeweils ein ebenerdiges Garagengeschoss – zur typologischen Vielfalt bei. Die Gebäudesubstanz ist größtenteils im originalen Zustand der 50er Jahre, vereinzelt fällt ein neuerer Anstrich in grellem Farbton ins Auge.

Die Bewohnerschaft ist kulturell wie altersmäßig heterogen.[3] Seit Sommer 2008 arbeitet das Quartiersmanagement des Internationalen Bunds im Auftrag der Stadt Frankfurt im Siedlungsgebiet. Ein Quartiersbüro in der Rombergstraße unterstützt „gute nachbarschaftliche Beziehungen, zufriedenes Wohnen, ein ansprechendes Wohnumfeld, Beschäftigung und Qualifizierung für Jung und Alt".[4]

[1] www.immobilienscout24.de, asp 12.12.13

[2] Bürgeramt, Statistik und Wahlen (Hg.): *Frankfurter Statistische Berichte*, 2/3'2009. https://www.frankfurt.de/sixcms/media.php/678/2009_2_3_Siedlungen_2008.pdf. asp, 26.04.16

[3] In einer lokalen Austellung zeigte die Künstlerin Anna Pekalas von 21. November bis 20. Dezember 2013 die Bilderserie „Zeilsheim innen und außen". Mit ihren großformatigen Fotos nimmt sie die Menschen, ihre unterschiedlichen Hintergründe, ihre Individualität und ihre Gemeinschaft in den Fokus. Dieses Projekt wurde mit Mitteln des Frankfurter Programms – Aktive Nachbarschaft unterstützt.

[4] Homepage des Quartiersmanagements. http://www.frankfurt-sozialestadt.de/Zeilsheim.htm. asp, 12.12.13

M 1 : 10.000

ANALYSE / SIEDLUNGSBETRACHTUNGEN

SIEDLUNG TAUNUSBLICK   EINE BESTANDSAUFNAHME

GRÖSSE	EINWOHNER	NICHT BEBAUTE FLÄCHE	SANIERUNGSZUSTAND	BSP. MIETPREIS
13 ha	**828**	**132 m²** / Einwohner	saniert — unsaniert	**9,3 €/m²**
128.956 m²	eher Familien	halböffentlicher / öffentlicher Raum		Frankfurt Ø: 12,50 €/m²

Ø WOHNDAUER		IMAGE	WOHNEINHEITEN	NETTOWOHNDICHTE
kurz — lang		sozialschwach / kritisch	**692** (insgesamt)	**63**
		Interviews / Erkundung	in 50 Gebäuden, davon 39 Zeilen	Einwohner / Hektar

ANALYTISCHER RAUM

KNEIPE
EHEM. SUPERMARKT
QUARTIERSMANAGEMENT

KINDERGARTEN

FRISÖR
BÄCKEREI
PENSION
SCHULE

A 66
A 5
A 43

FRANKFURT/MAIN

Bockenheim
Palmengarten
Main-Taunus-Zentrum
Universität
Zoo
Unterliederbach
Messe
Innenstadt
Hbf
Citypark
SIEDLUNG TAUNUSBLICK
Zeilsheim
Nied
Sindlingen
Höchst
Main
Niederrad
Flughafen

ANALYSE / SIEDLUNGSBETRACHTUNGEN

SIEDLUNG TAUNUSBLICK — EINE BESTANDSAUFNAHME

Von Schrebergärten umgeben und durch die direkt an der Siedlung entlangführende A 66 begrenzt, bleibt im Norden wenig Grünraum für neue Nutzungen übrig.

Ein Grillplatz wurde im öffentlichen Raum installiert und scheint von den Bewohnern häufiger genutzt zu werden.

M 1 : 5000   POTENZIALRAUM

Typischerweise gibt es nur für Kleinkinder Nutzungsangebote im Außenraum – meist in Form von Sandkasten und Wippe.

Flächen oder Einrichtungen für Jugendliche, Erwachsene oder Ältere werden vermisst.

Das Büro des Quartiersmanagements liegt an strategisch günstiger Stelle. Das soziale Angebot könnte visuell stärker transportiert, der Außenraum mit genutzt werden.

Insbesondere die Vernetzung der einzelnen ethnischen Gruppen ist Aufgabe des externen „Coachs".

Es fehlt in Zeilsheim an Betreuungsplätzen für Kinder unter drei Jahren, dies ist ein entscheidender Nachteil, wenn es darum geht, einen attraktiven Wohnstandort für junge Familien, insbesondere für berufstätige Eltern, zu etablieren.

ANALYSE / SIEDLUNGSBETRACHTUNGEN

EINE BESTANDSAUFNAHME

FRANKFURT/MAIN ZEILSHEIM MÄRCHENSIEDLUNG

Im Südosten des Frankfurter Stadtteils Zeilsheim, nahe der Siedlung Taunusblick, befindet sich südlich der Hauptstraße Pfaffenwiese die Märchensiedlung.[1] Die Siedlung liegt nah an den wirtschaftsstarken Industrieunternehmen der Nachkriegszeit, zum Beispiel der ehemaligen Farbwerke Hoechst AG. Auch heute noch sind gute Beschäftigungsverhältnisse gegeben.

Die S-Bahn-Haltestelle Zeilsheim befindet sich nur wenige hundert Meter entfernt, von dort wird die Innenstadt in nur 15 Minuten erreicht.

Mit dem Auto ist man binnen zehn Minuten am internationalen Flughafen, mit öffentlichen Verkehrsmitteln dauert dies ungleich länger: ca. 40 Minuten.

In unmittelbarer Nähe befindet sich neben dem Main-Taunus-Einkaufszentrum auch die Jahrhunderthalle, die ebenfalls ein überregionales Einzugsgebiet hat und bei Großveranstaltungen für ein erhöhtes Verkehrsaufkommen in Zeilsheim sorgt. Die Parkplatzfläche der Mehrzweckhalle wird immer wieder für große Flohmärkte genutzt.

Am Rand der Siedlung entstand in den vergangenen Jahren eine Reihenhaussiedlung, in der vorwiegend junge Familien wohnen. Die Bevölkerung der Märchensiedlung ist im Vergleich dazu deutlich älter.[2] Anders als die zuvor beschriebene Siedlung Taunusblick wird dieses Viertel nicht als soziales Problemgebiet bezeichnet. Die Gebäude sind nach Auskunft der Wohnungsbaugesellschaft leicht vermietbar und befinden sich in gutem, wenn auch größtenteils unrenoviertem Zustand. Die öffentlichen bzw. halböffentlichen Flächen sind ebenfalls gepflegt, wenn auch ungenutzt bzw. unternutzt.

Eine steile Hanglage des gesamten Gebiets Richtung Süden ist vorteilhaft für die Belichtung der einzelnen Gebäuderiegel und schafft differenzierte Räume. Räume mit Aufenthaltsqualität sind allerdings kaum vorhanden, auch das Potenzial der Feldrandlage wird nicht ausgeschöpft.

Im Zentrum der Siedlung sind öffentliche Einrichtungen (Schule, Kindergarten) und Einkaufsmöglichkeiten vorhanden, ein größerer Supermarkt befindet sich im Süden. Entlang der Pfaffenwiese Richtung Zeilsheimer Zentrum sind Gastronomien und eine Einrichtung der evangelischen Kirche angesiedelt.

[1] Auf einigen Fassaden der Häuser sind Szenen aus Grimms Märchen abgebildet.

[2] So sind 27,5 Prozent der Einwohner über 65 Jahre alt: Bürgeramt, Statistik und Wahlen (Hg.): *Frankfurter Statistische Berichte*, 2/3˙2009. https://www.frankfurt.de/sixcms/media.php/678/2009_2_3_Siedlungen_2008.pdf.asp, 26.04.16

M 1 : 10.000

ANALYSE / SIEDLUNGSBETRACHTUNGEN

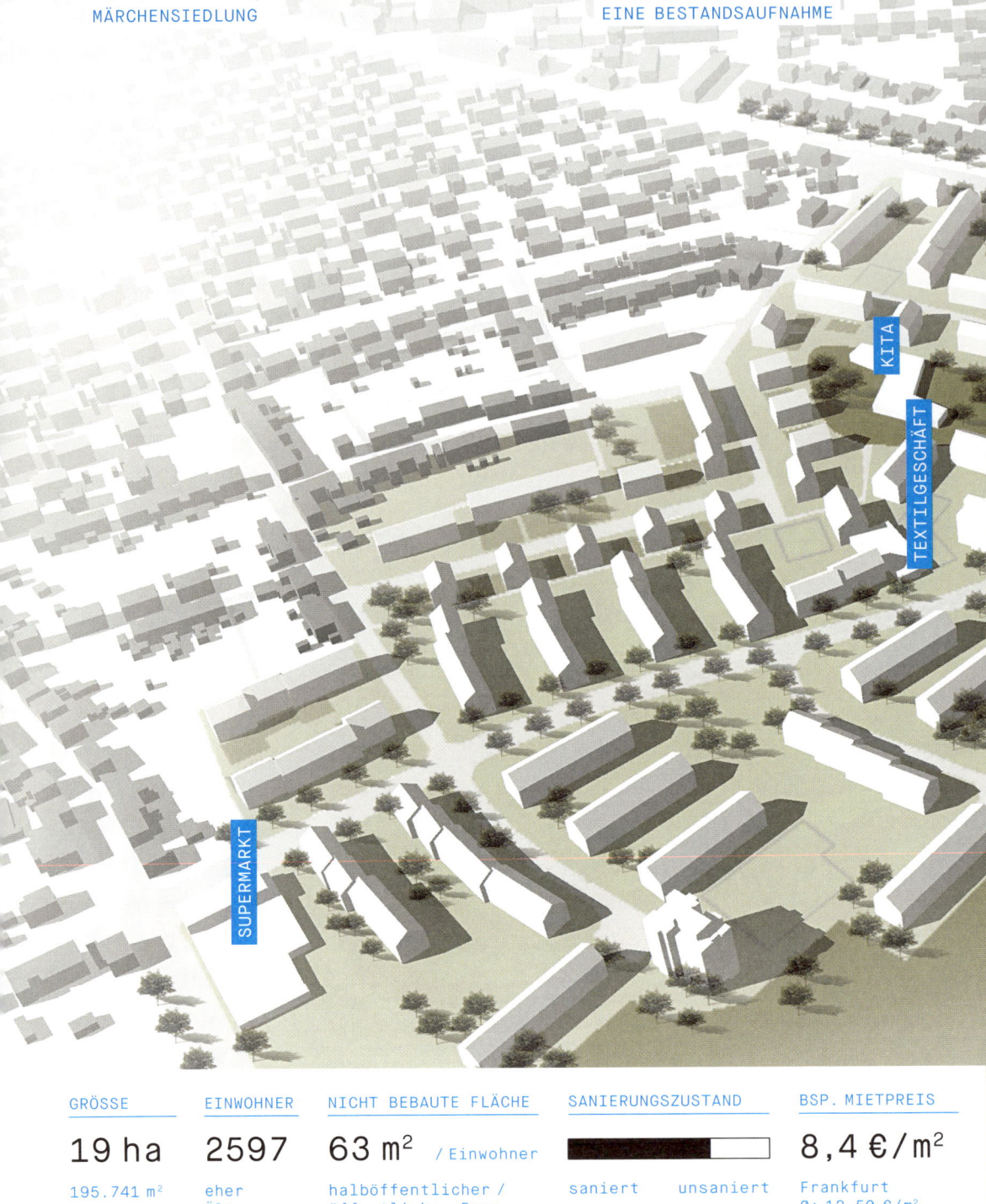

MÄRCHENSIEDLUNG — EINE BESTANDSAUFNAHME

KITA
TEXTILGESCHÄFT
SUPERMARKT

GRÖSSE	EINWOHNER	NICHT BEBAUTE FLÄCHE	SANIERUNGSZUSTAND	BSP. MIETPREIS
19 ha	2597	63 m² / Einwohner	saniert — unsaniert	8,4 €/m²
195.741 m²	eher Ältere	halböffentlicher / öffentlicher Raum		Frankfurt Ø: 12,50 €/m²

Ø WOHNDAUER	IMAGE	WOHNEINHEITEN	NETTOWOHNDICHTE
kurz — lang	beschaulich	790 (insgesamt)	136
	Interviews / Erkundung	in 94 Gebäuden, davon 66 Zeilen	Einwohner / Hektar

ANALYTISCHER RAUM

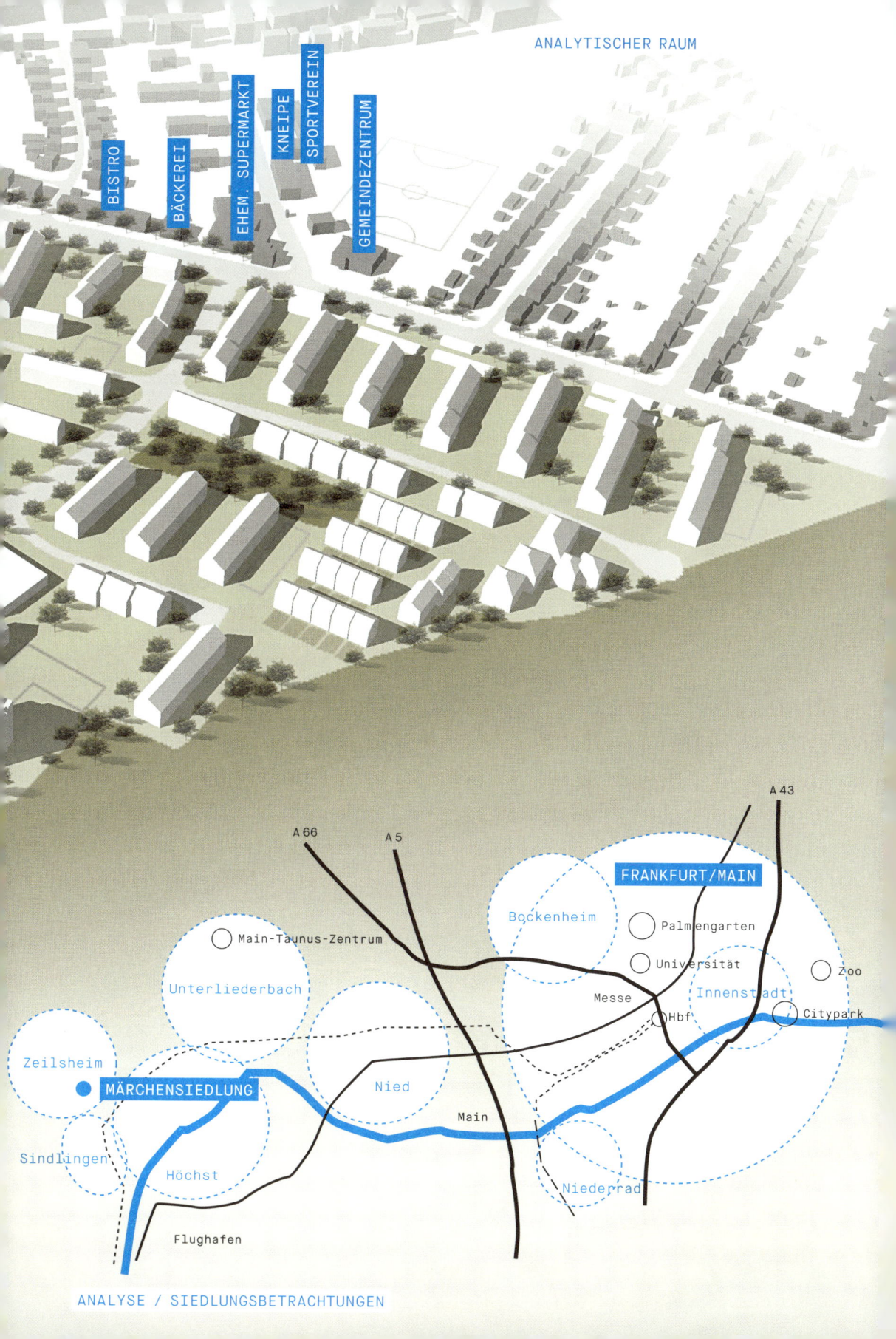

BISTRO
BÄCKEREI
EHEM. SUPERMARKT
KNEIPE SPORTVEREIN
GEMEINDEZENTRUM

A 66
A 5
A 43

FRANKFURT/MAIN

Bockenheim
Palmengarten
Main-Taunus-Zentrum
Universität
Unterliederbach
Zoo
Messe
Innenstadt
Hbf
Citypark
Zeilsheim
MÄRCHENSIEDLUNG
Nied
Sindlingen
Main
Höchst
Niederrad
Flughafen

ANALYSE / SIEDLUNGSBETRACHTUNGEN

MÄRCHENSIEDLUNG   EINE BESTANDSAUFNAHME

M 1 : 5000   POTENZIALRAUM

Da die Siedlung nicht als Problemviertel gilt und das Frankfurter Quartiersmanagement bisher nicht tätig werden musste, gibt es auch keine fest installierten Treffpunkte oder soziale Einrichtungen, die zur Gemeinschaftsbildung beitragen.

Gekennzeichnet von einer überdurchschnittlich alten Bevölkerung, könnte die Märchensiedlung durch den Neubau der Kita auch wieder für jüngere Bewohner bzw. für Familien interessant werden.

Neben dem Textildiscounter sind Nutzungen für den täglichen Bedarf vorstellbar.

Mitten in der Siedlung liegt ein introvertierter Baukörper – das Parkhaus bietet Stellplätze für die umliegenden Wohneinheiten. Eine Bespielung hätte positive Einflüsse auf das Siedlungsleben.

Auf Sitzbänken könnte man die Aussicht über die Felder bis Sindlingen genießen. Dieser Wunsch nach einer erhöhten Aufenthaltsqualität wurde von den Bewohnern geäußert.

→ Strategie und Entwurf für die Bestandsentwicklung der Märchensiedlung siehe Seite 192

EINE BESTANDSAUFNAHME

FRANKFURT/MAIN SINDLINGEN FERDINAND-HOFMANN-SIEDLUNG

Die Ferdinand-Hofmann-Siedlung gehört zum Stadtbezirk Sindlingen-Nord, einem peripher gelegenen Stadtteil Frankfurts. Von den Bahntrassen der Main-Lahn-Bahn und der Taunus-Eisenbahn begrenzt, zeichnet sich die Wohnsiedlung durch ihre Feldrandlage aus. Im Osten schließt sie an Sindlingen-Süd mit seinem Ortskern aus dem 9. Jahrhundert an. Zusammen mit der direkt angrenzenden zweigeschossigen Arbeitersiedlung Höchst-West, die in den 1920er Jahren für die Beschäftigten der Farbwerke Hoechst AG erbaut wurde, legt sie sich als Insel in den Landschaftsstreifen zwischen Sindlingen und Zeilsheim.

Die Lage der Siedlung ist für Pendler günstig. Zur Innenstadt und dem Hauptbahnhof sind es mit der S-Bahn 15 Minuten. In 28 Minuten ist man am Wiesbadener Hauptbahnhof und auch zum Flughafen braucht man mit dem Taxi nur zwölf Minuten. Im fußläufigen Einzugsgebiet der Siedlung befindet sich das etwa zwei Kilometer entfernte Rheinufer mit dem Spielpark Sindlingen sowie das Kulturdenkmal Haus Sindlingen (Günter Bock, 1963), in dem ein Improvisationstheater untergebracht ist.

Der in den 1950ern und 1960ern entstandene Bereich der Siedlung, der zur Zeit circa 3800 Einwohner hat, besteht größtenteils aus fünfgeschossigen Mehrfamilienhäusern in Zeilenbauweise. Das größte zusammenhängende Gebäude bildet das fünf- bzw. achtgeschossige Wohnhochhaus in der Hermann-Küster-Straße, entlang der Bahnlinie im Norden. Die Bauten am zentralen Paul-Kirchhof-Platz lehnen sich mit den Satteldächern sowie hölzernen Fensterklappläden an die neu-klassizistische Bebauung des älteren Siedlungsbereichs aus den 1920ern an, mit dem Platz als räumlicher Schnittstelle zu dieser.

Hier sind keine gastronomischen oder kommerziellen Nutzungen verortet, die umfahrbare Freifläche in der Mitte des Platzes ist mit nur wenigen Gestaltungselementen versehen. In unmittelbarer Nähe entstand an der Hugo-Kallenbach-Straße ein kleines Zentrum mit Supermarkt, kleinerem Einzelhandel und einem Schnellrestaurant. In der Siedlung gibt es zwei Schulen, einen Kindergarten sowie mit der Arche eine Sozialeinrichtung.

Der Vorplatz der Hochhauszeile entlang der Hermann-Küster-Straße fungiert als öffentlicher Raum und Treffpunkt. Hier befinden sich Bänke, aber auch ein Spielplatz.

Abgesehen von einem Sportplatz im Süden sind Flächen oder Einrichtungen für Freizeitaktivitäten im unmittelbaren Wohnumfeld ansonsten nicht vorhanden. Der zentrale Grünraum zwischen Hugo-Kallenbach- und Albert-Blank-Straße ist eher ein Angstraum und unternutzt. Die Sozialstruktur der Bewohnerschaft ist in diesem Siedlungsteil eher schwach.

M 1 : 10.000

ANALYSE / SIEDLUNGSBETRACHTUNGEN

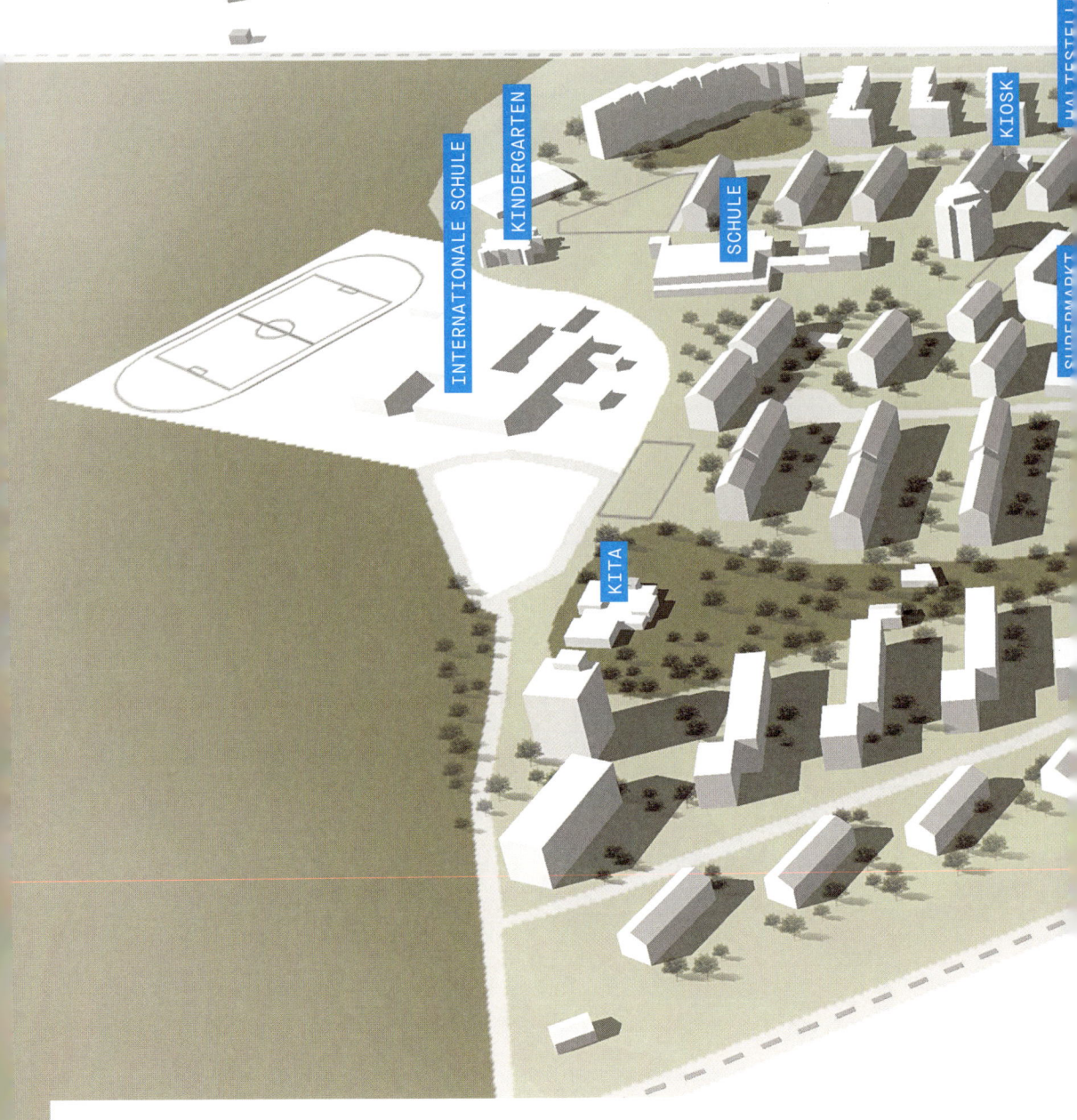

FERDINAND-HOFMANN-SIEDLUNG — EINE BESTANDSAUFNAHME

INTERNATIONALE SCHULE
KINDERGARTEN
SCHULE
KIOSK
SUPERMARKT
HALTESTELLE
KITA

GRÖSSE	EINWOHNER	NICHT BEBAUTE FLÄCHE	SANIERUNGSZUSTAND	BSP. MIETPREIS
25 ha	**3110**	**69 m²** / Einwohner	saniert ▬▬▬ unsaniert	**11,2 €/m²**
254.770 m²	eher Ältere	halböffentlicher / öffentlicher Raum		Frankfurt Ø: 12,50 €/m²

Ø WOHNDAUER	IMAGE	WOHNEINHEITEN	NETTOWOHNDICHTE
kurz ▬▬▬ lang	gemischt	**1114** (insgesamt)	**124**
	Interviews / Erkundung	in 46 Gebäuden, davon 42 Zeilen	Einwohner / Hektar

ANALYTISCHER RAUM

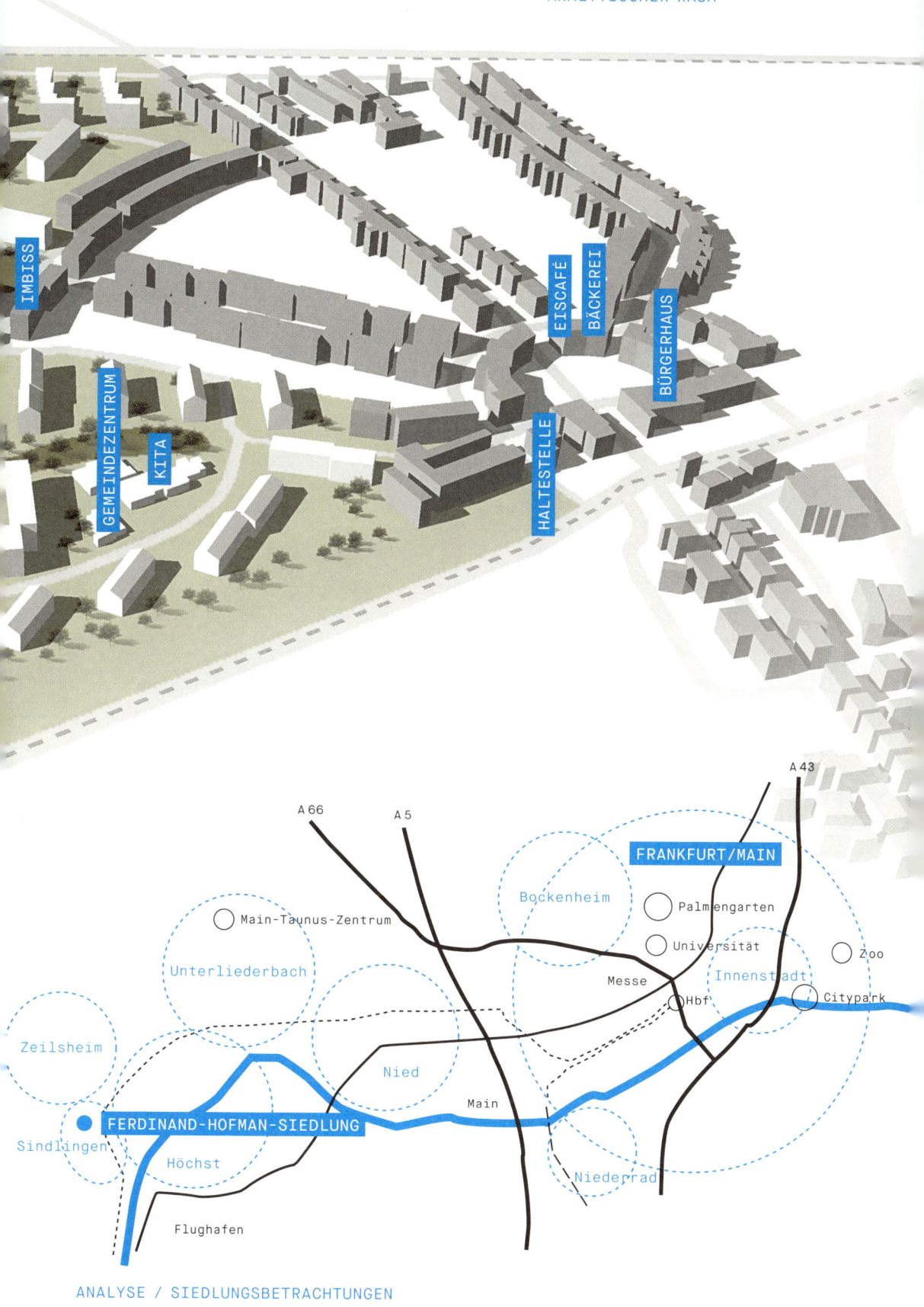

IMBISS
GEMEINDEZENTRUM
KITA
EISCAFÉ
BÄCKEREI
HALTESTELLE
BÜRGERHAUS

A 66
A 5
A 43
FRANKFURT/MAIN
Bockenheim
Main-Taunus-Zentrum
Palmengarten
Universität
Unterliederbach
Messe
Innenstadt
Zoo
Hbf
Citypark
Zeilsheim
Nied
FERDINAND-HOFMAN-SIEDLUNG
Main
Sindlingen
Höchst
Niederrad
Flughafen

ANALYSE / SIEDLUNGSBETRACHTUNGEN

FERDINAND-HOFMANN-SIEDLUNG — EINE BESTANDSAUFNAHME

Die Straßen sind reine Erschließungsstraßen und komplett zugeparkt. Ohne Autos könnten sie stärker als öffentlicher Raum genutzt werden.

Das Parkdeck liegt als reiner Funktionsbau räumlich überpräsentiert am Ende der Straße.

Die internationale Schule liegt räumlich getrennt und funktional unverbunden am Rand der Siedlung.

Grundschule und Kita sind eine Basis des Gemeinschaftslebens ansässiger Familien.

M 1 : 5000

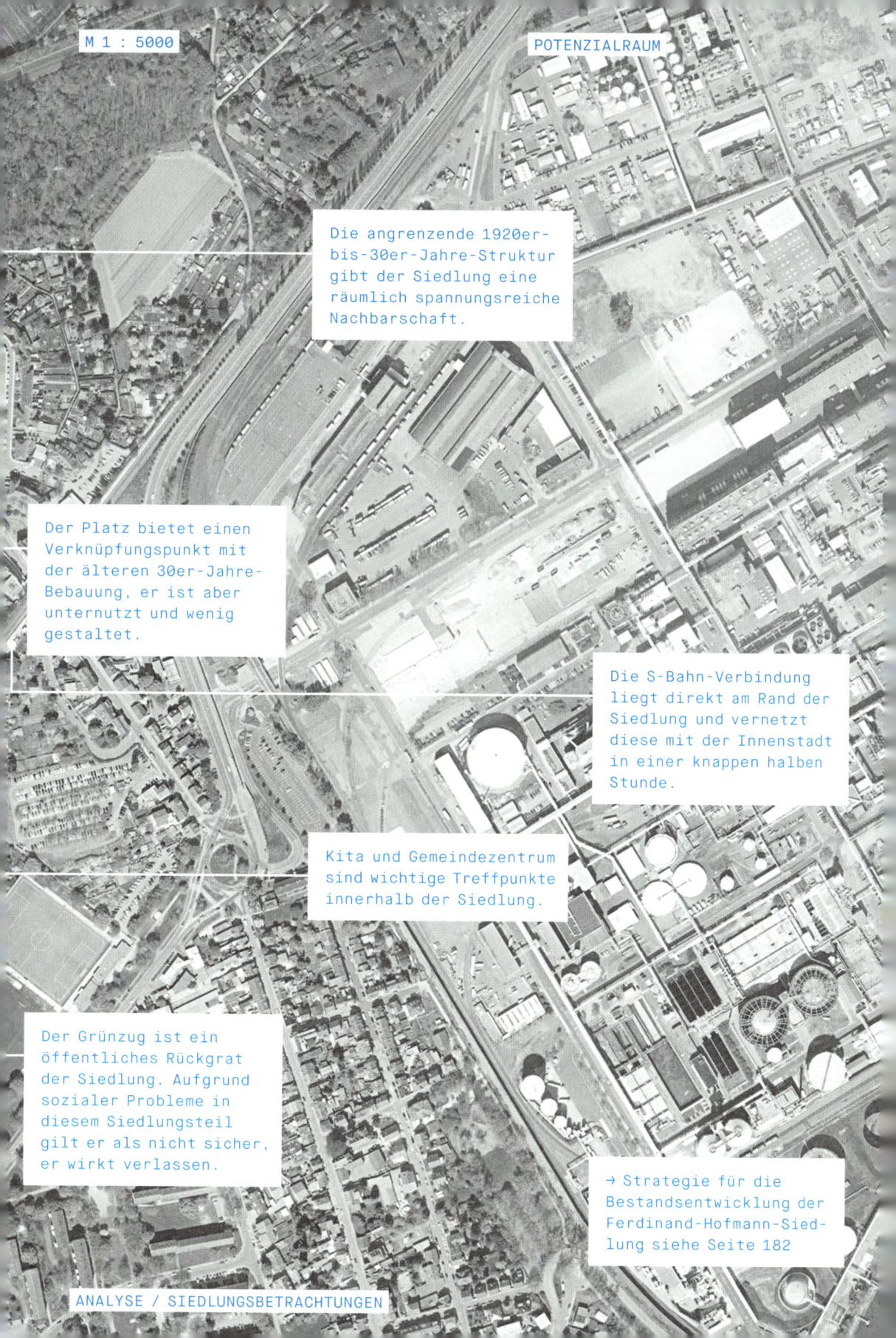

POTENZIALRAUM

Die angrenzende 1920er-bis-30er-Jahre-Struktur gibt der Siedlung eine räumlich spannungsreiche Nachbarschaft.

Der Platz bietet einen Verknüpfungspunkt mit der älteren 30er-Jahre-Bebauung, er ist aber unternutzt und wenig gestaltet.

Die S-Bahn-Verbindung liegt direkt am Rand der Siedlung und vernetzt diese mit der Innenstadt in einer knappen halben Stunde.

Kita und Gemeindezentrum sind wichtige Treffpunkte innerhalb der Siedlung.

Der Grünzug ist ein öffentliches Rückgrat der Siedlung. Aufgrund sozialer Probleme in diesem Siedlungsteil gilt er als nicht sicher, er wirkt verlassen.

→ Strategie für die Bestandsentwicklung der Ferdinand-Hofmann-Siedlung siehe Seite 182

EINE BESTANDSAUFNAHME

FRANKFURT/MAIN NIED EISENBAHNERSIEDLUNG

Der im Folgenden untersuchte Siedlungsbereich umfasst die Gebäude entlang der Heusingerstraße und des Bergmannwegs, sie gehören zur Eisenbahnersiedlung in Frankfurt-Nied.

Die zentrumsnahe Lage des Stadtteils – mit der S-Bahn in sieben Minuten bis zum Hauptbahnhof; zwei Kilometer vom Westkreuz mit Anschluss an die A 648 und die A 5 – steht im Kontrast zum ländlichen Charakter der Lage an sich.

Ein Reiterhof mit Pferdekoppeln und die Auenlandschaft der Nidda am nordwestlichen Siedlungsrand tragen unter anderem zu diesem Eindruck bei. Am Horizont der Felder erscheint die Hochhausbebauung des Gewerbegebiets Eschborn Süd. Der dichte Niedwald bietet ein attraktives Naherholungsgebiet, zum Rebstockpark und Richtung Messe führt eine direkte Verbindung durch diesen Stadtwald.

Die ursprüngliche Eisenbahnersiedlung, eine hufeisenförmige, zwischen 1918 und 1930 entstandene Anlage für die Arbeiter der Königlich-Preußischen Lokomotivhauptwerkstätte, gilt heute als ein Kulturdenkmal der Stadt Frankfurt. Die im Sinne des Gartenstadtgedankens von den Architekten Schelling & Zweifel entworfene Siedlung besteht größtenteils aus Vierfamilien-Doppelwohnhäusern mit Stall und rückwärtiger Gartenparzelle.

Nach dem Zweiten Weltkrieg wurde die Wohnsiedlung im Westen um etwa die gleiche Fläche erweitert, nun jedoch in Zeilenbauweise.

Eine Bankfiliale sowie ein kleiner Lebensmittelladen sind die einzigen internen Versorgungseinrichtungen. Der nächste größere Supermarkt befindet sich in zwei Kilometer Entfernung, eine direkte fußläufige Verbindung ist in diesem von zahlreichen Verkehrstrassen parzellierten Stadtteil nur unzureichend hergestellt.

Mit dem bereits erwähnten Reiterhof mit ansässigem Frankfurter Polo Club, der im Westen von Nied gelegenen Niddahalle, die auch für Vereinssport genutzt wird und einigen weiteren örtlichen Sportflächen (Tennis, Fußball, Bogenschießen) gibt es Sportangebote. Darüber hinaus sind die Freizeitangebote im gesamten Stadtteil beschränkt. Der Außenraum der Siedlung bietet keine öffentlichen Flächen, die sich eignen, ein kollektives Siedlungsleben zu katalysieren.

Die Auflösung der bahneigenen Wohnbestände in den letzten Jahren hat neben dem Wechsel von einer genossenschaftlichen zu einer profitorientierten Wohnungsbaugesellschaft auch zur Umwandlung einzelner Mietwohnungen in Eigentum geführt. Diese veränderten Besitzverhältnisse lassen sich anhand von Umzäunungen, privaten Freisitzen oder differenzierter Gartengestaltung einzelner Flächen im Außenraum ablesen.

M 1 : 10.000

ANALYSE / SIEDLUNGSBETRACHTUNGEN

EISENBAHNERSIEDLUNG   EINE BESTANDSAUFNAHME

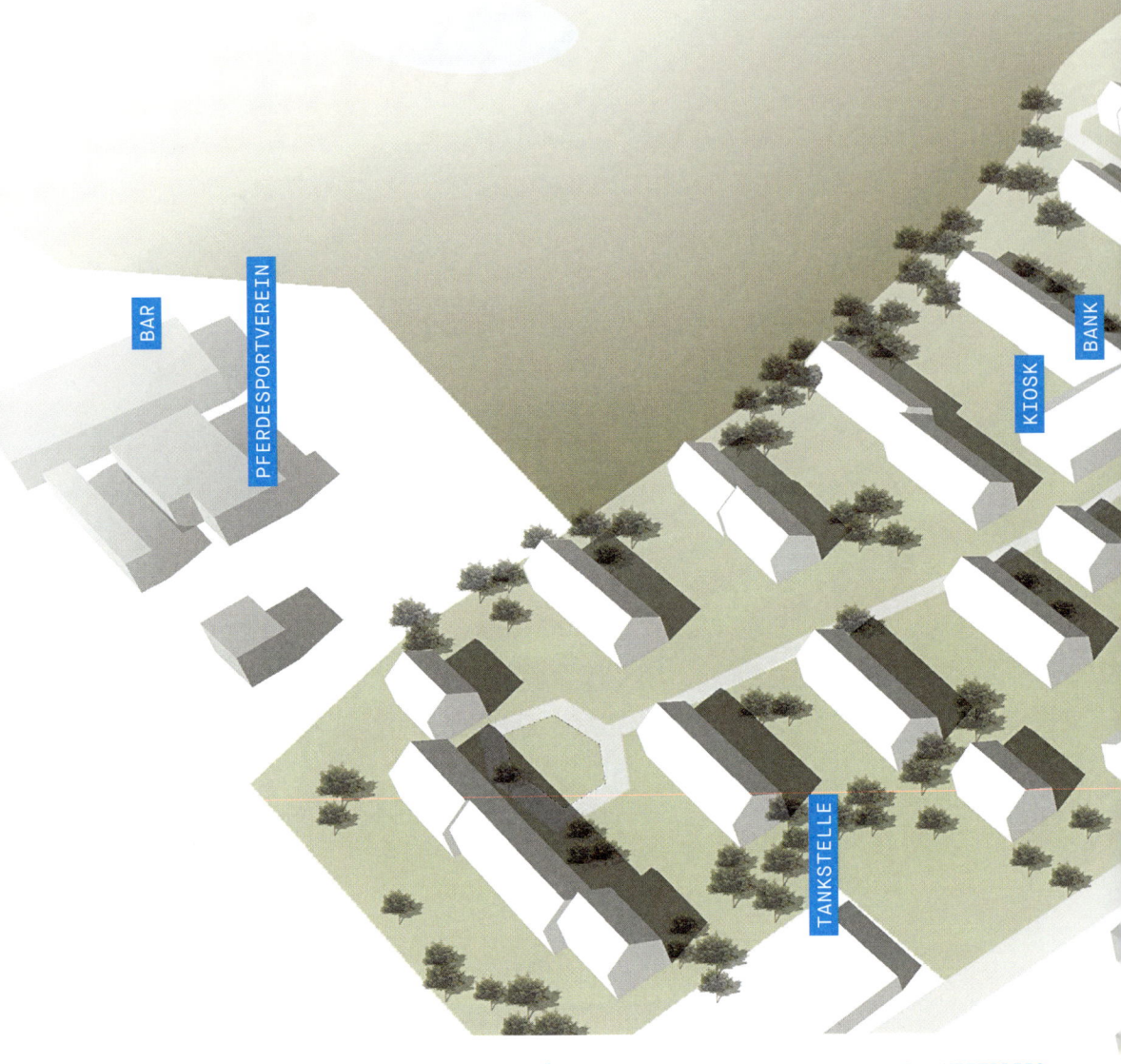

BAR
PFERDESPORTVEREIN
KIOSK
BANK
TANKSTELLE

GRÖSSE	EINWOHNER	NICHT BEBAUTE FLÄCHE	SANIERUNGSZUSTAND	BSP. MIETPREIS
13 ha	**765**	**69 m^2** / Einwohner	saniert unsaniert	**10,2 €/m^2**
125.588 m^2	eher Ältere	halböffentlicher / öffentlicher Raum		Frankfurt ⌀: 12,50 €/m^2

⌀ WOHNDAUER		IMAGE	WOHNEINHEITEN	NETTOWOHNDICHTE
		angenehm	**306** (insgesamt)	**59**
kurz	lang	Interviews / Erkundung	in 41 Gebäuden, davon 37 Zeilen	Einwohner / Hektar

ANALYTISCHER RAUM

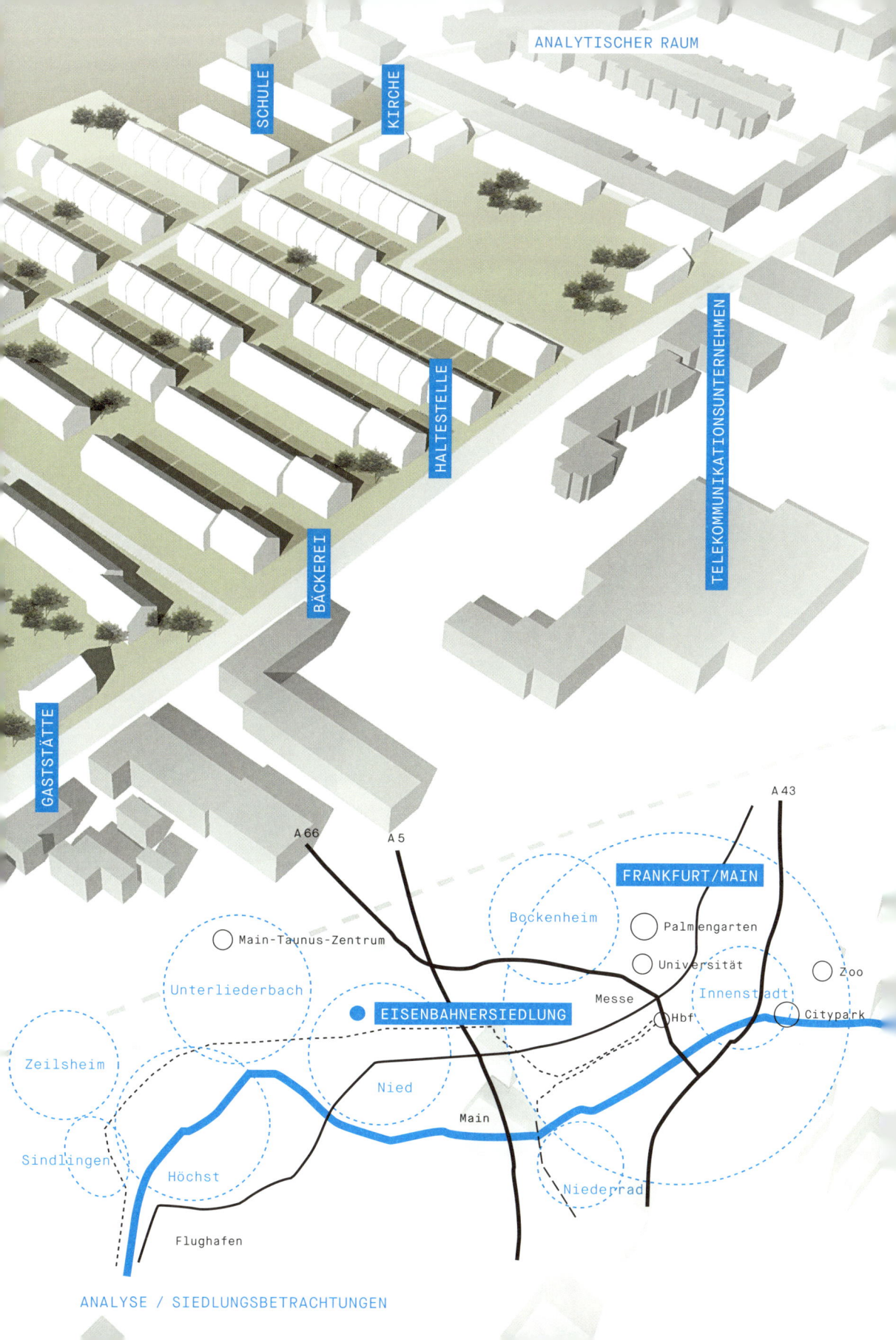

SCHULE
KIRCHE
TELEKOMMUNIKATIONSUNTERNEHMEN
HALTESTELLE
BÄCKEREI
GASTSTÄTTE

A 66
A 5
A 43

FRANKFURT/MAIN

Main-Taunus-Zentrum
Bockenheim
Palmengarten
Unterliederbach
Universität
Zoo
Messe
Innenstadt
EISENBAHNERSIEDLUNG
Hbf
Citypark
Zeilsheim
Nied
Sindlingen
Höchst
Main
Niederrad
Flughafen

ANALYSE / SIEDLUNGSBETRACHTUNGEN

EISENBAHNERSIEDLUNG   EINE BESTANDSAUFNAHME

Der angrenzende Naturraum ist eine Bereicherung für das Leben der Siedlungsbewohner.

Im Stadtteil ist das Vereinswesen stark ausgeprägt. Neben sportlichen Aktivitäten gibt es auch gastronomische Einrichtungen.

Die Bahnschranke ist eine Barriere für die alltägliche Mobilität im Stadtteil.

M 1 : 5000 POTENZIALRAUM

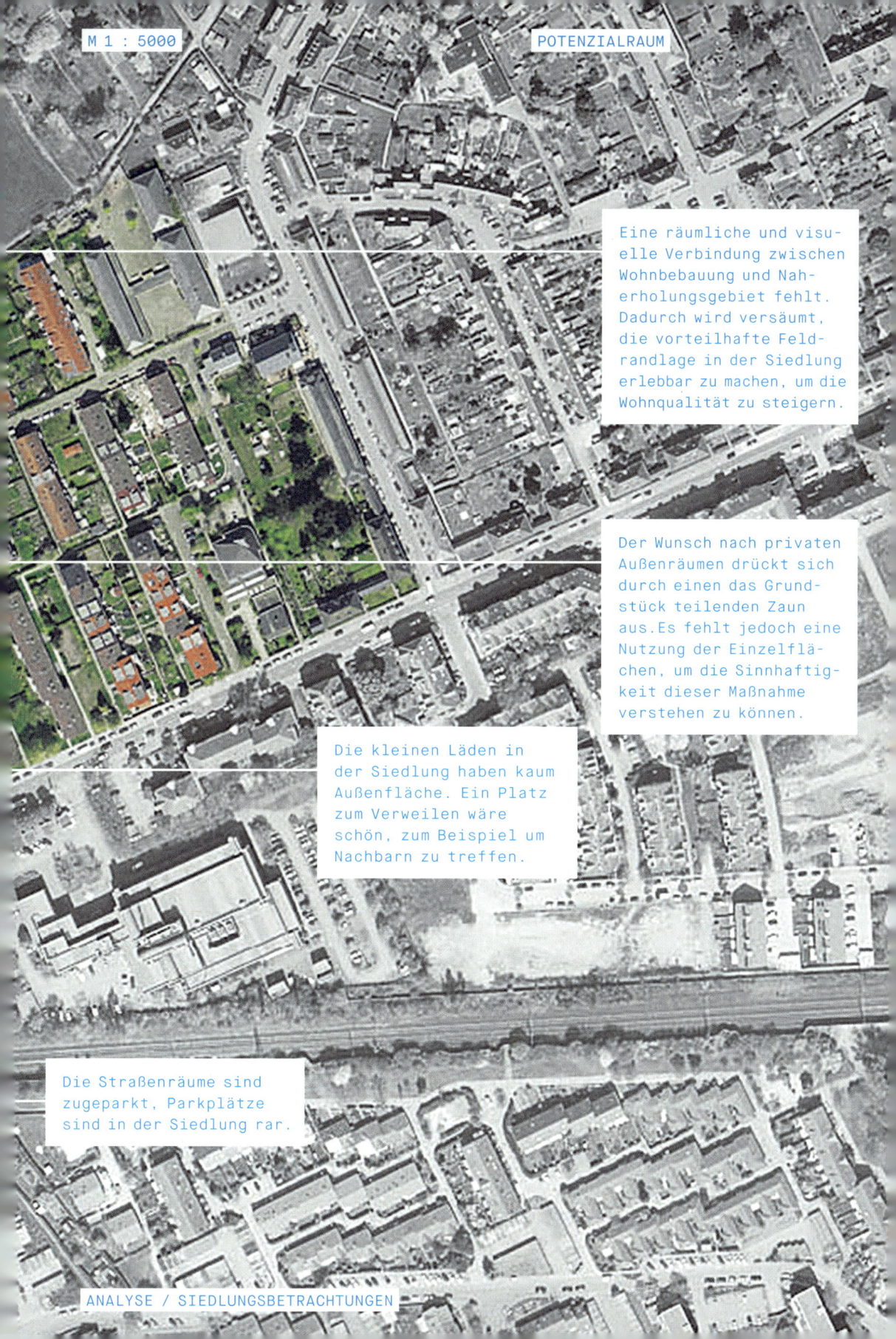

Eine räumliche und visuelle Verbindung zwischen Wohnbebauung und Naherholungsgebiet fehlt. Dadurch wird versäumt, die vorteilhafte Feldrandlage in der Siedlung erlebbar zu machen, um die Wohnqualität zu steigern.

Der Wunsch nach privaten Außenräumen drückt sich durch einen das Grundstück teilenden Zaun aus. Es fehlt jedoch eine Nutzung der Einzelflächen, um die Sinnhaftigkeit dieser Maßnahme verstehen zu können.

Die kleinen Läden in der Siedlung haben kaum Außenfläche. Ein Platz zum Verweilen wäre schön, zum Beispiel um Nachbarn zu treffen.

Die Straßenräume sind zugeparkt, Parkplätze sind in der Siedlung rar.

ANALYSE / SIEDLUNGSBETRACHTUNGEN

EINE BESTANDSAUFNAHME

FRANKFURT/MAIN NIED SIEDLUNG NIEDERKIRCHWEG

Ebenfalls zum Frankfurter Stadtteil Nied gehört die Wohnsiedlung Niederkirchweg, die in den 1960er Jahren entlang der Dürkheimer, Alzeyer und Landauer Straße entstand. Der kleine Ortskern von Alt-Nied ist nahe gelegen. Der Main grenzt fast unmittelbar an. Die Siedlung wird von den großen Verkehrsachsen B 40, Mainzer Landstraße sowie dem Niederkirchweg umschlossen.

Es besteht ein direkter Anschluss an die Straßenbahn zur Innenstadt und auch die S-Bahnhaltestelle Nied (S1, sieben Minuten bis Hauptbahnhof) befindet sich in fußläufiger Entfernung. Die Lage ist somit besonders interessant und könnte auch besserverdienende Einwohner anziehen, sofern die bautechnischen Missstände behoben und die sozialen Probleme in Angriff genommen würden.

Die Siedlung besteht zum überwiegenden Teil aus viergeschossigen Zeilenbauten mit Flachdach, unterbrochen wird diese stringente Typologie von Reihenhauszeilen im Zentrum der Siedlung und von bis zu neungeschossigen Punkthäusern im nördlichen Bereich.

Die Bewohnerschaft setzt sich aus unterschiedlichen Nationalitäten zusammen. Es leben recht viele ältere Menschen in der Siedlung (22 Prozent sind über 65 Jahre alt). Die meisten dieser Rentner wohnen in ihren ehemaligen Dienstwohnungen, in denen sie oft Mietrecht auf Lebenszeit besitzen. Der vernachlässigte Zustand von Gebäuden und Freiräumen wirkt sich negativ auf die Bewohnerstruktur aus, ein sozialer Abwärtstrend ist zu verzeichnen. Für die Pflege der Grünflächen scheint sich niemand zuständig zu fühlen. Abgeladener Sperrmüll, schlechte Beleuchtung der Seitenstraßen, Verschmutzung und Unordnung prägen das Bild.

Um Einkäufe zu erledigen und um Freizeitbeschäftigungen nachzugehen, verlassen die Bewohner ihren Wohnort. Die wenigen vorhandenen Versorgungseinrichtungen beschränken sich auf einen kleinen Supermarkt sowie eine Bäckerei. Ein Café musste mangels Umsatz wieder schließen. Am westlichen Eingang liegt ein leerstehendes Gebäude, ein ehemaliger Getränkemarkt, das dem Verfall überlassen ist.

Der Park am Main ist für die Bewohner sämtlicher Altersklassen der nächstgelegene Ort für die Freizeitgestaltung im Außenraum. Die internen öffentlichen Flächen beschränken sich auf die zentrale Grünfläche mit Kinderspielplatz. Weitere Orte für soziale Begegnungen sind nicht vorgesehen. Die Angst vor mehr Lärm, Verschmutzung und Vandalismus ist allgemein hoch, öffentliche Orte werden kritisch beäugt.

M 1 : 10.000

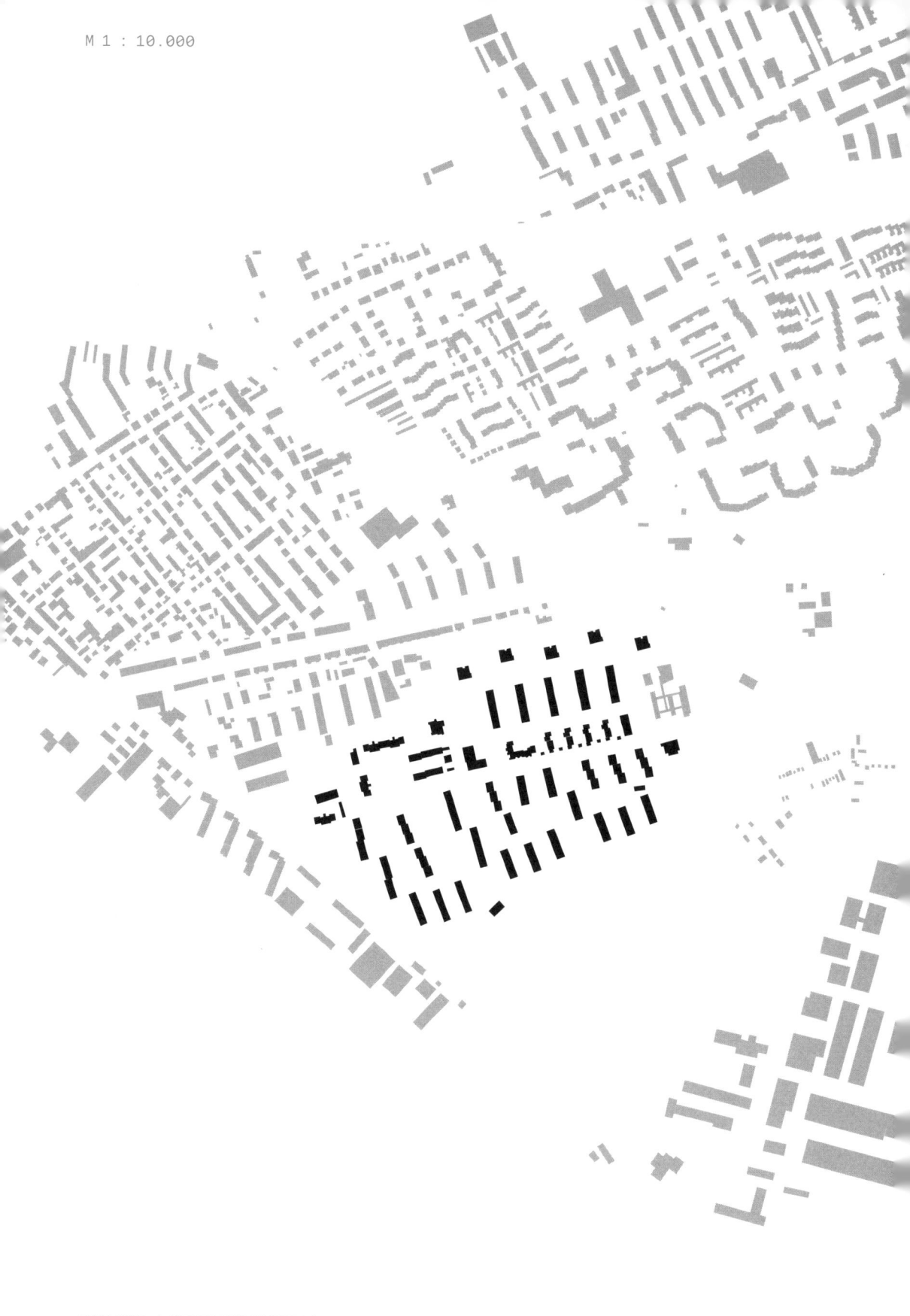

ANALYSE / SIEDLUNGSBETRACHTUNGEN

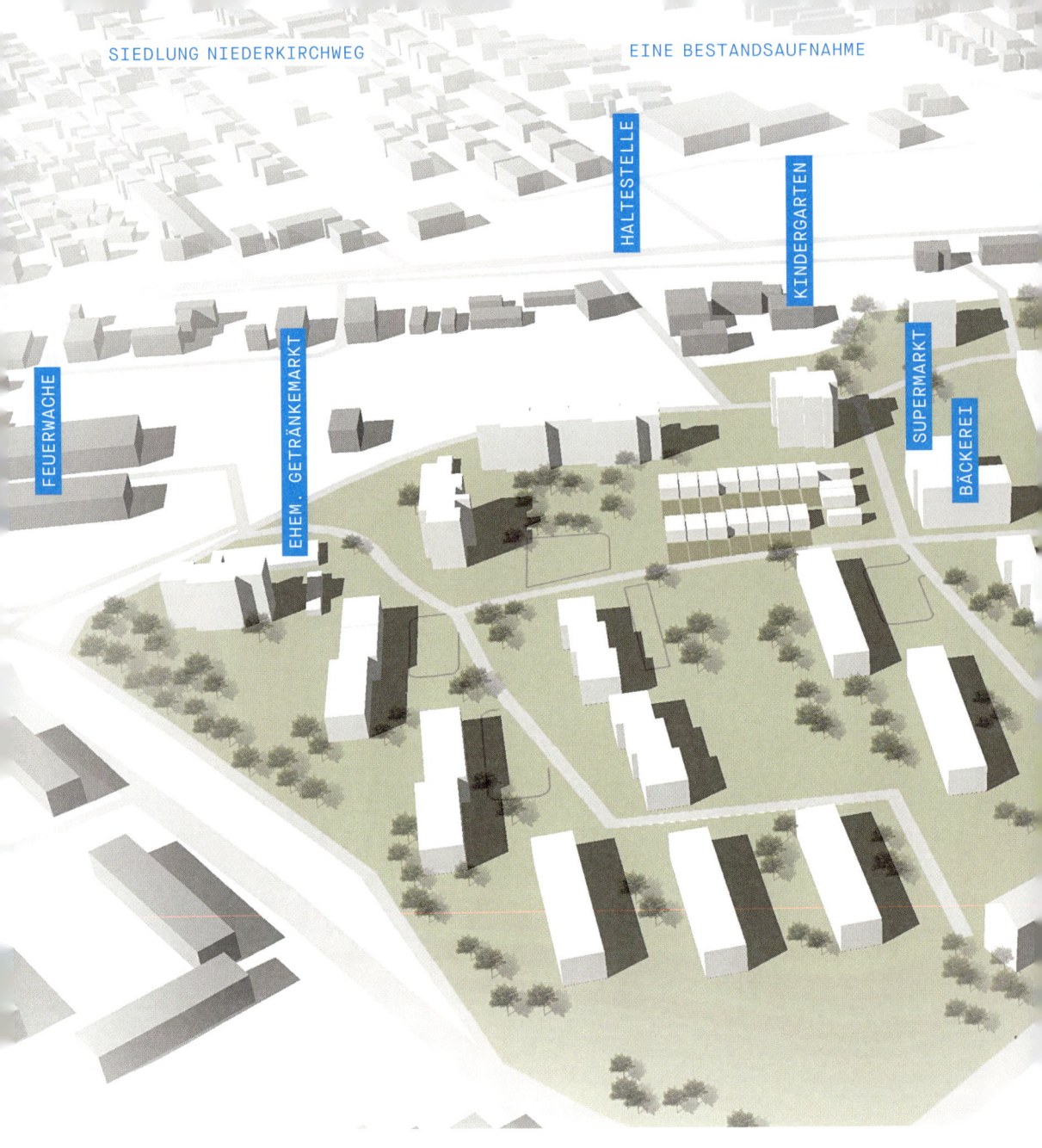

SIEDLUNG NIEDERKIRCHWEG   EINE BESTANDSAUFNAHME

HALTESTELLE
KINDERGARTEN
FEUERWACHE
EHEM. GETRÄNKEMARKT
SUPERMARKT
BÄCKEREI

GRÖSSE	EINWOHNER	NICHT BEBAUTE FLÄCHE	SANIERUNGSZUSTAND	BSP. MIETPREIS
27 ha	**2155**	**113 m²** / Einwohner	saniert — unsaniert	**9,4 €/m²**
195.741m²	eher Ältere	halböffentlicher / öffentlicher Raum		Frankfurt Ø: 12,50 €/m²

Ø WOHNDAUER	IMAGE	WOHNEINHEITEN	NETTOWOHNDICHTE
kurz — lang	**gefährlich**	**745** (insgesamt)	**80**
	Interviews / Erkundung	in 82 Gebäuden, davon 30 Zeilen	Einwohner / Hektar

ANALYTISCHER RAUM

HALTESTELLE

SCHULE

A 66 A 5 A 43

FRANKFURT/MAIN

Main-Taunus-Zentrum

Bockenheim

Palmengarten

Universität

Unterliederbach

Zoo

Messe

Innenstadt

Zeilsheim

Hbf

Citypark

SIEDLUNG NIEDERKIRCHWEG

Nied

Sindlingen

Main

Höchst

Niederrad

Flughafen

ANALYSE / SIEDLUNGSBETRACHTUNGEN

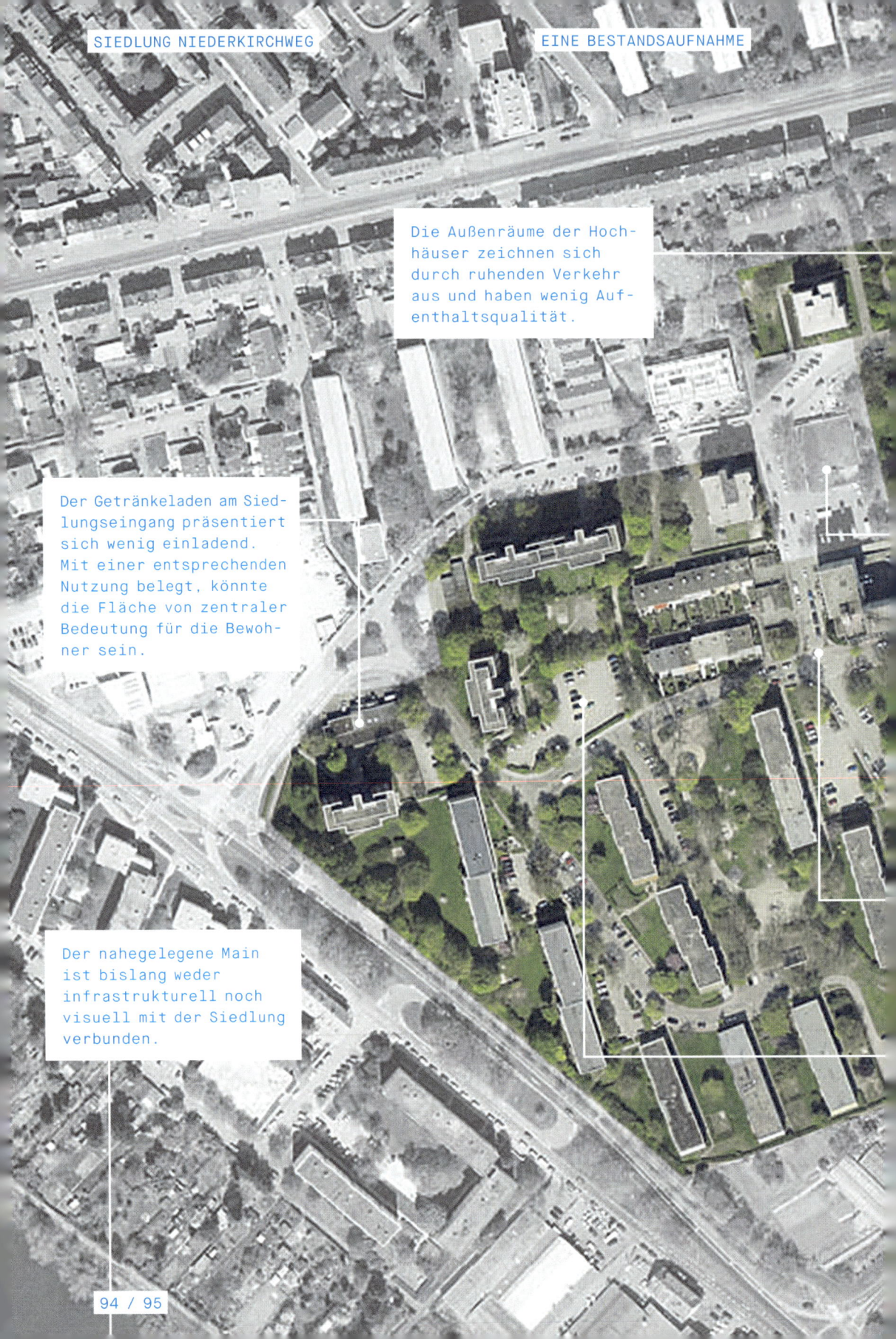

SIEDLUNG NIEDERKIRCHWEG — EINE BESTANDSAUFNAHME

Die Außenräume der Hochhäuser zeichnen sich durch ruhenden Verkehr aus und haben wenig Aufenthaltsqualität.

Der Getränkeladen am Siedlungseingang präsentiert sich wenig einladend. Mit einer entsprechenden Nutzung belegt, könnte die Fläche von zentraler Bedeutung für die Bewohner sein.

Der nahegelegene Main ist bislang weder infrastrukturell noch visuell mit der Siedlung verbunden.

M 1 : 5000

POTENZIALRAUM

Kindergarten, Schule und Seniorenwohnanlage sind als ansässige Institutionen verantwortlich für das gemeinschaftliche soziale Leben, sie organisieren regelmäßig Veranstaltungen, bei denen sich die zugehörigen Gruppen treffen.

Die Fläche vor dem Einzelhandel lädt nicht zum Aufenthalt ein. Man geht ausschließlich zum Einkaufen hierher. Anschließend bewegt man sich unmittelbar wieder fort, im Zweifel sogar mit dem Auto.

Der schlechte Ruf des Viertels ist sicher auch dem unattraktiven Erscheinungsbild geschuldet.

Spielende Kinder und Jugendliche, welche die Betonflächen beleben würden, werden durch Verbotsschilder ferngehalten.

ANALYSE / SIEDLUNGSBETRACHTUNGEN

EINE BESTANDSAUFNAHME

FRANKFURT/MAIN NIEDERRAD ADOLF-MIERSCH-SIEDLUNG

Im Frankfurter Süden, nur 500 Meter vom Niederräder Ufer und damit vom Main entfernt, liegt die Adolf-Miersch-Siedlung im Stadtteil Niederrad. Dieser ist zum einen für die Nähe zum internationalen Flughafen Frankfurt und das im angrenzenden Stadtwald gelegene Fußballstadion bekannt, zum anderen bietet die Bürostadt Niederrad zahlreiche Arbeitsplätze am Rande der Innenstadt.

Die Anbindung zum Zentrum ist dementsprechend gut ausgebaut, man erreicht den Hauptbahnhof mit der S-Bahn in fünf Minuten, den elf Kilometer entfernten Flughafen (FRA) in sechs Minuten. Auch für den motorisierten Individualverkehr ist dieser Standort durch einen Autobahnanschluss an die A5 und die Bundesstraße B 44 als besonders vorteilhaft zu betrachten.

Die sehr gute verkehrliche Erschließung hat jedoch auch Nachteile für den Wohnstandort in Bezug auf Schadstoff- und Geräuschemissionen. Der auftretende Fluglärm ist ein in den letzten Jahren oft thematisiertes Problem, das im Zusammenhang mit dem Ausbau der Landebahnen immer wieder zu Protesten der Niederräder Bevölkerung geführt hat.[1]

Auch die angrenzende Bahntrasse, die den Frankfurter Hauptbahnhof bedient, und die Autobahn A 5 sorgen für eine erhöhte Verkehrslärmbelastung.

Im Bereich der Freizeitaktivitäten stehen den Bewohnern der Adolf-Miersch-Siedlung zahlreiche Nutzungsmöglichkeiten offen. Zu nennen sind hier zunächst das attraktiv gestaltete Mainufer mit dem bei jungen Erwachsenen angesagten Licht- und Luftbad Niederrad (LILU, Café/Bar auf Pontons). Eine Pferderennbahn befindet sich am östlichen Siedlungsrand, eine große Golfsportanlage ist ebenfalls in der Nähe. Zahlreiche gepflegte Parkflächen befinden sich rings um die Siedlung, darunter der Stadtteilpark Elli-Lucht-Park, der Haardtwaldplatz mit Abenteuerspielplatz, die interne Rudolf-Menzer-Anlage sowie der südliche Carl-von-Weinberg-Park. Die Heinrich-Selinger-Sportanlage schließt im Süden an die Wohnbebauung an, weitere Sportplätze befinden sich westlich der Bahntrasse. Außerdem erreicht man das Stadionbad mit dem Fahrrad in einer Viertelstunde.

Gastronomische Einrichtungen sind am Ufer sowie innerhalb der Bürostadt zahlreich vorhanden. Supermarkt und andere Nutzungen der Nahversorgung befinden sich nicht innerhalb der Siedlung, jedoch unmittelbar westlich der Bahntrasse, 500 Meter entfernt vom Siedlungskern.

Die Bewohner setzen sich vorwiegend zusammen aus Büroangestellten und Familien, die den Freiraum schätzen und günstigere Mieten in immer noch zentraler Lage bzw. mit gutem Anschluss, der dichten teuren Innenstadt vorziehen (müssen?).

[1] Remmert, Jochen: „Protest gegen Fluglärm: Occupy Niederrad – Aufstand der Bürgerlichen". In: *FAZ* vom 22.01.2012

M 1 : 10.000

ANALYSE / SIEDLUNGSBETRACHTUNGEN

ADOLF-MIERSCH-SIEDLUNG — EINE BESTANDSAUFNAHME

SUPERMARKT
HALTESTELLE
KIOSK
HALTESTELLE
RESTAURANT
RESTAURANT
KINDERZENTRUM

GRÖSSE	EINWOHNER	NICHT BEBAUTE FLÄCHE	SANIERUNGSZUSTAND	BSP. MIETPREIS
29 ha	**4362**	**57 m²** / Einwohner	saniert — unsaniert	**10,5 €/m²**
254.770 m²	eher Ältere	halböffentlicher / öffentlicher Raum		Frankfurt Ø: 12,50 €/m²

Ø WOHNDAUER	IMAGE	WOHNEINHEITEN	NETTOWOHNDICHTE
kurz — lang	solide	**2047** (insgesamt)	**150**
	Interviews / Erkundung	in 107 Gebäuden, davon 103 Zeilen	Einwohner / Hektar

ANALYTISCHER RAUM

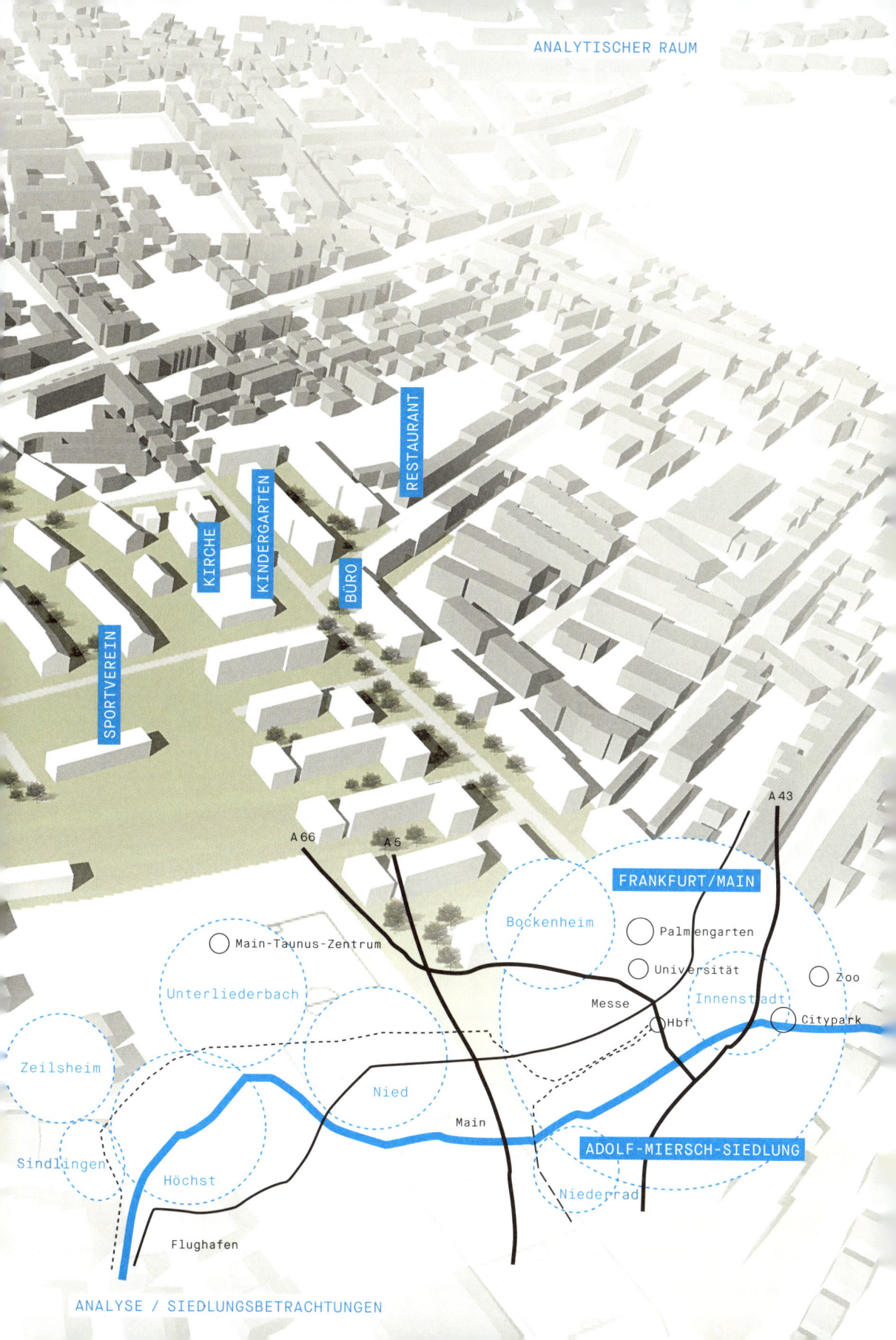

SPORTVEREIN
KIRCHE
KINDERGARTEN
BÜRO
RESTAURANT

A 66
A 5
A 43

FRANKFURT/MAIN

Main-Taunus-Zentrum
Bockenheim
Palmengarten
Universität
Unterliederbach
Zoo
Messe
Innenstadt
Citypark
Zeilsheim
Hbf
Nied
Main
ADOLF-MIERSCH-SIEDLUNG
Sindlingen
Höchst
Niederrad
Flughafen

ANALYSE / SIEDLUNGSBETRACHTUNGEN

ADOLF-MIERSCH-SIEDLUNG — EINE BESTANDSAUFNAHME

An die Siedlung schließt, durch die Bahntrasse getrennt, ein Büroviertel an – dadurch sind besonders zur Mittagszeit hoch frequentierte gastronomische Einrichtungen in der Nähe der Siedlung vorhanden.

Die Bahnlinie ist für die hohe Lärmbelastung des Wohnviertels mitverantwortlich. Im Gegensatz zum Fluglärm kann hier aber eine Verbesserung durch bauliche Maßnahmen erreicht werden.

Die Siedlung ist stark vom Fluglärm des nahegelegenen Frankfurter Flughafens betroffen. Dies beinträchtigt den Wohnstandort nachhaltig und erschwert eine qualifizierende Bestandsentwicklung.

M 1 : 5000

POTENZIALRAUM

Am südlichen Mainufer siedeln sich zunehmend neue Nutzungen an – beispielsweise kann man ein Feierabendbier auf Pontons trinken.

Die Grünflächen sind sehr gepflegt und bis auf einige als Feuerwehraufstellfläche markierte Bereiche auch einladend. Man kann sich vorstellen, hier eine Picknickdecke aufzuschlagen.

Schule, Kindergarten und Sportverein sind die Anlaufstellen für das gemeinschaftliche Leben.

Ein schöner Grünzug durchzieht die Siedlung und hat einen abwechslungsreichen Spielplatz für Kinder, Flächen für Jugendliche und zahlreiche Parkbänke zu bieten.

ANALYSE / SIEDLUNGSBETRACHTUNGEN

EINE BESTANDSAUFNAHME

DARMSTADT SIEDLUNG AM THEATERPLATZ

Am südlichen Rand der Darmstädter Innenstadt befindet sich das Staatstheater mit vorgelagertem großzügigem Theaterplatz. An diesen schließt die Siedlung an, die hier überwiegend als Zeilenbauten zwischen 1955 und 1961 errichtet wurde. Die Wohnbebauung gehört damit zum Stadtteil St. Ludwig mit dem Eichbergviertel. Sie wird im Osten durch die dem römischen Pantheon nachempfundene St.-Ludwigs-Kirche und die Wilhelminenstraße begrenzt, die Ausdehnung im Süden reicht bis zur Heinrichstraße und im Westen bis zur Stauffenbergstraße, eine Parallelstraße der Heidelberger Straße (B 3).

Die Anbindung an den öffentlichen Personennahverkehr ist hier besonders günstig. Den Luisenplatz, zentraler Knotenpunkt der Darmstädter Buslinien und Straßenbahnen, erreicht man zu Fuß in wenigen Minuten (ca. 700 Meter). Von hier werden alle innerstädtischen Ziele erschlossen, zum Hauptbahnhof besteht eine direkt Verbindung (fünf Minuten) von der Heidelberger Straße.

Im Vergleich zu den anderen untersuchten Beispielen handelt es sich hier um eine relativ kleine Siedlungsfläche, die Siedlung weist jedoch eine deutlich höhere Dichte auf als peripher gelegenere Siedlungen.

Sowohl die Gebäude als auch die Außenräume sind seit der Fertigstellung nicht modernisiert worden, selbst die sanitären Anlagen und Elektroleitungen sind teilweise noch im Originalzustand. Die vergleichsweise aufwändige Fassadengestaltung durch Mosaikbilder und ornamentale Verzierungen sowie feingliedrige Schlosserarbeiten im Bereich der Balkonbrüstungen und Hauseingänge lassen insgesamt höhere Baukosten als zu dieser Zeit für diesen Bautyp üblich vermuten. Die Mieten sind heute für diese Lage auffallend gering. Dies resultiert hauptsächlich aus dem „Modernisierungsstau", der auch durch einen hohen Anteil an zufriedenen Erstbewohnern hervorgerufen wird.

Die attraktive Lage wird durch wiederkehrenden Vandalismus am angrenzenden Theaterplatz beeinträchtigt. Von diesem Jugendtreffpunkt geht häufig Lärm aus, der zu Nutzungskonflikten führt.

Durch die direkt angrenzende Darmstädter Fußgängerzone erübrigen sich weitere Einrichtungen zur Nahversorgung im Viertel, welches demnach der reinen Wohnnutzung dient.

Die Abstandsflächen zwischen den Zeilen weisen, trotz klassischer nicht umfriedeter Form, einen höheren Grad an Privatsphäre auf als dies in den anderen untersuchten Siedlungen der Fall ist. Die Flächen sind durch teilöffentliche Gestaltungs- und Nutzungsmerkmale wie kleine Sitzgruppen belegt.

M 1 : 10.000

ANALYSE / SIEDLUNGSBETRACHTUNGEN

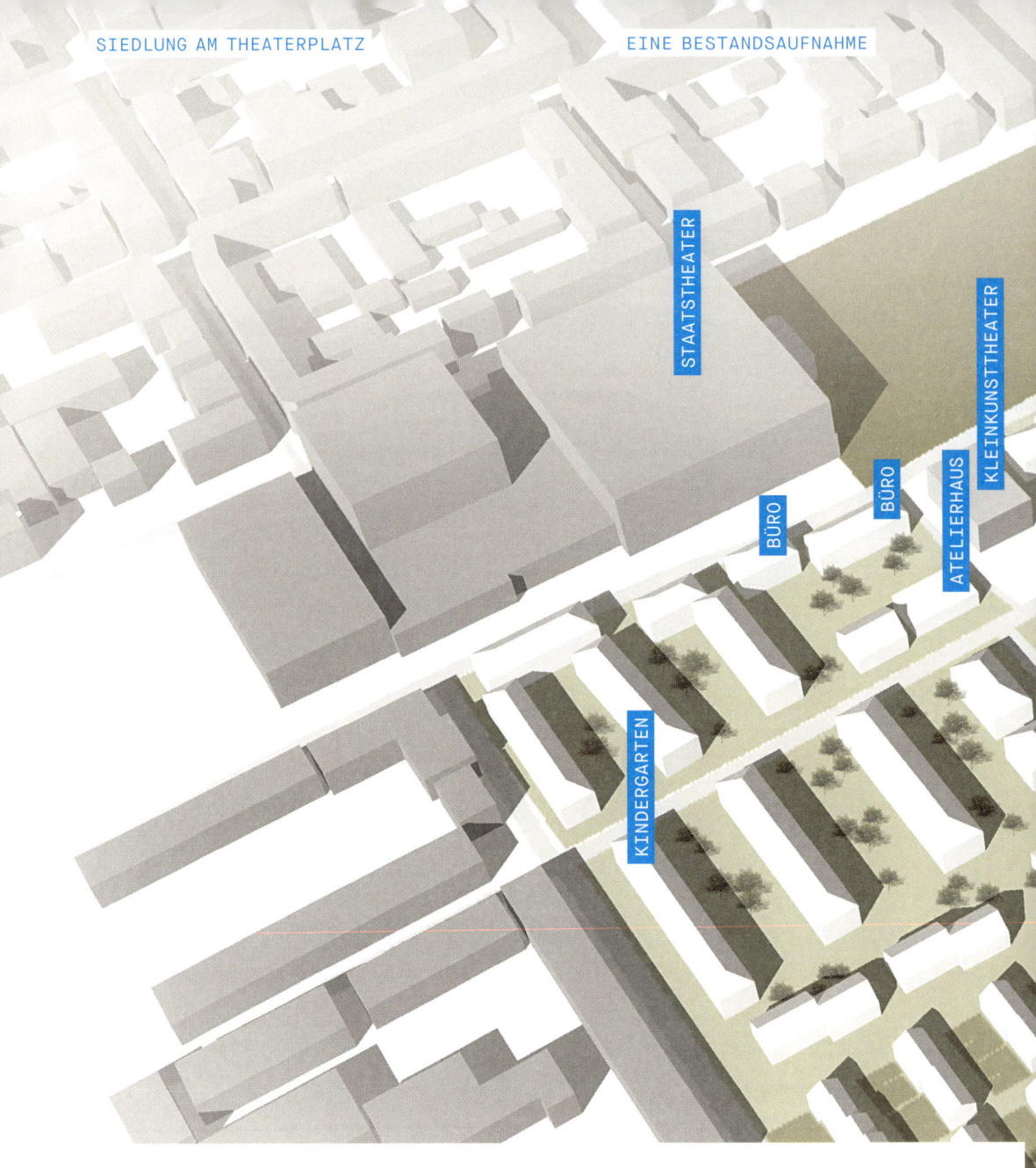

SIEDLUNG AM THEATERPLATZ — EINE BESTANDSAUFNAHME

Labels on map: STAATSTHEATER, KLEINKUNSTTHEATER, BÜRO, BÜRO, ATELIERHAUS, KINDERGARTEN

GRÖSSE	EINWOHNER	NICHT BEBAUTE FLÄCHE	SANIERUNGSZUSTAND	BSP. MIETPREIS
7,3 ha	**980**	**59 m²** / Einwohner	saniert — unsaniert	**9,3 €/m²**
128.956 m²	Senioren / Familien	halböffentlicher / öffentlicher Raum		Darmstadt ⌀: 10,32 €/m²

Ø WOHNDAUER	IMAGE	WOHNEINHEITEN	NETTOWOHNDICHTE
kurz — lang	**beschaulich und zentral**	**393** (insgesamt)	**134**
	Interviews / Erkundung	in 59 Gebäuden, davon 50 Zeilen	Einwohner / Hektar

ANALYTISCHER RAUM

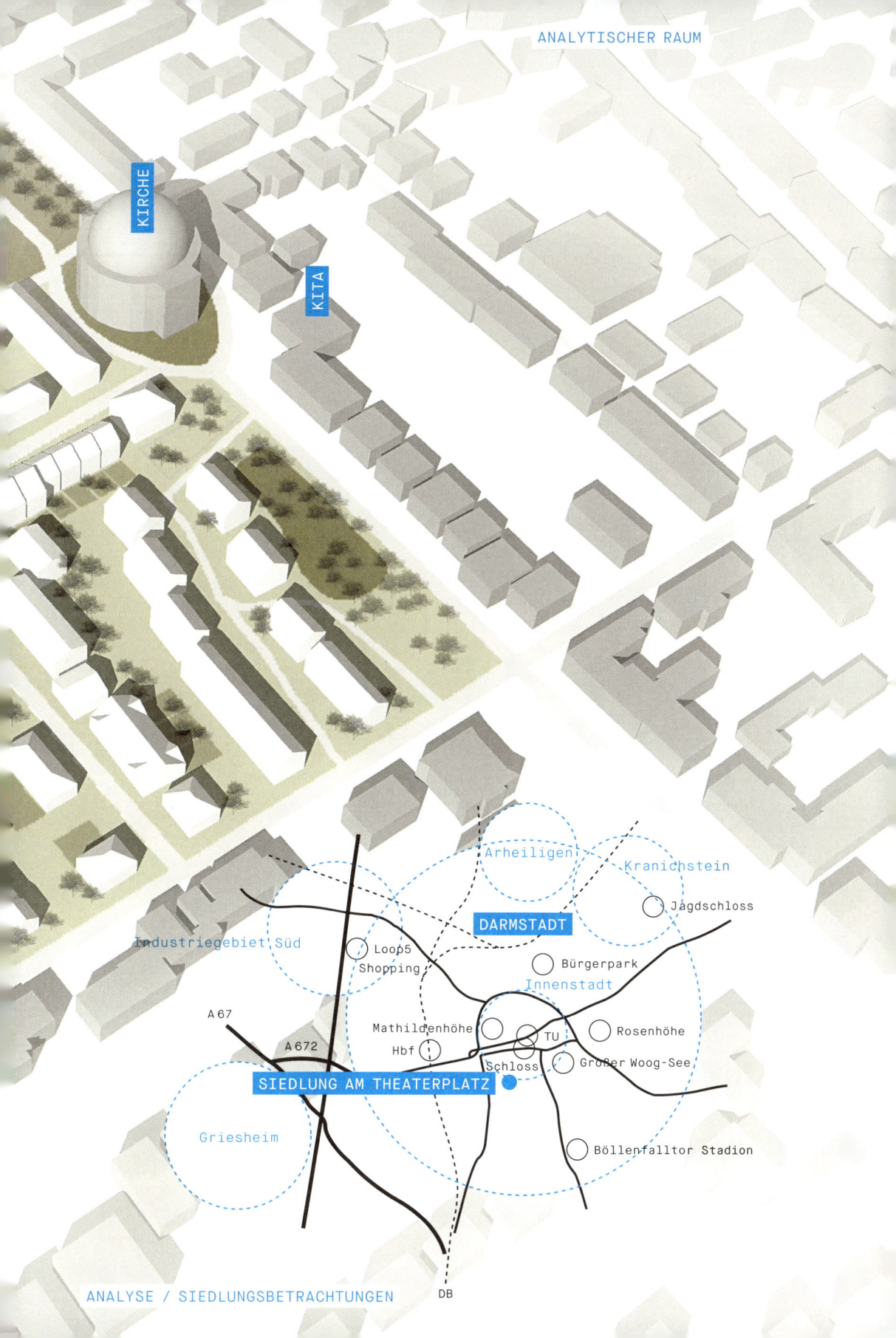

KIRCHE

KITA

Arheiligen

Kranichstein

Jagdschloss

DARMSTADT

Industriegebiet Süd

Loop5 Shopping

Bürgerpark

Innenstadt

A 67

A 672

Mathildenhöhe

Hbf

TU

Rosenhöhe

Schloss

Großer Woog-See

SIEDLUNG AM THEATERPLATZ

Griesheim

Böllenfalltor Stadion

ANALYSE / SIEDLUNGSBETRACHTUNGEN

DB

SIEDLUNG AM THEATERPLATZ — EINE BESTANDSAUFNAHME

In direkter Nachbarschaft der Siedlung wirkt das Staatstheater profilbildend. Der vorgelagerte öffentliche Platz ist Gegenpol der kleinteiligen Zeilenbauten und deren Vorgärten.

Die Wohnlage ist im Gegensatz zur benachbarten Fußgängerzone sehr ruhig und grün.

M 1 : 5000 POTENZIALRAUM

Durch die Nähe zum Stadt-
zentrum gibt es ein be-
sonders dichtes Angebot
an kommerziellen und
kulturellen Nutzungen im
direkten Umfeld – Kirche,
Theater, Einkaufszentrum,
Kneipen, Restaurants,
Bäckerei etc. befinden
sich alle in fußläufiger
Entfernung.

Die dichte, funktionsge-
mischte Blockrandstruktur
wird hier durchbrochen.
Es ist wünschenswert, die
vergleichsweise lockere
Bebauung in dieser Lage
zu erhalten!

Für eine Nutzung der Grünräume wäre es hilfreich,
wenn die Flächen nicht
allseitig einsichtig
wären. Dies verhindert
semiprivate Nutzungen.

ANALYSE / SIEDLUNGSBETRACHTUNGEN

EINE BESTANDSAUFNAHME

DARMSTADT POSTSIEDLUNG

Die Postsiedlung befindet sich im Südwesten von Darmstadt. Das dreieckige Gebiet verjüngt sich zwischen der Bessunger Straße, dem Donnersbergring und dem Haardtring Richtung Süden. Die Entfernung vom Siedlungskern zur Innenstadt beträgt 2,6 Kilometer (MIV sechs Minuten bis Luisenplatz, Fußweg ca. 30 Minuten). Eine Anbindung an das öffentliche Nahverkehrsnetz besteht über Busse. Der Südbahnhof ist ein Haltepunkt des schienengebundenen Regionalverkehrs.

1950 erwarb die Bauverein AG das Gelände von der Stadt Darmstadt, um dort Wohnungen für die Mitarbeiter der Deutschen Bundespost zu schaffen. Bis 1993 unterlagen die Wohnungen in der Siedlung einer Belegungs- und Mietpreisbindung. Anschließend wurde die Siedlung durch die Bauverein AG auch für Nichtangestellte der Post zur Vermietung und zum Verkauf freigegeben. Durch diesen Umbruch entstand eine Mischung aus Eigentumswohnungen, privaten Ein- und Mehrfamilienhäusern und Sozialwohnungen. Dies führte zu einer stärkeren Durchmischung der sozialen Strukturen.

Zum größten Teil besteht die Postsiedlung aus fünfgeschossigen Zeilenbauten, teils mit Flachdächern und Dachterrassen, teils mit Satteldächern. Die Postsiedlung wurde in weiten Teilen modernisiert und nachverdichtet. Teilweise wurden zwei Geschosse aufgesattelt, die betreffenden Zeilen wurden mit vorangestellten Balkonregalen ausgestattet. Die Außenräume wurden in diesem Zusammenhang meist zu weiteren Parkplatzflächen umgewandelt, die Zugänge erneuert und im Bereich der Aufstockungen Aufzugstürme errichtet.
In der Siedlungsmitte befinden sich zweigeschossige Reihenhäuser mit Satteldach und privatem Gartenbereich. Im Osten der Postsiedlung liegen Doppelhäuser, die sich mit breiten Vorgärten und rückwärtigem privaten Grünbereich deutlich vom Rest der Siedlung abgrenzen. Den nordwestlichen Abschluss bilden freistehende Einfamilienhäuser.

Kleinere Einkäufe können in der Siedlung erledigt werden, Obstgeschäft, Kiosk und ein Frisör sind vorhanden. Für größere Einkäufe dient das gut ausgestattete Fachmarktzentrum an der Ecke Rüdesheimer und Karlsruher Straße, welches auch zu Fuß gut zu erreichen ist.

Im ruhigen Siedlungsinneren liegt eine Grundschule, am Rand ein Alten- und Pflegeheim. Südlich des Areals befindet sich ein Fußballplatz mit angegliedertem Vereinsheim. Wöchentlich kommt eine Fahrbibliothek in die Postsiedlung.

M 1 : 10.000

ANALYSE / SIEDLUNGSBETRACHTUNGEN

POSTSIEDLUNG   EINE BESTANDSAUFNAHME

SÜDBAHNHOF

FRISÖR

SCHULE

HALTESTELLE BIBLIOTHEKSBUS

GRÖSSE	EINWOHNER	NICHT BEBAUTE FLÄCHE	SANIERUNGSZUSTAND	BSP. MIETPREIS
37 ha	**3028**	**102 m²** / Einwohner	saniert — unsaniert	**11,1 €/m²**
195.741 m²	eher Ältere	halböffentlicher / öffentlicher Raum		Darmstadt ∅: 10,32 €/m²

∅ WOHNDAUER		IMAGE	WOHNEINHEITEN	NETTOWOHNDICHTE
kurz — lang		**solide**	**1272** (insgesamt)	**81**
		Interviews / Erkundung	in 257 Gebäuden, davon 74 Zeilen	Einwohner / Hektar

PAVILLON

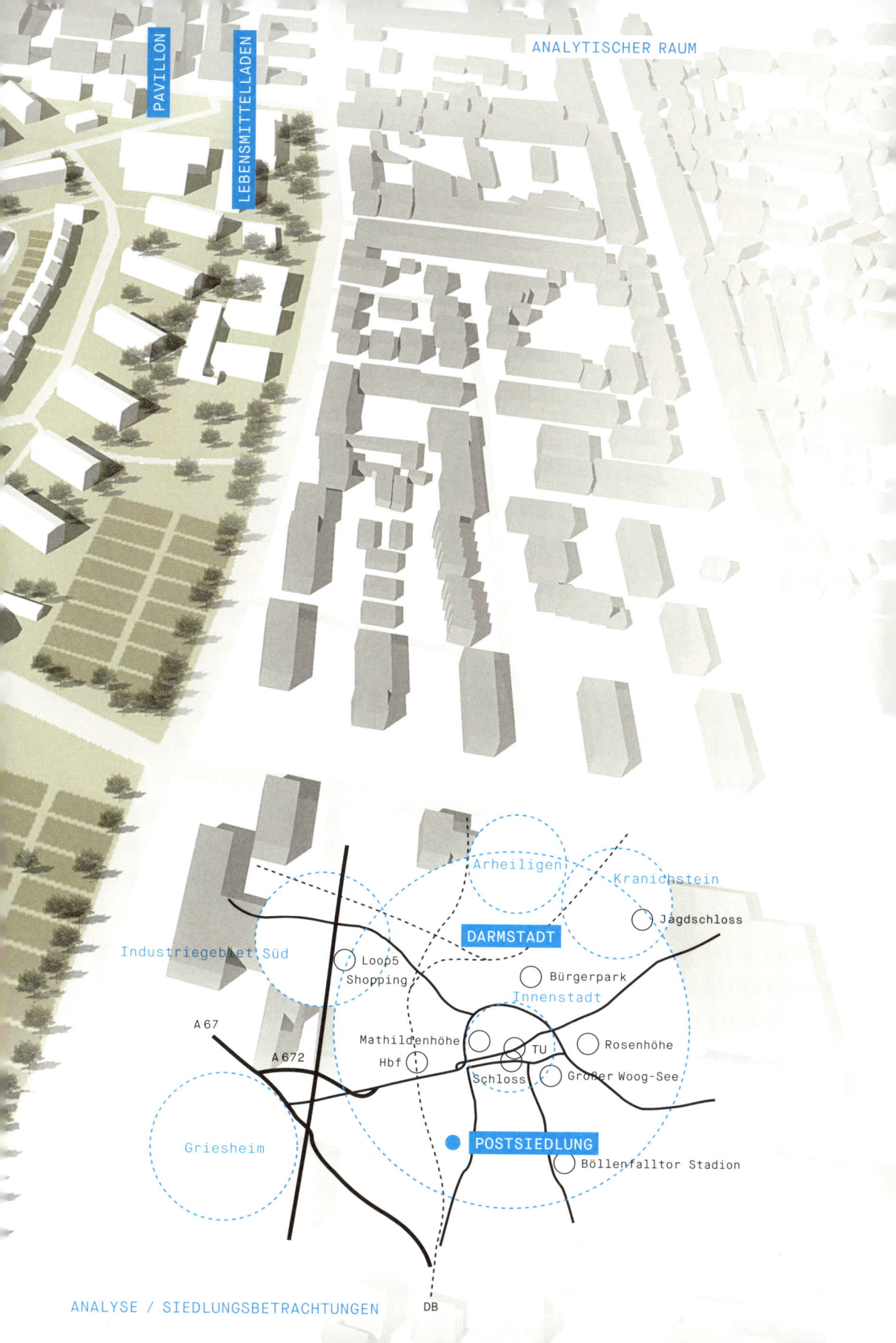

LEBENSMITTELLADEN

ANALYTISCHER RAUM

Industriegebiet Süd

Arheiligen

Kranichstein

Jagdschloss

DARMSTADT

Loop5 Shopping

Bürgerpark

Innenstadt

A 67

A 672

Mathildenhöhe

Hbf

TU

Rosenhöhe

Schloss

Großer Woog-See

Griesheim

POSTSIEDLUNG

Böllenfalltor Stadion

DB

ANALYSE / SIEDLUNGSBETRACHTUNGEN

POSTSIEDLUNG　　　　　　　　　　　　EINE BESTANDSAUFNAHME

Mit Nachverdichtungsmaßnahmen wurde dem Wohnungsdruck in Darmstadt Rechnung getragen. Die entstehende Dichte allein erzeugt allerdings noch keine Urbanität.

Eine Nutzungsmischung würde es den Bewohnern ermöglichen, alltäglichen Bedarf vor Ort zu erledigen.

Das leerstehende Bahnhofsgebäude hat eine besondere Ausstrahlung und fällt gleich ins Auge. Zahlreiche Nutzungsmöglichkeiten kultureller oder/und gastronomischer Art bieten sich hier an.

M 1 : 5000

POTENZIALRAUM

Für den schönen Pavillon aus den 60er Jahren ließen sich kulturelle, künstlerische, temporäre, soziale, gastronomische oder kommerzielle Nutzungen finden. Die Bewohner könnten in die Aktivierung eingebunden werden.

Der Bauernladen im ehemaligen Supermarkt hat kein eindeutiges Image, bietet aber einen Treffpunkt bei Kaffee und Kuchen.

Die trotz Verdichtung und Versiegelung verbleibenden öffentlichen Außenflächen könnten intensiver genutzt und besser gestaltet werden.

Unterschiedliche Gebäudetypologien vom Einfamilienhaus und Reihenhaus mit Garten bis zum Geschosswohnungsbau mit Abstandsgrün sorgen für eine soziale Mischung.

Die Grundschule stellt ein soziales Netzwerk für Familien her. Die Verankerung im Quartier könnte räumlich präsenter sein.

→ Strategie für die Bestandsentwicklung der Postsiedlung siehe Seite 186

ANALYSE / SIEDLUNGSBETRACHTUNGEN

EINE BESTANDSAUFNAHME

DARMSTADT LINCOLN-SIEDLUNG

Im Süden der Stadt Darmstadt erstreckt sich die Lincoln-Siedlung zwischen der Noackstraße im Norden, der Karlsruher Straße (B 3) im Westen sowie der Heidelberger Straße im Osten. Die Siedlung grenzt an ein Waldgebiet. Die randständige, aber dennoch zentrumsnahe Siedlung (vier Kilometer zum Luisenplatz, zwölf Minuten ÖPNV zum Hauptbahnhof) befindet sich in einer insgesamt gut vernetzten Region (40 Kilometer bis Frankfurt, 16 Minuten ab Hauptbahnhof). Mit der Lage in einer wachstumsstarken Region auf der einen und dem unmittelbar benachbarten Odenwald auf der andern Seite kann der Standort als vorteilhaft betrachtet werden. Zwischen zwei vielbefahrenen Straßen eingeschnürt gelegen, gibt es in der Siedlung durchaus eine Lärmbelastung.

Als Lincoln Village Housing Area wurde die Anlage mit 588 Wohnungen für die Unterbringung der US-amerikanischen Streitkräfte und deren Familien ab 1954 errichtet. Die aufgegebenen US-Liegenschaften gingen 2014 aus dem Besitz der Bundesanstalt für Immobilienaufgaben (BIMA) an eine Tochtergesellschaft des hiesigen Bauvereins. Dem waren jahrelange Verhandlungen vorausgegangen. Trotz angespannter Lage auf dem Darmstädter Wohnungsmarkt stand die Siedlung so über sechs Jahre lang leer. Der Gebäudezustand hat sich dadurch verschlechtert und die Kosten für die Modernisierung bzw. Instandsetzung erhöht.

Neben einer bestehenden internen Versorgungsstruktur aus Zeiten der Nutzung durch die Streitkräfte, zum Beispiel eine Tankstelle, mehrere Gebäude mit ehemals öffentlichen Funktionen und Flächen für Einzelhandel im Zentrum befindet sich ein großes Fachmarktzentrum nördlich der Noackstraße. Die vorhandenen typischen US-amerikanischen Sportflächen für Baseball, Basketball etc. werden im Umfeld durch weitere große Sportanlagen (Fußball, Tennis, Rennbahn) ergänzt.

Großzügige Wohnungsgrundrisse mit Balkonen und teilöffentliche Flächen im Außenraum (Picknickspot, Barbecue, Pavillon) erhöhen die Attraktivität der naturnahen Wohnlage. Der das Areal umgebende Zaun schließt das Viertel zum Wald und den Verkehrstangenten, die introvertierte Geste erzeugt ein sicheres Wohngefühl vergleichbar mit einem geschlossenen Gebäudeblock.

Nun soll ein sozial durchmischter Stadtteil für konventionelle und alternative Wohnformen auf neuestem energetischem Stand entstehen. Das städtische Konzept beinhaltet Nachverdichtungsmaßnahmen durch Abriss von acht Gebäuden im Norden sowie Nutzungsanreicherungen mit einer zweiten Kita, einer neuen Schule, einer sogenannten „Grünen Mitte" und erweiterter ÖPNV-Anbindung. Kaufinteressenten müssen unter anderem ein Nutzungskonzept einreichen, um sicherzustellen, dass die städtischen Ziele erreicht werden – 30 Prozent Sonderwohnformen: studentisches und betreutes Wohnen, Wohnraum für einkommensschwache Familien und alternative Wohngruppen und -formen; 15 Prozent sozialer Wohnungsbau.

M 1 : 10.000

ANALYSE / SIEDLUNGSBETRACHTUNGEN

LINCOLN-SIEDLUNG — EINE BESTANDSAUFNAHME

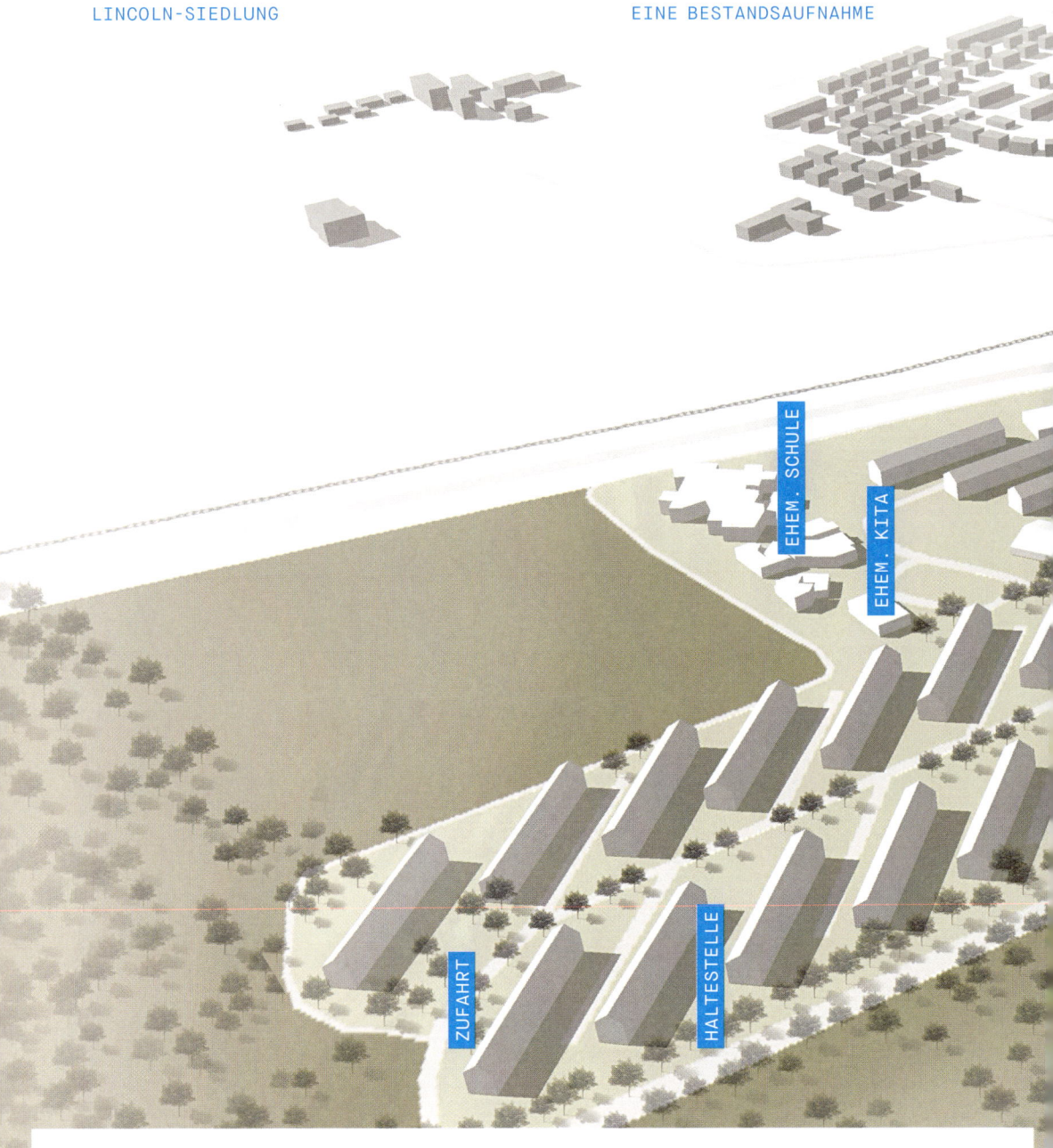

EHEM. SCHULE
EHEM. KITA
ZUFAHRT
HALTESTELLE

GRÖSSE	EINWOHNER	NICHT BEBAUTE FLÄCHE	SANIERUNGSZUSTAND	BSP. MIETPREIS
24 ha	—	**— m²** / Einwohner	saniert ▬▬▬▬▬▬▬▬ unsaniert	**— €/m²**
254.770 m²	eher Ältere	halböffentlicher / öffentlicher Raum		Darmstadt Ø: 10,32 €/m²

Ø WOHNDAUER	IMAGE	WOHNEINHEITEN	NETTOWOHNDICHTE
▭	**erwartungsvoll**	ca. **600** (insgesamt)	—
kurz lang	Interviews / Erkundung	in 44 Gebäuden, davon 36 Zeilen	Einwohner / Hektar

ANALYTISCHER RAUM

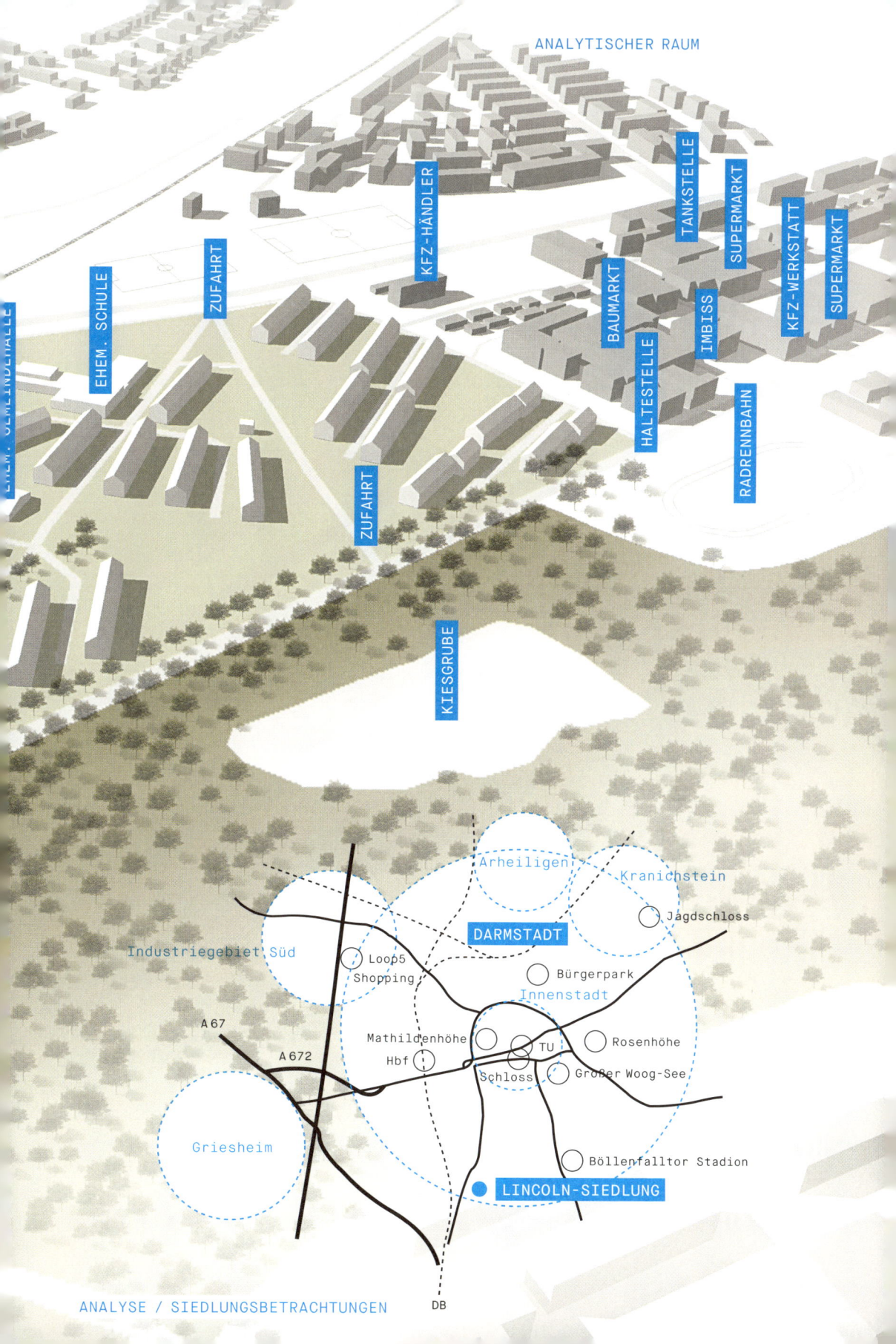

KFZ-HÄNDLER
TANKSTELLE
SUPERMARKT
BAUMARKT
KFZ-WERKSTATT
SUPERMARKT
HALTESTELLE
IMBISS
RADRENNBAHN

EHEM. SCHULE
ZUFAHRT
ZUFAHRT

KIESGRUBE

Industriegebiet Süd
Arheiligen
Kranichstein
DARMSTADT
Jagdschloss
Loop5 Shopping
Bürgerpark
Innenstadt
A 67
A 672
Mathildenhöhe
TU
Rosenhöhe
Hbf
Schloss
Großer Woog-See
Griesheim
Böllenfalltor Stadion
● LINCOLN-SIEDLUNG

ANALYSE / SIEDLUNGSBETRACHTUNGEN
DB

LINCOLN-SIEDLUNG — EINE BESTANDSAUFNAHME

Die zentrale Achse eignet sich, um ein kleines Zentrum auszubilden, an dem Servicenutzungen und kleinere Läden (Bäckerei, Kiosk, Obstladen, Wochenmarkt) verortet sind.

M 1 : 5000　　　　　　　　　　　POTENZIALRAUM

Im Umfeld gibt es genügend Einkaufsmöglichkeiten.

Als ehemalige Amerikanersiedlung hat der Ort eine besondere Identität. Zahlreiche, teils US-typische Sportflächen sind ein besonderes Merkmal der Siedlung. Deren intensive Nutzung könnte über das Quartier hinaus von Interesse sein.

Schwimmen kann man im Naturschutzgebiet nicht, aber zum Joggen und Spazierengehen lädt die Umgebung ein.

Der kontrollierte Zugang durch drei Einfahrten und einen umlaufenden Zaun erzeugt das Gefühl einer Enklave. Auch wenn dies der Nachbarschaftsbildung nützen könnte, wäre eine stärkere Verknüpfung mit der grünen Umgebung wünschenswert.

ANALYSE / SIEDLUNGSBETRACHTUNGEN

EINE BESTANDSAUFNAHME

KARLSRUHE SIEDLUNG GOTTESAUE

Am derzeit sich stark wandelnden Stadteingang der Karlsruher Oststadt liegt die baufällige Siedlung Gottesaue mit Blick auf das Gottesauer Schloss, die Musikhochschule.

Die Siedlung befindet sich unmittelbar an der B 10, welche die Innenstadt mit der Autobahn A 5 verbindet. Die Anschlussstelle ist in wenigen Minuten erreichbar. Von hier ist man schnell in Heidelberg (60 Kilometer), Stuttgart (75 Kilometer) oder Mannheim (75 Kilometer). Auch die ÖPNV-Anbindung ist wie insgesamt in Karlsruhe mit seinem ausgefeilten Straßenbahnsystem gut.

In der Nachbarschaft wurde in den letzten Jahren der Otto-Dullenkopf-Park angelegt, der den Bewohnern als wichtiger Außenraum dient. Der ehemalige Schlachthof wurde zum Kreativpark entwickelt und zieht eine alternative Szene, gastronomische und kulturelle Angebote an. Die Ludwig-Erhardt-Allee wird derzeit als wichtige Stadteinfahrt mit modernen Wohn- und Geschäftshäusern in großem Maßstab bebaut, die dahinter liegende Wohnbebauung der Südstadt-Ost stellt auf kleiner Fläche viel Wohnraum, besonders im hochpreisigen Segment, zur Verfügung.

Die angrenzende Lohfeldsiedlung, Reihenhäuser aus den 1920er/1930er Jahren, wurde von der Stadtentwicklung als erhaltenswerte Bausubstanz kategorisiert und in der Folge privatisiert und modernisiert. Sie hat sich zu einem gefragtem Wohnstandort für Familien entwickelt. Im Gegensatz dazu sieht der Masterplan der Stadt Karlsruhe vor, den östlichen Siedlungsbereich (der hier als Siedlung Gottesaue vorgestellt wird) abzureißen und durch einen Blockrand zu ersetzen,[1] der sich besser in die entstehende großmaßstäblichere Struktur einfügt.

Der geplante Abriss führte dazu, dass keine Investitionen in die Siedlung mehr getätigt wurden, der bauliche Zustand ist grenzwertig, es besteht Handlungsbedarf. Intern gibt es keine Freiflächen, die für die Bewohner als Treffpunkt oder zur Nutzung des Außenraums zur Verfügung stehen.

Bis zum Ausbau des Stadteingangs waren die fußläufigen Einkaufsmöglichkeiten auf den Gottesauerplatz mit Einzelhandel und Wochenmarkt sowie die Läden der Oststadt beschränkt. Nun freuen sich die Bewohner einerseits über neue Einkaufsmöglichkeiten,[2] sie sehen aber andererseits auch die Bedrohung, die durch den Wandel für ihren eigenen Wohnraum besteht.

[1] Auskunft der verwaltenden Wohnungsbaugesellschaft (Süddeutsche Wohnen Grundstücksgesellschaft mbH)

[2] Ein Bewohner der Wolfartsweierer Straße: „Der neue Bäcker da im Schickimickiturm – so nennen wir den schwarzen Klotz da drüben – der Bäcker jedenfalls ist toll! Sowas hat uns hier noch gefehlt. Da sitz ich auch manchmal nach dem Spaziergang und trinke einen Kaffee, um mir in Ruhe die Yuppies anzuschauen."

M 1 : 10.000

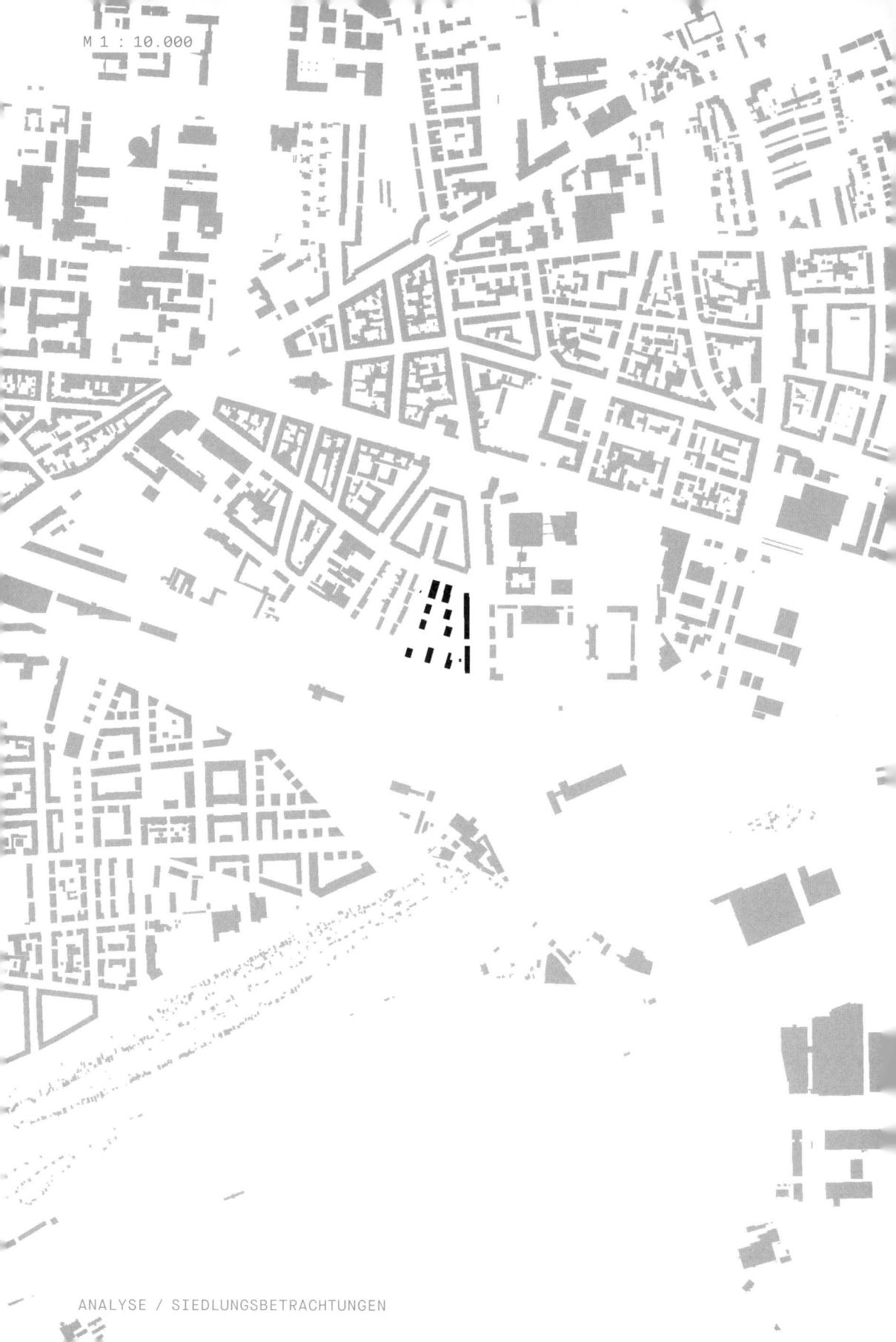

ANALYSE / SIEDLUNGSBETRACHTUNGEN

SIEDLUNG GOTTESAUE — EINE BESTANDSAUFNAHME

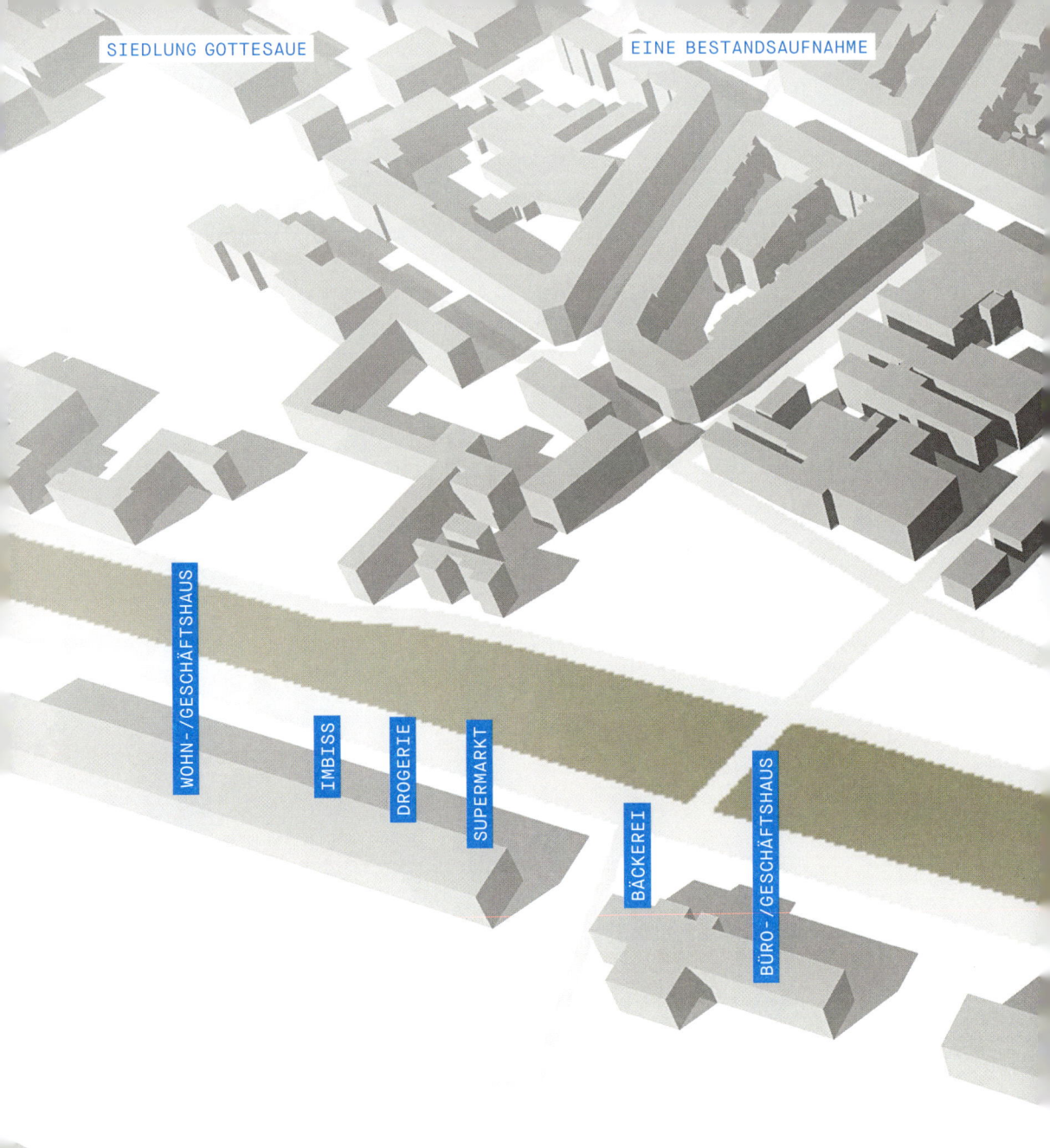

WOHN-/GESCHÄFTSHAUS
IMBISS
DROGERIE
SUPERMARKT
BÄCKEREI
BÜRO-/GESCHÄFTSHAUS

GRÖSSE
2,3 ha
23.009 m²

EINWOHNER
280
eher Singles

NICHT BEBAUTE FLÄCHE
62 m² / Einwohner
halböffentlicher / öffentlicher Raum

SANIERUNGSZUSTAND
saniert   unsaniert

BSP. MIETPREIS
7,6 €/m²
Karlsruhe
Ø: 10,44 €/m²

Ø WOHNDAUER
kurz   lang

IMAGE
hoffnungslos
Interviews / Erkundung

WOHNEINHEITEN
80 (insgesamt)
in 12 Gebäuden, davon 12 Zeilen

NETTOWOHNDICHTE
121
Einwohner / Hektar

ANALYTISCHER RAUM

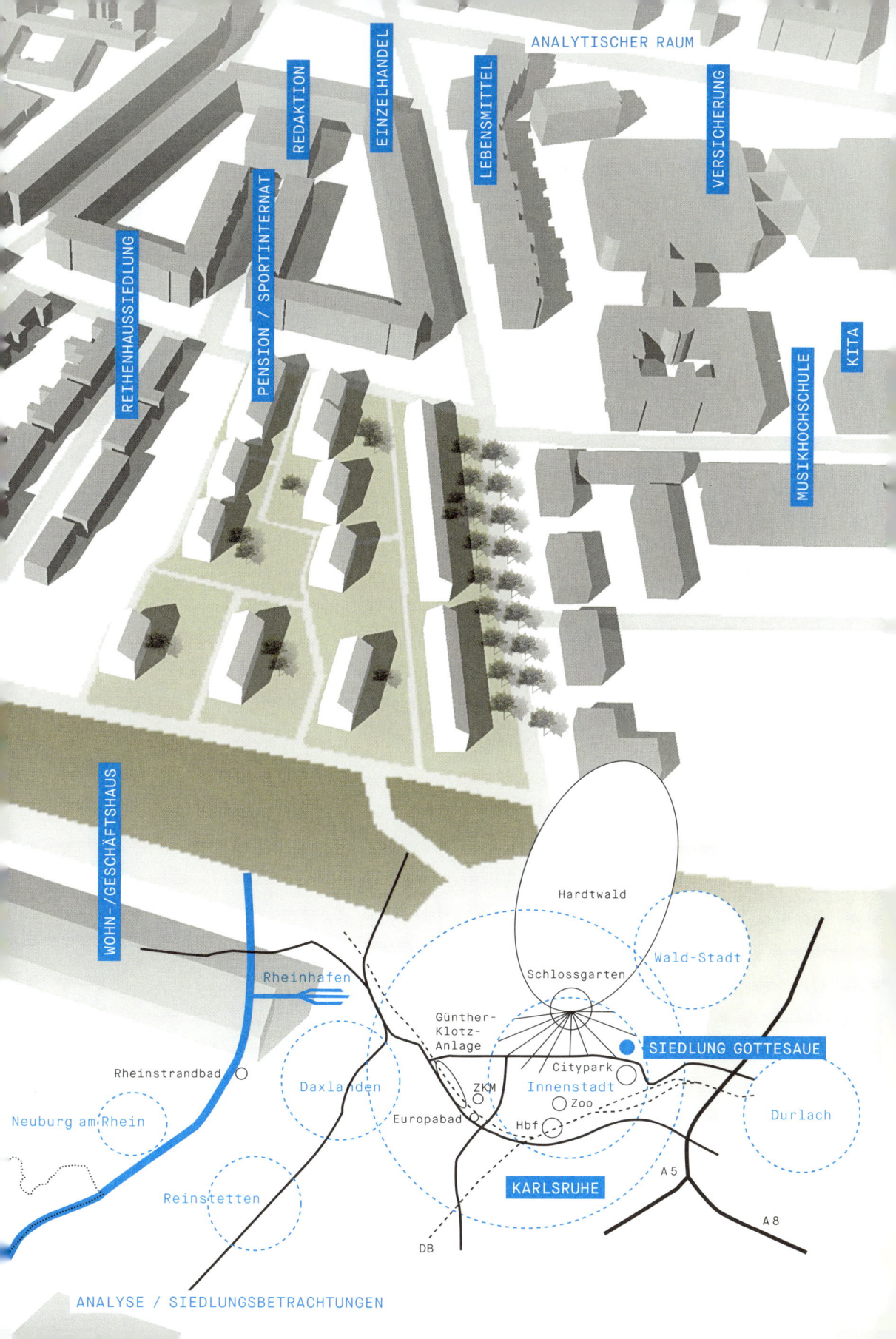

REIHENHAUSSIEDLUNG
PENSION / SPORTINTERNAT
REDAKTION
EINZELHANDEL
LEBENSMITTEL
VERSICHERUNG
MUSIKHOCHSCHULE
KITA

WOHN- / GESCHÄFTSHAUS

Rheinhafen

Hardtwald
Schlossgarten
Wald-Stadt
Günther-Klotz-Anlage
Citypark
● SIEDLUNG GOTTESAUE
Rheinstrandbad
Daxlanden
ZKM
Innenstadt
Zoo
Durlach
Neuburg am Rhein
Europabad
Hbf
Reinstetten
KARLSRUHE
A 5
A 8
DB

ANALYSE / SIEDLUNGSBETRACHTUNGEN

SIEDLUNG GOTTESAUE — EINE BESTANDSAUFNAHME

Die vernachlässigte Siedlung passt nicht mehr in das sich transformierende Stadtbild. Außenflächen und Gebäude sind modernisierungsbedürftig.

Das alte Waschhaus, ein historischer Treffpunkt der Nachbarschaft, könnte durch eine neue Nutzung das ursprüngliche Miteinander wieder aufleben lassen.

Eine neue Entwicklungsachse gibt dem Gebiet insgesamt Aufschwung.

Ein dichtes Wohnviertel schafft Wohnraum und verringert den Druck auf die bestehenden Viertel. Die moderne Bebauung bereichert das Gebiet durch neue Nutzungen. Der Kontrast zur alten Siedlung wird mit jedem Bauabschnitt größer.

M 1 : 5000　　　　　　　　　　　POTENZIALRAUM

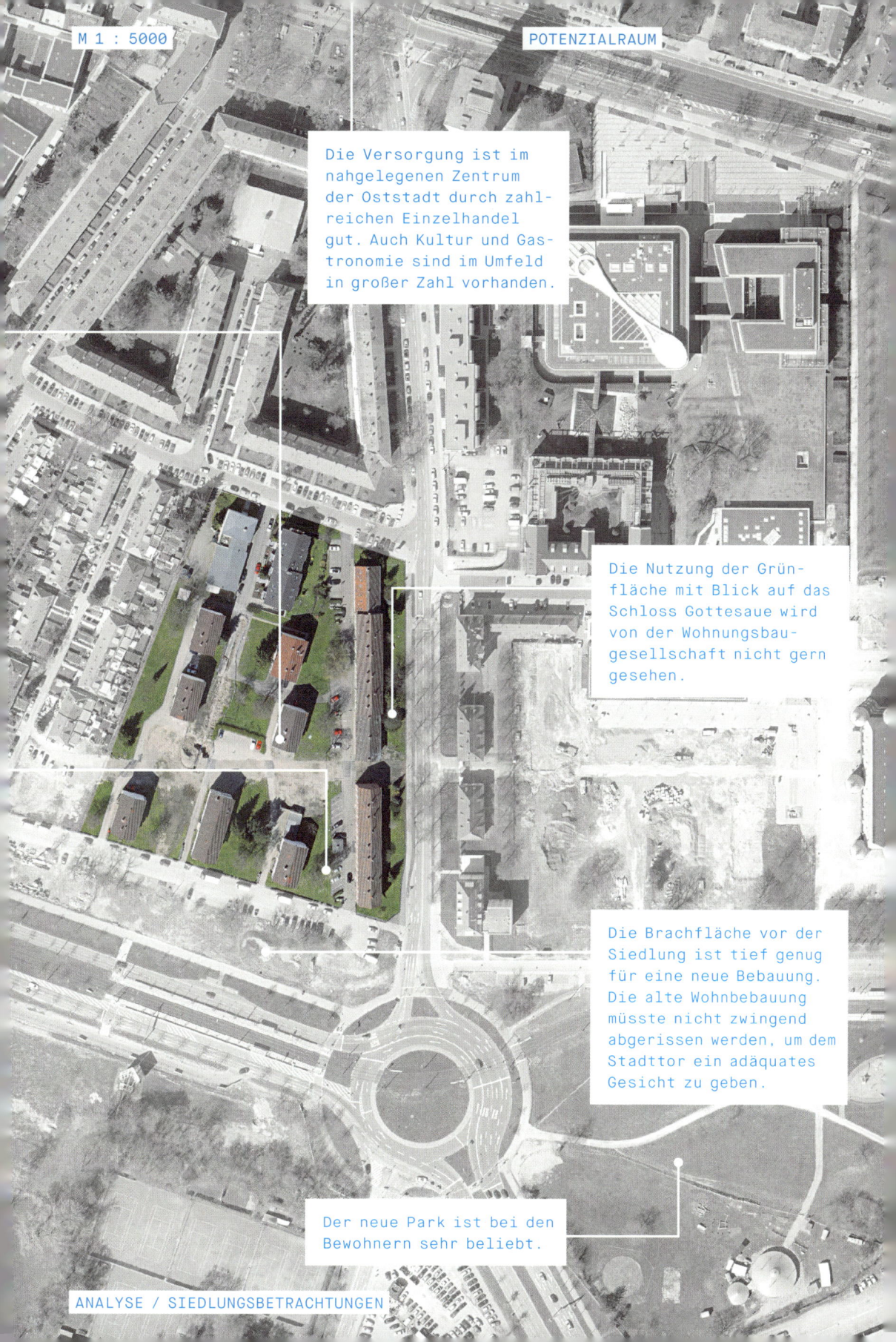

Die Versorgung ist im nahgelegenen Zentrum der Oststadt durch zahlreichen Einzelhandel gut. Auch Kultur und Gastronomie sind im Umfeld in großer Zahl vorhanden.

Die Nutzung der Grünfläche mit Blick auf das Schloss Gottesaue wird von der Wohnungsbaugesellschaft nicht gern gesehen.

Die Brachfläche vor der Siedlung ist tief genug für eine neue Bebauung. Die alte Wohnbebauung müsste nicht zwingend abgerissen werden, um dem Stadttor ein adäquates Gesicht zu geben.

Der neue Park ist bei den Bewohnern sehr beliebt.

ANALYSE / SIEDLUNGSBETRACHTUNGEN

EINE BESTANDSAUFNAHME

KARLSRUHE HARDTWALDSIEDLUNG OST

Ab 1919 wurde die genossenschaftlich gebaute und verwaltete Hardtwaldsiedlung errichtet. Zwischen 1950 und 1970 ist östlich dieser ursprünglichen Bebauung die im Folgenden betrachtete Nachkriegssiedlung entstanden. Sie befindet sich zwischen Michiganstraße und Moltkestraße und umfasst 13 Zeilenbauten entlang der Erzbergerstraße sowie neun kleinere Mehrfamilienhäuser, die zurückgesetzt im Wald liegen.

Weiter nördlich liegt die ehemalige US-amerikanische Militärsiedlung, die 1951 als Paul Revere Village gegründet wurde und die nach dem Abzug der US-Streitkräfte ab 1996 bestandsentwickelt und erweitert wurde. Die Nordstadt, insbesondere die Paul-Revere-Anlage und der ältere westliche Bereich der Hardtwaldsiedlung mit seinen Doppelhäusern und Gärten, ist bei jungen Familien eine nachgefragte Wohnlage.

Eine Straßenbahnlinie verbindet die Nordstadt direkt mit dem Hauptbahnhof (ab Haltestelle Synagoge in zwölf Minuten). Sowohl die Innenstadt als auch die Kaiserallee, in der zahlreiche Geschäfte und Dienstleistungsfirmen liegen, sind fußläufig erreichbar.

Da Karlsruhe eben ist und ein gutes Fahrradwegenetz hat, ist die Fortbewegung mit dem Fahrrad für die Bewohner der Siedlung eine gute Alternative zum Auto.

Der Adenauerring verbindet das Gebiet mit der B 36, die nach Norden führt und bietet sich als Innenstadtumfahrung an, um die Anschlussstelle an die A 5 (Mannheim, Frankfurt, Stuttgart) zu erreichen.

Im Umfeld befinden sich die Kunstakademie sowie die Duale Hochschule, auch die Pädagogische Hochschule und die Fachhochschule sind nicht weit entfernt. Neben einigen Studentenwohngemeinschaften besteht die Bewohnerschaft meist aus älteren Leuten und Familien mit Migrationshintergrund.[1]

Die Nahversorgung ist gewährleistet. Es befindet sich ein Supermarkt an der Michiganstraße, mehrere Bäckereien sind fußläufig erreichbar, das Café an der Moltkestraße Ecke Erzbergerstraße ist gut besucht. Ein Kiosk an der Michiganstraße, der auch regionale Delikatessen verkauft, ist ein Treffpunkt, der zum nachbarschaftlichen Austausch genutzt wird.

Das Naturschutzgebiet Alter Flughafen sowie der angrenzende Hardtwald mit Schlosspark sind hochwertige Freizeit- und Erholungsgebiete.

[1] Einschätzung auf Basis von Befragungen und Ortserkundung

M 1 : 10.000

ANALYSE / SIEDLUNGSBETRACHTUNGEN

HARDTWALDSIEDLUNG OST   EINE BESTANDSAUFNAHME

KINDERGARTEN
HALTESTELLE
CAFÉ
KINDERGARTEN
HALTESTELLE
APOTHEKE
KUNSTAKADEMIE

GRÖSSE	EINWOHNER	NICHT BEBAUTE FLÄCHE	SANIERUNGSZUSTAND	BSP. MIETPREIS
9,5 ha	**1912**	**41 m²** /Einwohner	▮▮▮▯ saniert unsaniert	**7,0 €/m²**
195.741 m²	alters-gemischt	halböffentlicher / öffentlicher Raum		Karlsruhe ⌀: 10,44 €/m²

⌀ WOHNDAUER	IMAGE	WOHNEINHEITEN	NETTOWOHNDICHTE
▮▮▯ kurz lang	**zufriedene Bewohner**	**765** (insgesamt)	**201**
	Interviews / Erkundung	in 27 Gebäuden, davon 22 Zeilen	Einwohner / Hektar

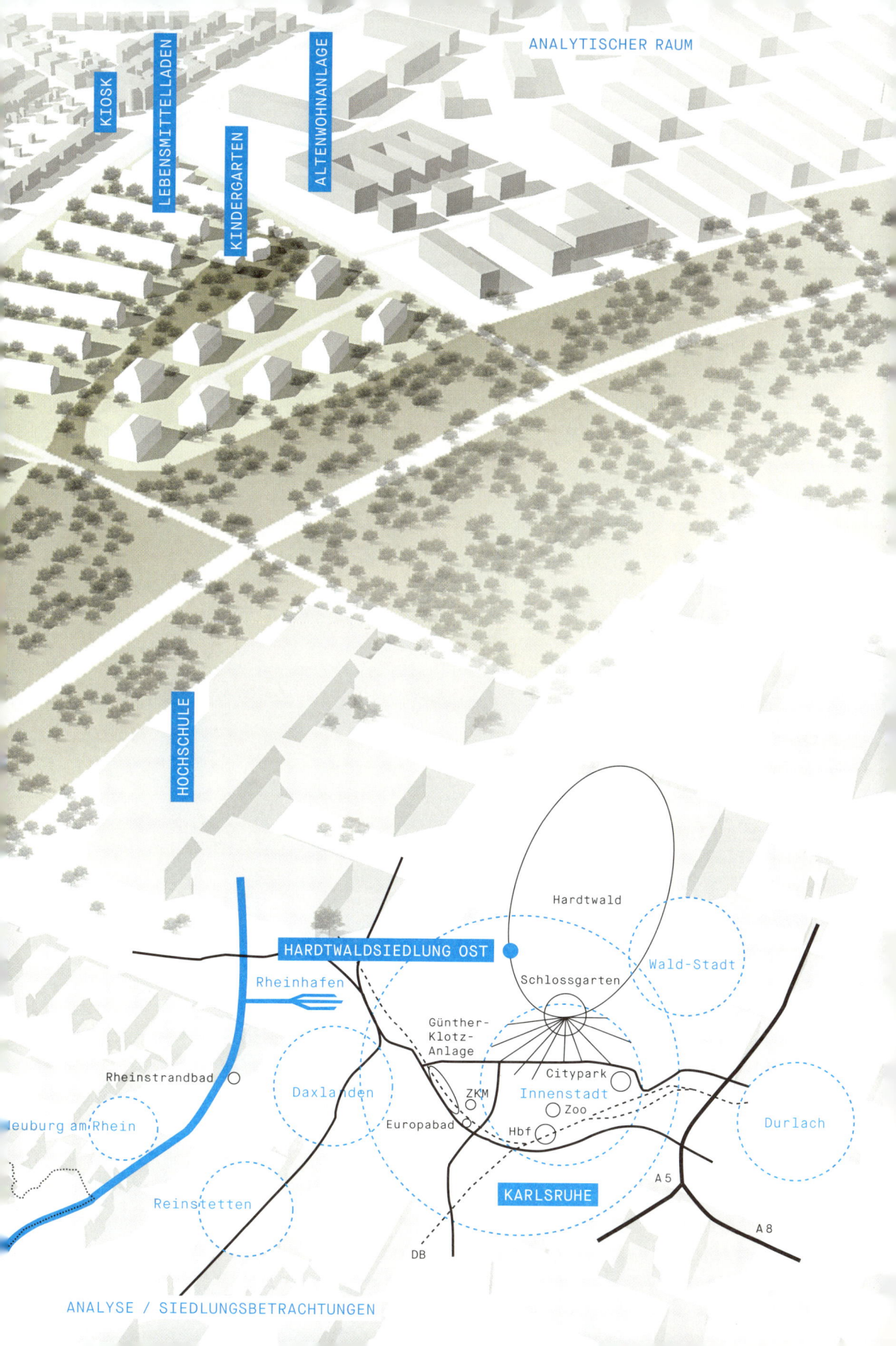

KIOSK
LEBENSMITTELLADEN
KINDERGARTEN
ALTENWOHNANLAGE
ANALYTISCHER RAUM

HOCHSCHULE

HARDTWALDSIEDLUNG OST
Rheinhafen
Hardtwald
Wald-Stadt
Schlossgarten
Günther-Klotz-Anlage
Rheinstrandbad
Daxlanden
Citypark
ZKM
Innenstadt
Zoo
Europabad
Hbf
Neuburg am Rhein
Durlach
Reinstetten
KARLSRUHE
A 5
A 8
DB

ANALYSE / SIEDLUNGSBETRACHTUNGEN

HARDTWALDSIEDLUNG OST   EINE BESTANDSAUFNAHME

Der ältere Teil der Hardtwaldsiedlung ist insbesondere bei besser verdienenden Familien ein begehrter Wohnstandort. Um in einer der charmanten Doppelhaushälften in guter Lage wohnen zu können, nehmen die Interessenten mitunter jahrelange Wartezeiten in Kauf. Vor allem die Gärten haben für diese Nutzergruppe einen besonderen Wert. Der Ausbau der Grünflächen in individuelle Gärten könnte auch für die östlichen Zeilen eine Entwicklungsrichtung sein.

M 1 : 5000

POTENZIALRAUM

Wenige hundert Meter nördlich liegt die gut angenommene MiKa-Siedlung. Das gemeinschaftsorientierte Wohnen in ehemaligen Kasernenbauten ist sehr beliebt und könnte auf Teilbereiche der Hardtwaldsiedlung übertragen werden.

Der Kiosk funktioniert als Ort des sozialen Austauschs für diese und die benachbarte Siedlung ausgezeichnet.

Die versteckt im Wald liegenden Gebäude haben einen anderen Charakter als die Zeilen entlang der Straße.

Die Außenflächen wurden vernachlässigt, bergen aber großes Potenzial für das Gemeinschaftsleben in der Siedlung.

ANALYSE / SIEDLUNGSBETRACHTUNGEN

EINE BESTANDSAUFNAHME

KARLSRUHE SIEDLUNG MÜHLBURGER FELD

Im Westen von Karlsruhe, etwa vier Kilometer von der Innenstadt und dem Marktplatz entfernt, liegt die Wohnsiedlung Mühlburger Feld. Sie erstreckt sich an der Südtangente (B 10) zwischen den Straßenbahnhaltestellen Kühler Krug und Entenfang. Nördlich wie östlich liegt die gründerzeitliche Bebauung der Weststadt.

Die Anbindung an das städtische Nahverkehrsnetz ist gut (Hauptbahnhof 15 Minuten, Marktplatz 20 Minuten). Über die B 10 besteht Anschluss an die A 5 Richtung Mannheim (70 Kilometer), Frankfurt (150 Kilometer) oder Stuttgart (80 Kilometer). Die A 65 führt als linksrheinische Verkehrsstraße nach Norden (Landau 35 Kilometer, Mainz 150 Kilometer).

Auf einer Fläche von rund 19 Hektar entstanden hier zwischen 1953 und 1958 über 1000 Wohnungen in offener Zeilenbauweise. Insgesamt entstanden 22 Häuserzeilen, ausgerichtet in Nordsüdrichtung, die bis zu 80 Meter lang sind.

Zwischen den fünfgeschossigen Häuserzeilen befinden sich lange Grünräume. Die Siedlungsmitte bildet ein Grünzug. Hinzu kommen drei Hochhäuser am Entenfang, die zwischen 1954 und 1969 errichtet wurden.

Die Struktur des Viertels hat sich gewandelt, paradoxerweise nicht zuletzt, weil die Bewohner die gleichen geblieben sind. Das Mühlburger Feld ist gealtert. „Schon 1977 war der Anteil der über 50-jährigen überproportional hoch. Heute leben im Mühlburger Feld rund 2430 Menschen. Etwas über 1000 davon sind älter als 60 Jahre, nur rund 280 sind noch unter 18 Jahren."[1]

Einzelhandels- oder Dienstleistungsgeschäfte haben sich in dem Viertel kaum etabliert. Die Versorgungssituation ist durch die Nähe zum Entenfang und zur Rheinstraße aber dennoch gut.

Die Nähe zur angrenzenden Günther-Klotz-Anlage (Joggen bzw. Spazieren entlang der Alb, Spiel- und Sportflächen, Tretbootverleih etc.) und zu den Freizeitnutzungen entlang des Rheins (Sonnenbad, Rheinstrandbad, Naturschutzzentrum, Hofgut Maxau) bieten den Bewohnern ein breit gefächertes Freizeitprogramm.

[1] *Daheim Journal*, Ausgabe 3/2003, Volkswohnung Karlsruhe

M 1 : 10.000

ANALYSE / SIEDLUNGSBETRACHTUNGEN

MÜHLBURGER FELD   EINE BESTANDSAUFNAHME

HALTESTELLE
FRISÖR
KIOSK
SCHULE
SCHULE

GRÖSSE	EINWOHNER	NICHT BEBAUTE FLÄCHE	SANIERUNGSZUSTAND	BSP. MIETPREIS
17 ha	**3126**	**44 m²** / Einwohner	saniert — unsaniert	**5,6 €/m²**
254.770 m²	eher Ältere	halböffentlicher / öffentlicher Raum		Karlsruhe Ø: 10,44 €/m²

Ø WOHNDAUER		IMAGE	WOHNEINHEITEN	NETTOWOHNDICHTE
		gut durchmischt	**1100** (insgesamt)	**183**
kurz	lang	Interviews / Erkundung	in 58 Gebäuden, davon 33 Zeilen	Einwohner / Hektar

ANALYTISCHER RAUM

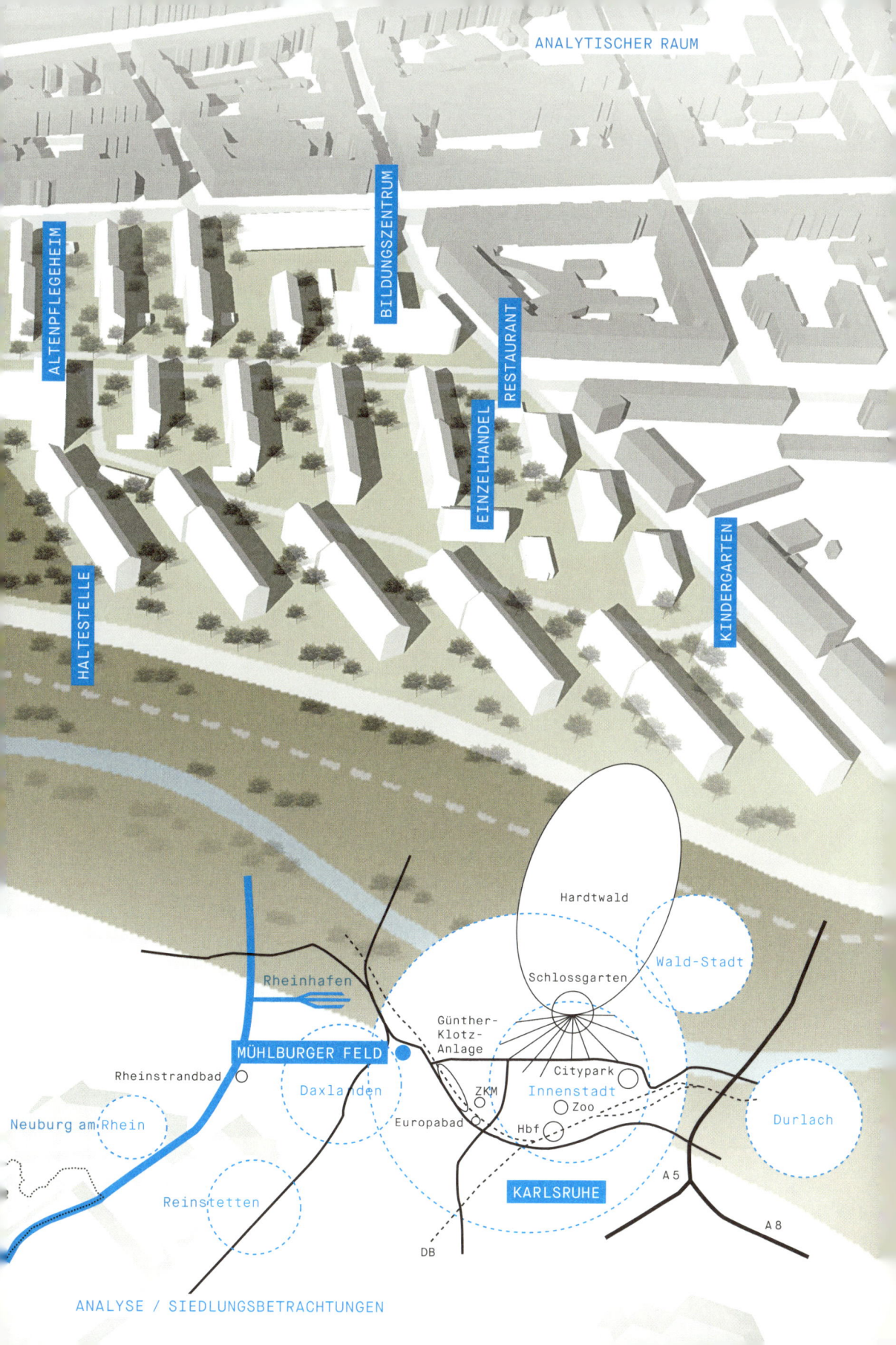

ALTENPFLEGEHEIM
BILDUNGSZENTRUM
RESTAURANT
EINZELHANDEL
KINDERGARTEN
HALTESTELLE

Rheinhafen
Hardtwald
Schlossgarten
Wald-Stadt
Günther-Klotz-Anlage
MÜHLBURGER FELD
Rheinstrandbad
Daxlanden
Citypark
ZKM
Europabad
Innenstadt
Zoo
Hbf
Durlach
Neuburg am Rhein
A 5
Reinstetten
KARLSRUHE
A 8
DB

ANALYSE / SIEDLUNGSBETRACHTUNGEN

MÜHLBURGER FELD — EINE BESTANDSAUFNAHME

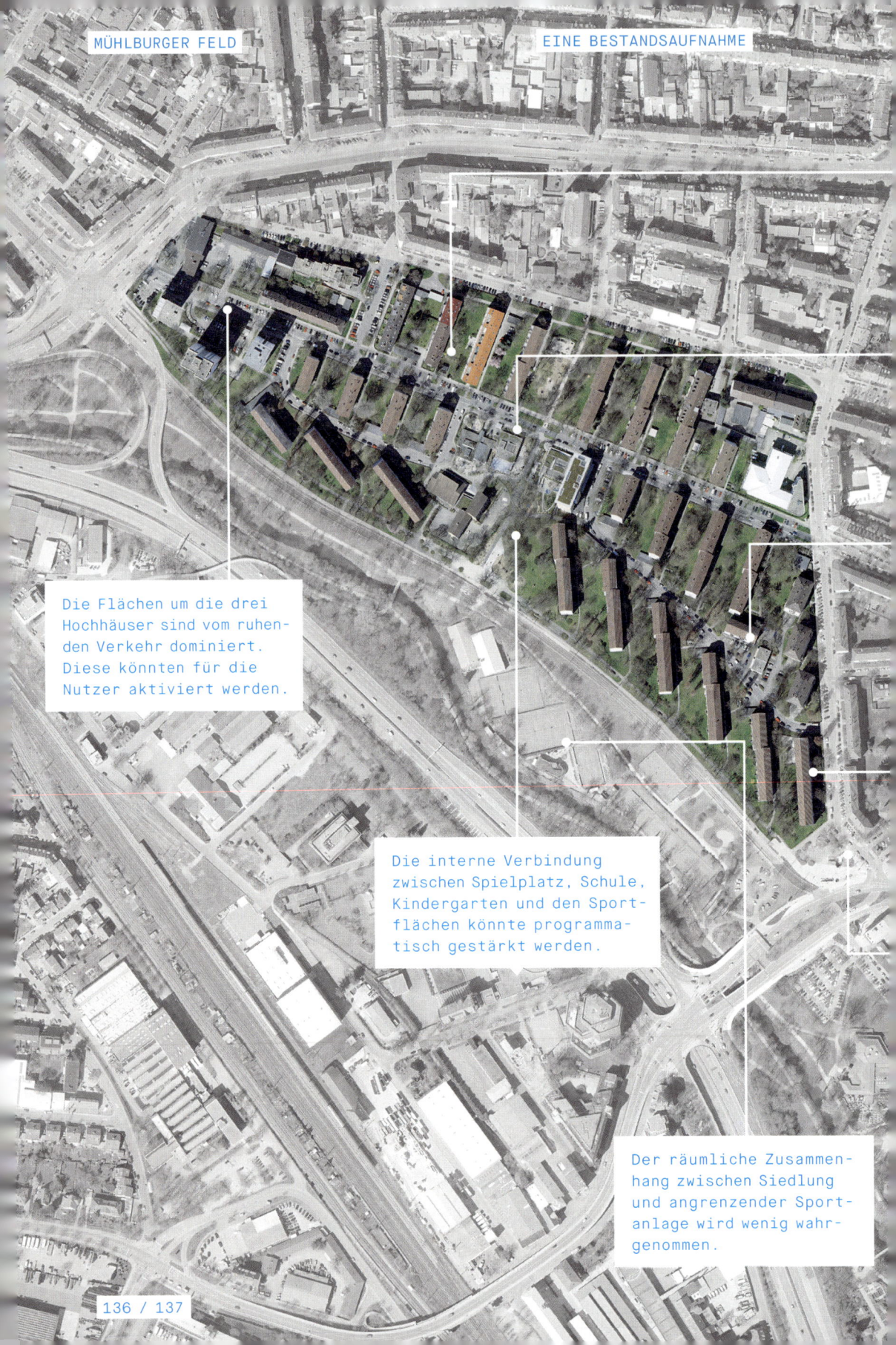

Die Flächen um die drei Hochhäuser sind vom ruhenden Verkehr dominiert. Diese könnten für die Nutzer aktiviert werden.

Die interne Verbindung zwischen Spielplatz, Schule, Kindergarten und den Sportflächen könnte programmatisch gestärkt werden.

Der räumliche Zusammenhang zwischen Siedlung und angrenzender Sportanlage wird wenig wahrgenommen.

M 1 : 5000

POTENZIALRAUM

Der Kiosk funktioniert als interner Treffpunkt im Quartier. Ein Stehtisch oder eine Bank würden genügen, um sich hier länger aufhalten zu können.

Die wenigen Flächen, die nicht dem Wohnen vorbehalten sind, könnten sich besser im Außenraum abzeichnen, um eine lebendigere und durchmischtere Atmosphäre zu schaffen.

Der Platz mit Ladenzone im EG ist städtebaulich richtig gedacht und in der Siedlung gut platziert.

Man muss den Kindergarten, der im Erdgeschoss untergebracht ist, suchen. Dieser könnte sich besser nach außen präsentieren.

Ein leerstehender Kiosk als Auftakt zur Siedlung, stadträumlich gut gelegen, könnte besser genutzt werden. So könnte sich über eine temporäre Bespielung des Pavillons ein sozialer Treffpunkt herausbilden.

ANALYSE / SIEDLUNGSBETRACHTUNGEN

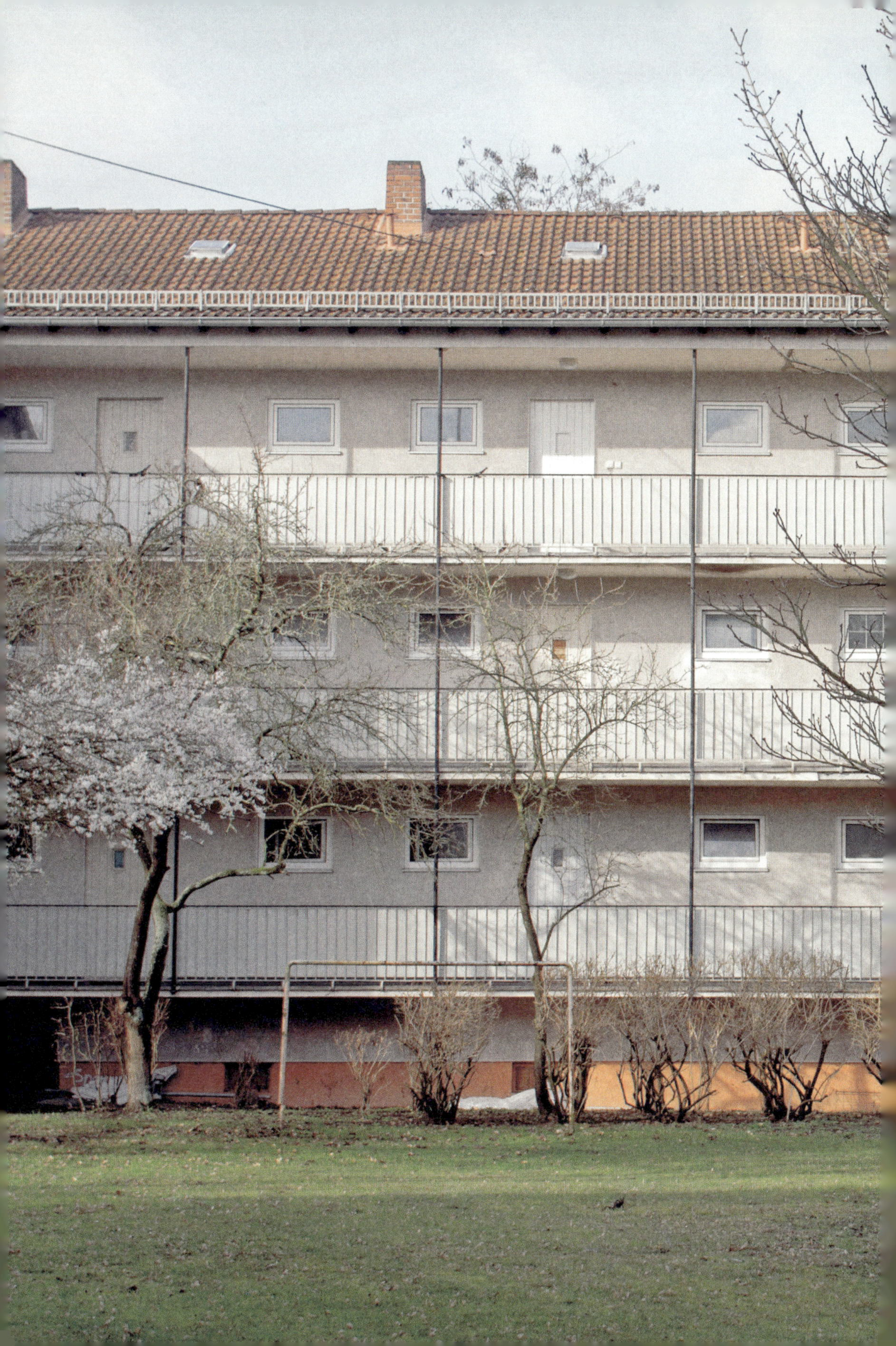

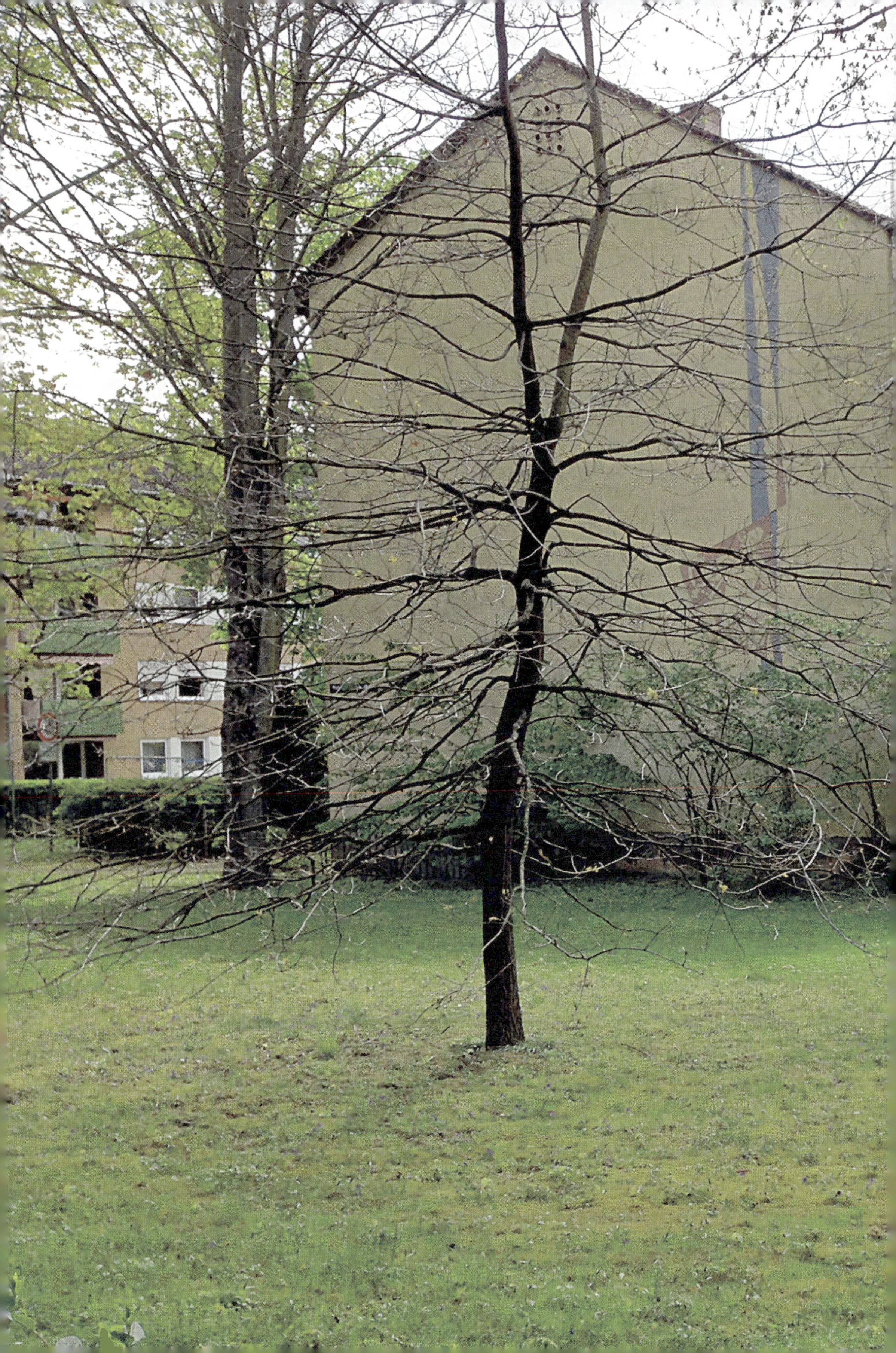

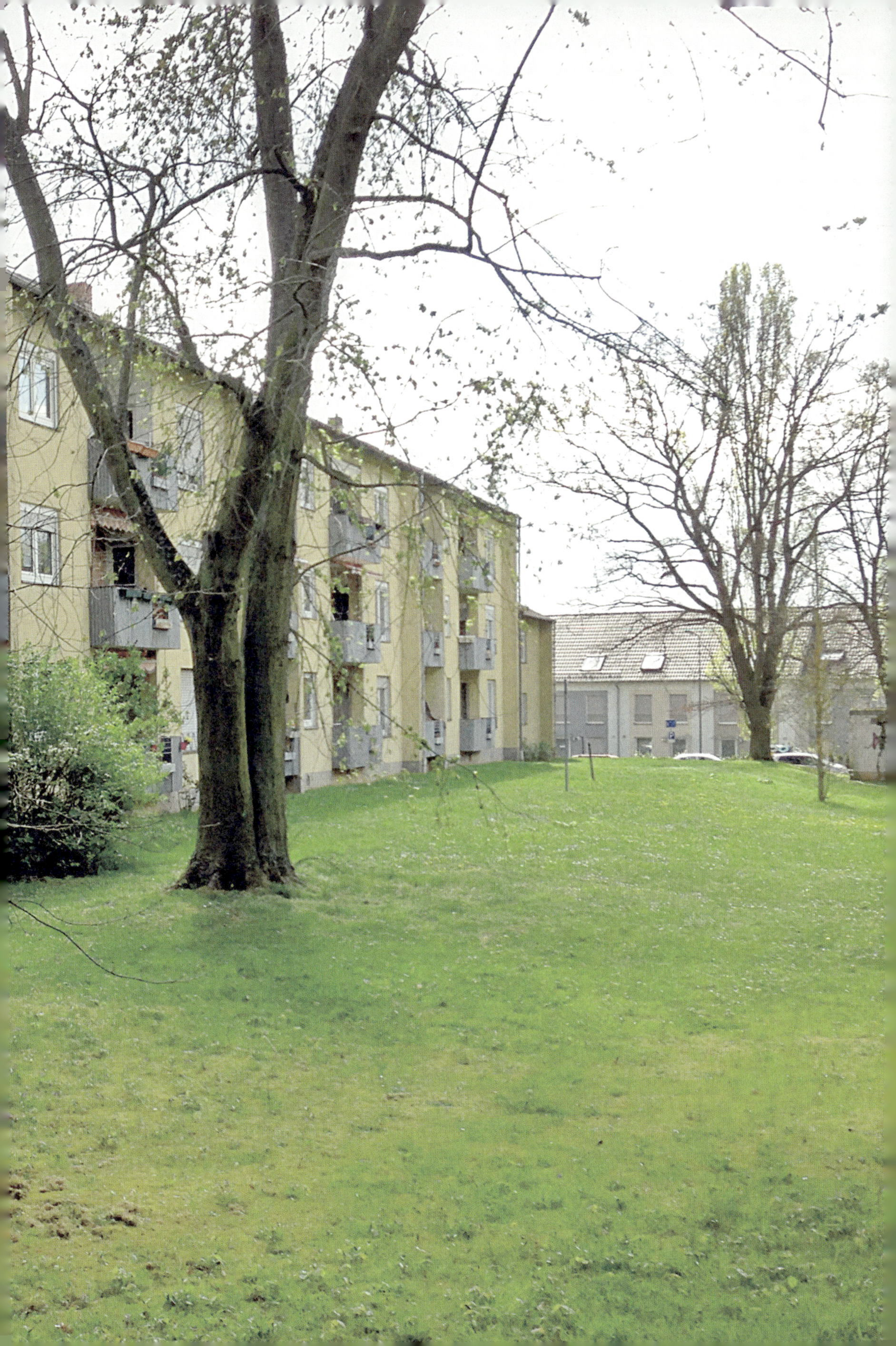

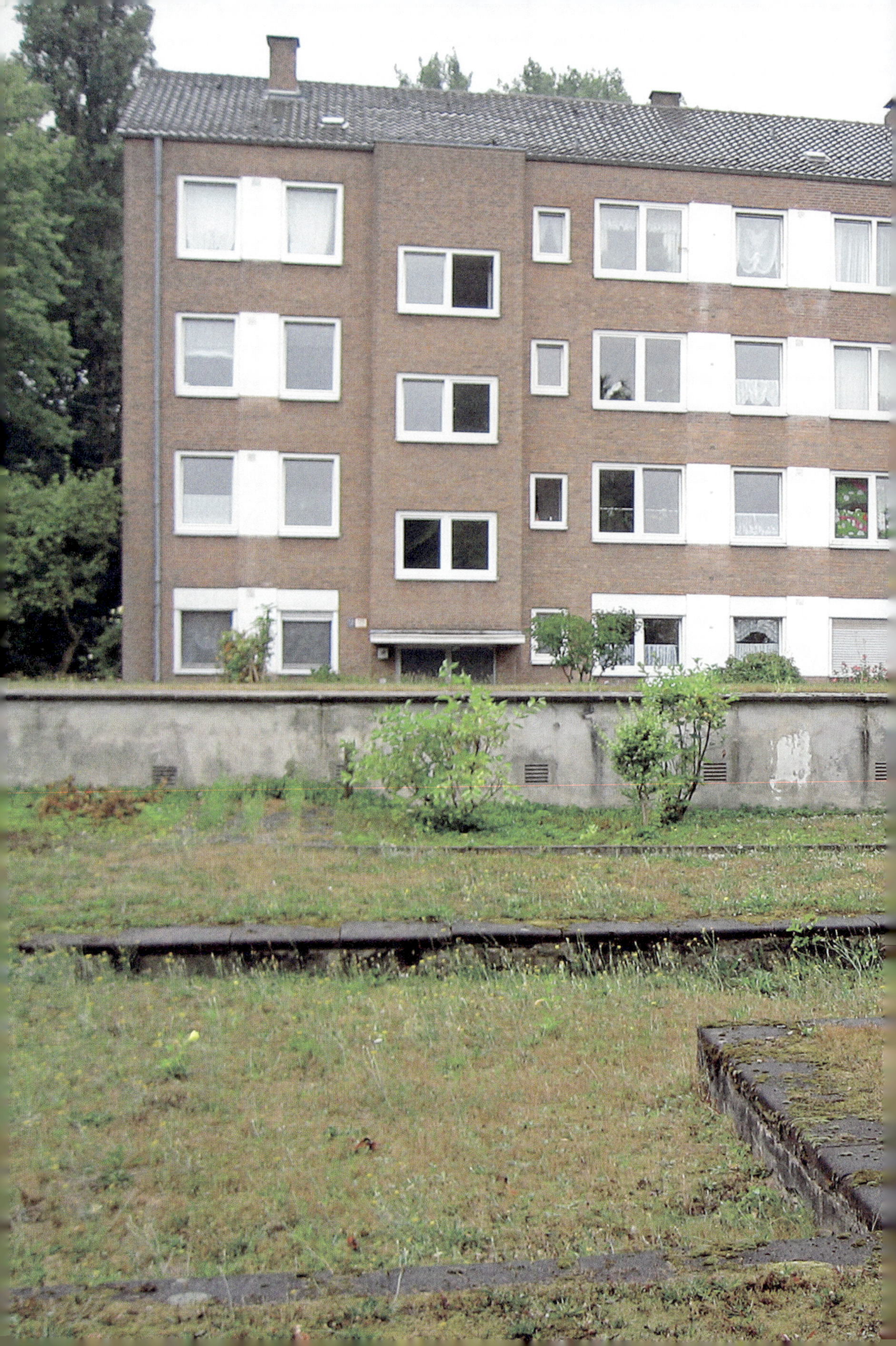

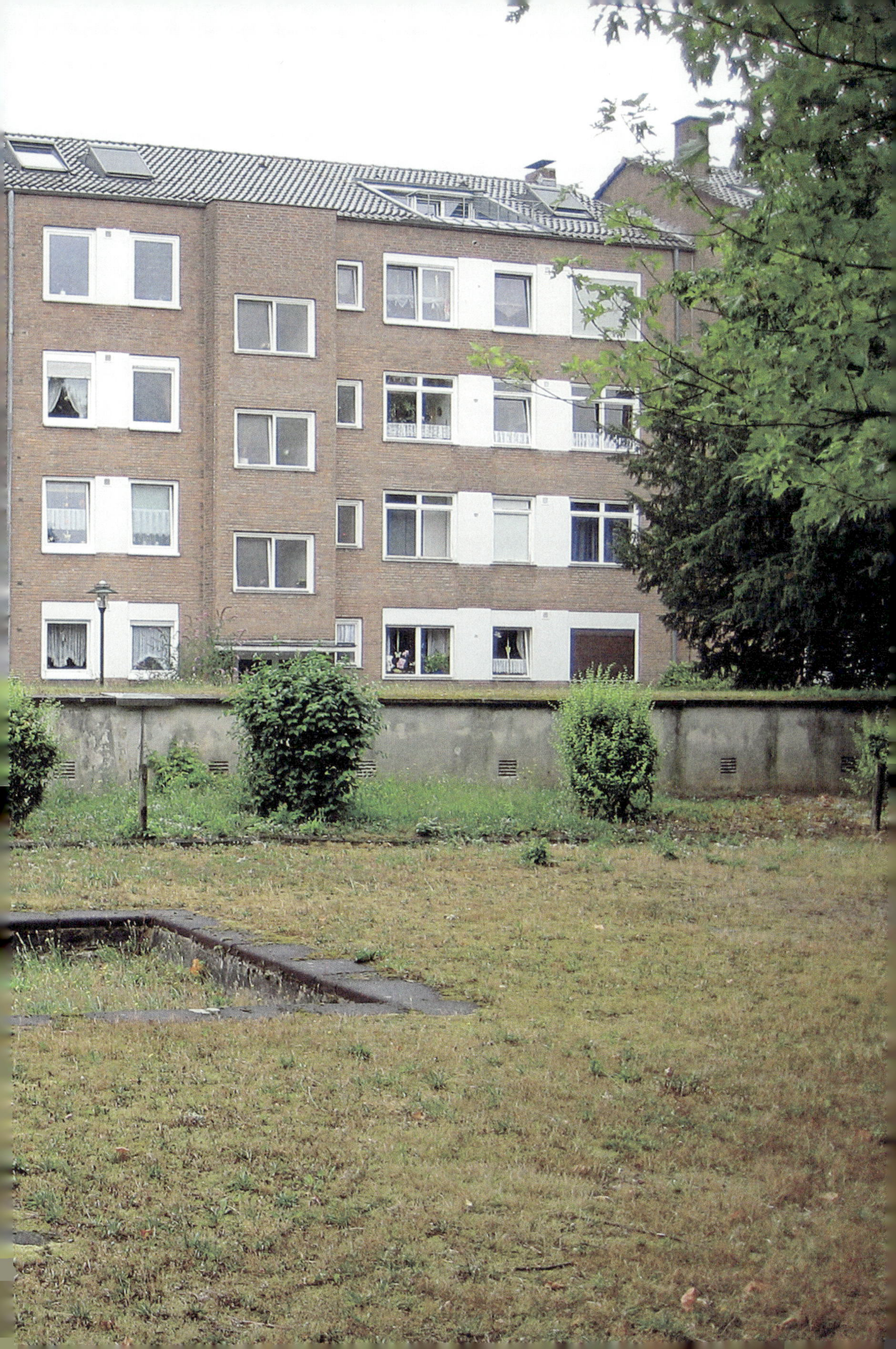

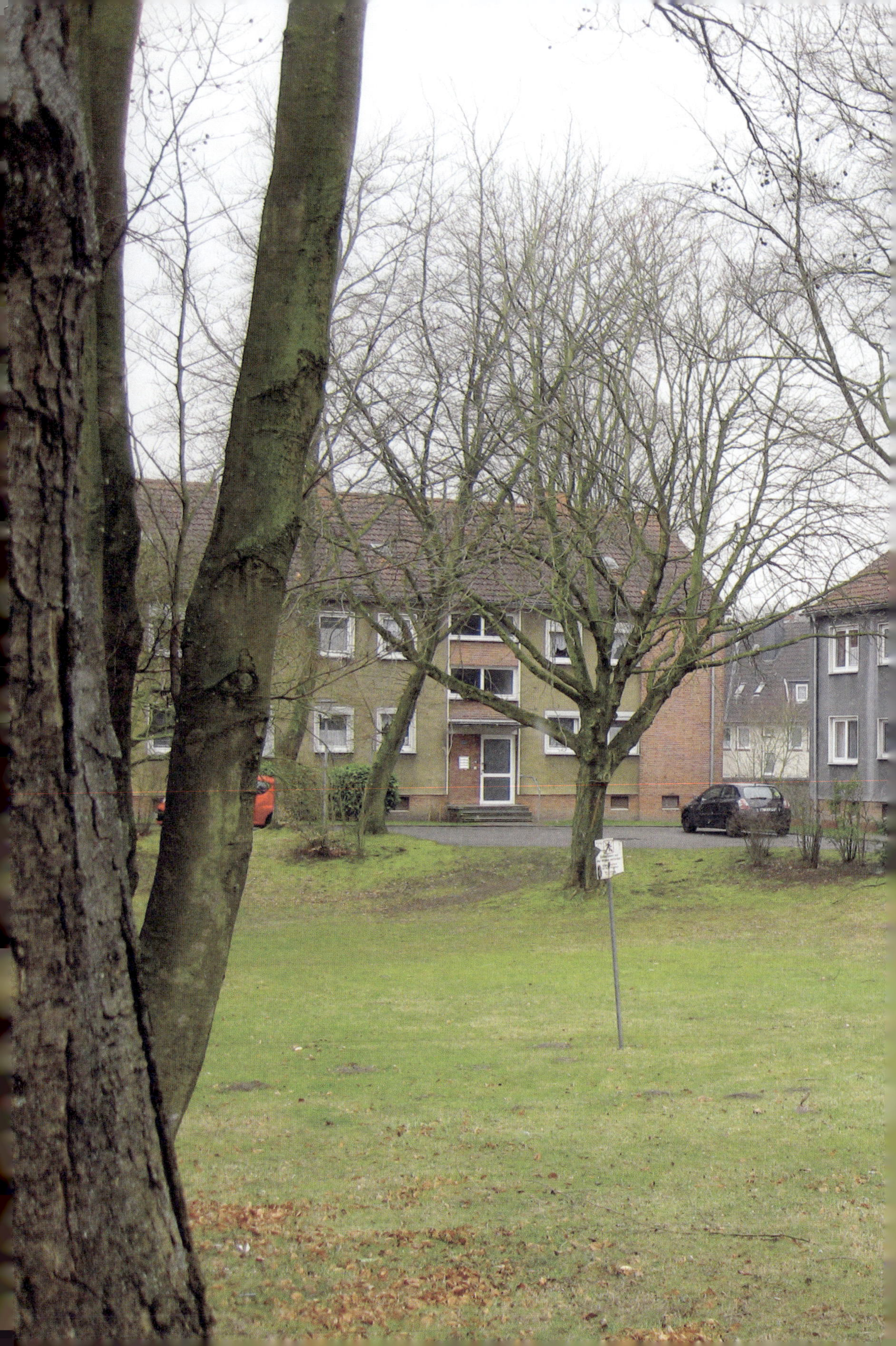

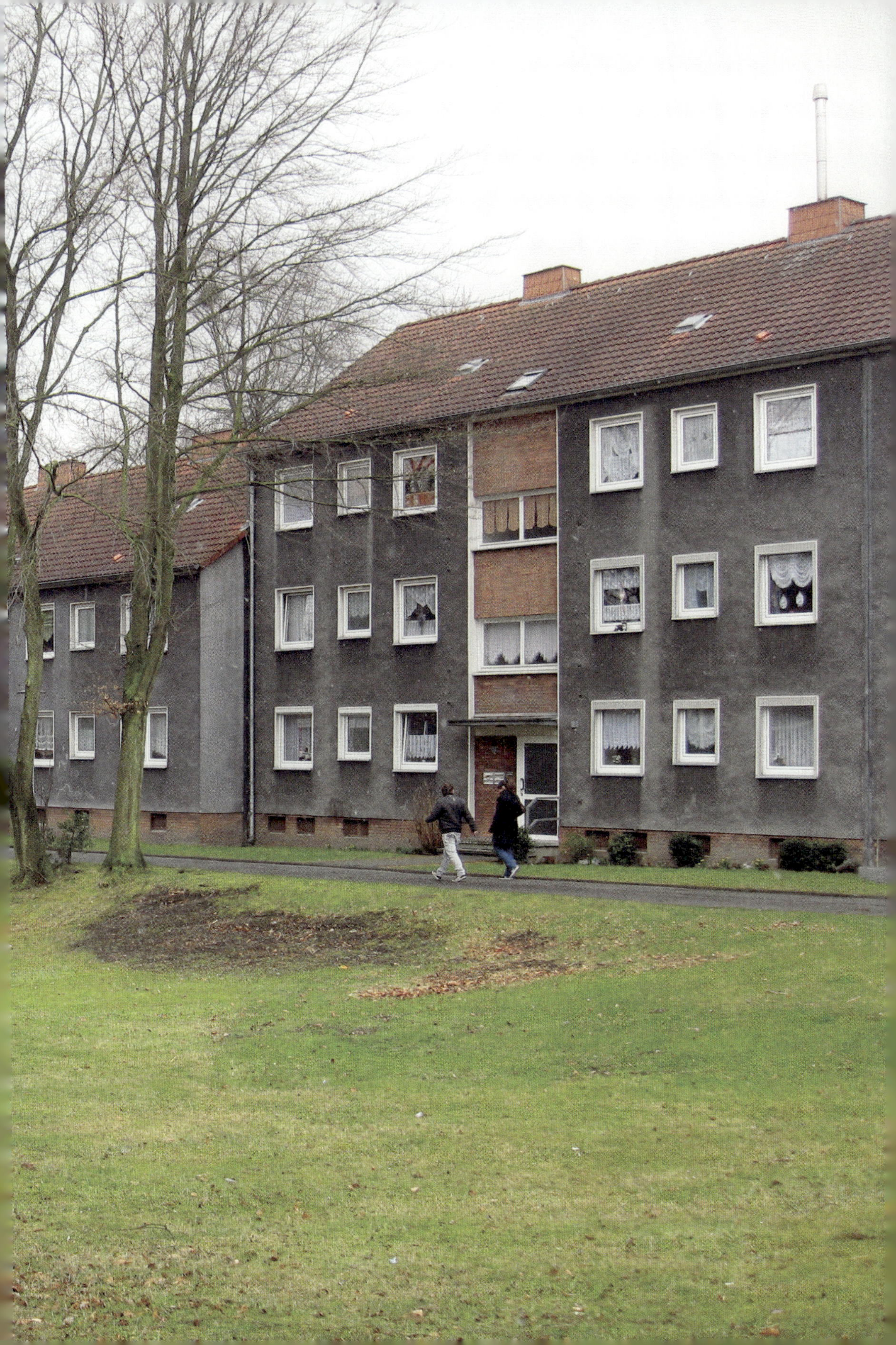

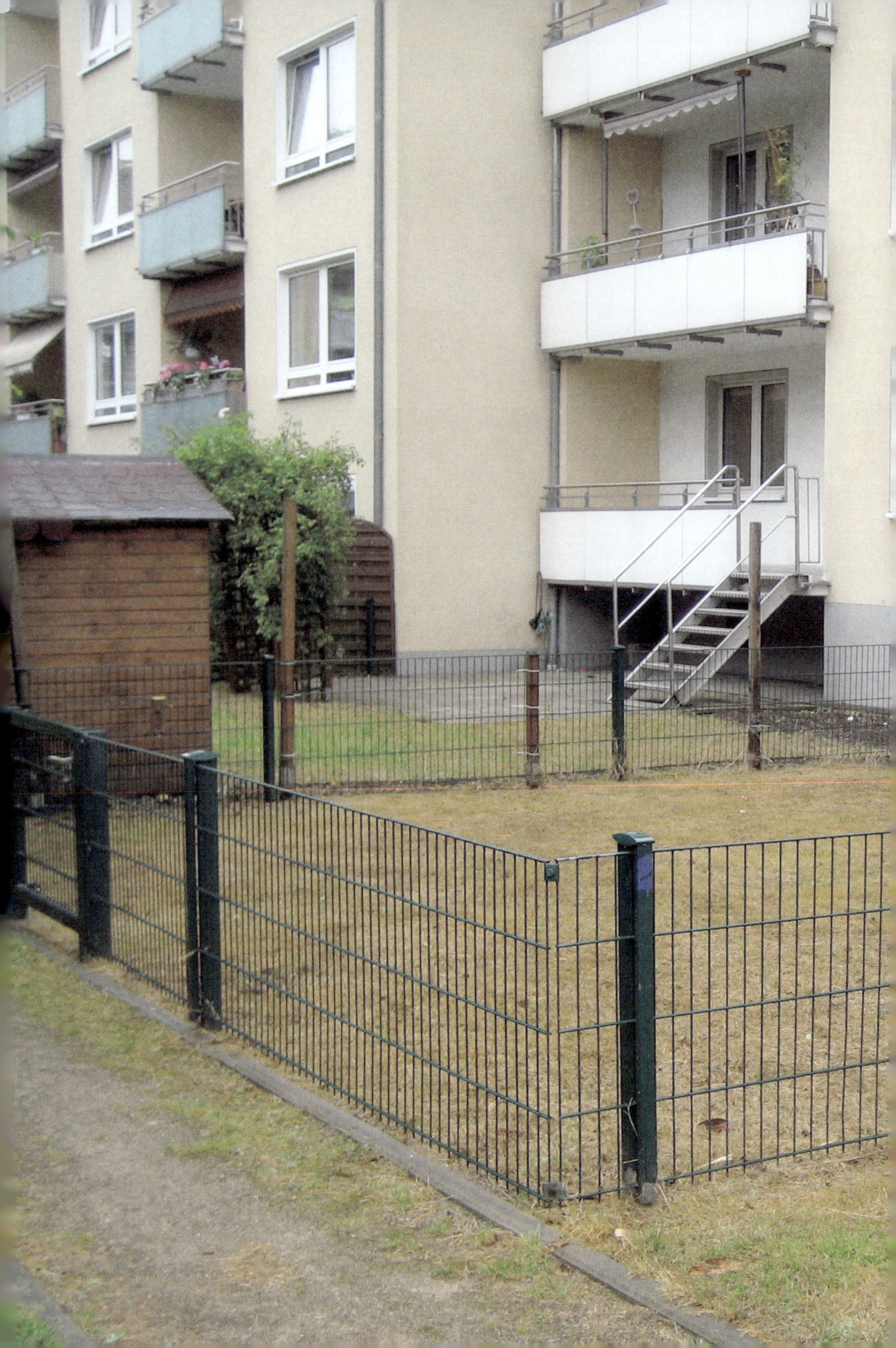

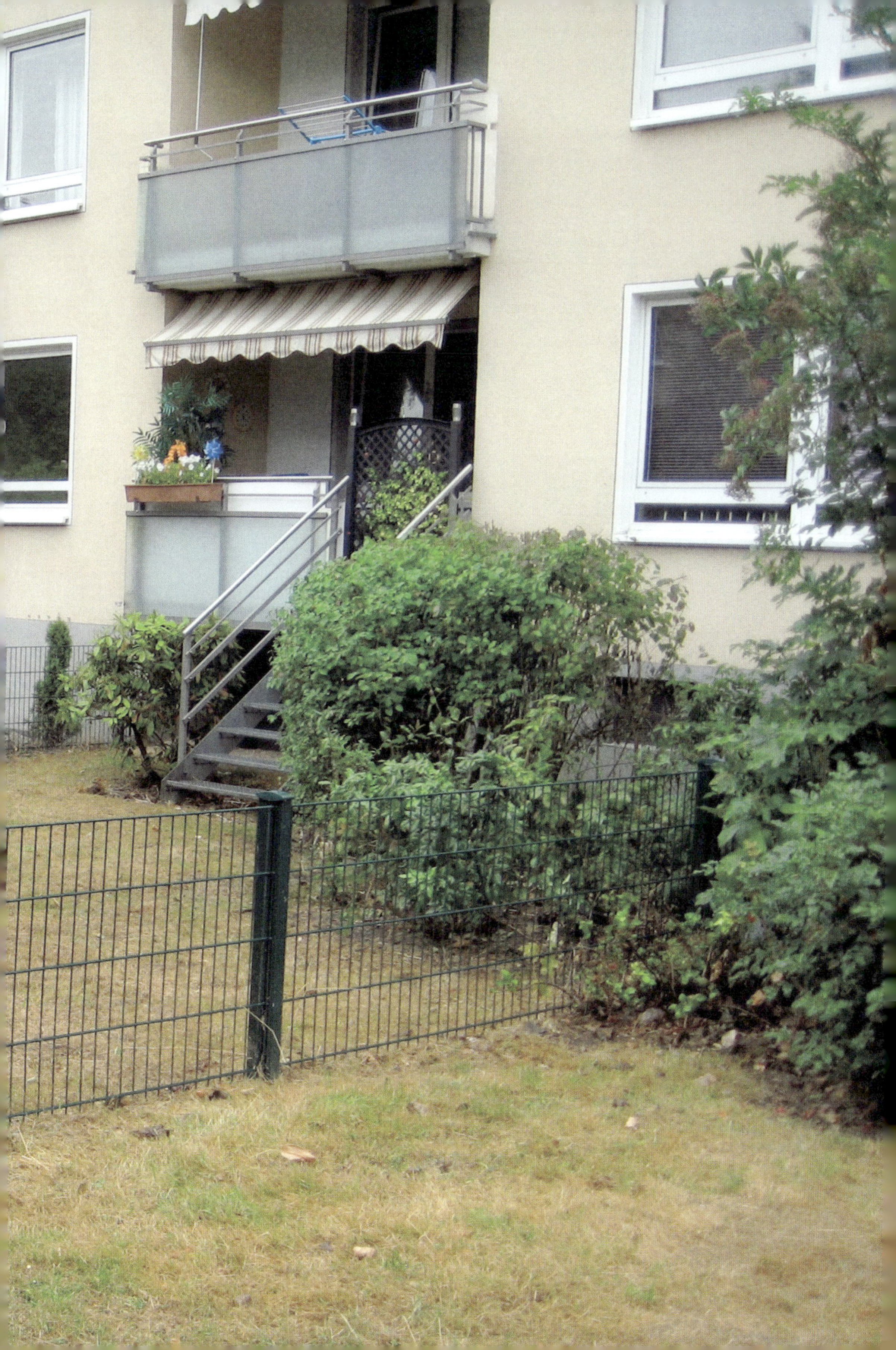

45-43-41-39

Forschendes Entwerfen

Entwerfen als
Erkenntnismethode
in der Stadtforschung

Der methodische Grundgedanke des diesem Buch vorausgegangenen Forschungsprojektes war es, einen strategischen Entwurfsprozess, der in dem Buch als Fazit formuliert wird, als Teil der Forschungsarbeit zu verstehen. Das Projekt „Strategische Bestandsentwicklung im Wohnungsbau" hatte nicht den Anspruch, ein fertiges Bild zu liefern, sondern durch Entwurfsprototypen zu einzelnen Siedlungen die Werkzeuge zu erproben, die als weiterverwendbares Ergebnis verstanden werden sollten.

Architektur als Forschung?

Architektur als Forschung ist zumeist lediglich als Wissenstransfer zu verstehen. Die „Architektur als Forschung" bedient sich üblicherweise anderer Disziplinen. Man könnte es vereinfacht so zusammen fassen: Die Kunstgeschichte und Archäologie vermag die Baugeschichte zu definieren, die Soziologie beschreibt unser Zusammenleben und spielt insbesondere in der Stadtforschung eine entscheidende Rolle, die Konstruktion und die Infrastruktur wiederum ist von den klassischen Ingenieur- und Planungsdisziplinen übernommen.

Die Quintessenz von Architektur aber ist Raum. Der Raum und damit der Entwurfsprozess, in welchem der Raum gedacht wird – als Wissenschaft? Das würde letztlich bedeuten, dass Entwerfen sehr wohl eine Forschungsmethode sein kann, vielleicht sogar an sich bereits Forschung ist. Dieser Möglichkeit folgt der Exkurs unter dem Verständnis des „Forschenden Entwerfens".

Der klassische Forschungsdiskurs allerdings zielt in eine andere Richtung. Objektivität und Falsifizierbarkeit sind in dessen Verständnis essenzielle Eigenschaften der Forschung. Genau diese werden dem Entwurf häufig aber abgesprochen. Entwerfen ist dann entweder ein methodischer Arbeitsprozess[1], eine auf Intuition beruhende subjektive Entscheidungsfindung einer Person, oder lediglich eine auf feste Regeln gestützte Normenwissenschaft, Normenwissenschaft meint (man könnte dafür auch den Begriff „Werte" nutzen) die Vorstellung vom „seinsollen" einer Sache[2]. Das bekannteste Beispiel sind die drei Leitbegriffe Vitruvs, die sich als solche Werte verstehen lassen – als Normen, an denen Architektur zu messen sei.

Grundannahme

Analog hierzu lässt sich der Gedankengang ausführen, dass Wissenschaft die Welt beschreibt, wie sie „ist", das Entwerfen dagegen aber auf etwas abzielt, was „sein soll", um damit eine mögliche Zukunft herzustellen. Die klassische Forschung großer Teile der Geisteswissenschaften beschreiben die Welt der Wirklichkeiten, konstituieren diese aber – im Gegensatz zur Architektur – nicht. Architektur beschreibt die Welt der Möglichkeiten und ist somit eine Handlungsdisziplin. Dies ist eine „Begriffsbildung, die der Tatsache gerecht werden soll, dass die Technik- und Sozialwissenschaften, denen sich die Architektur zurechnen lässt, im Unterschied zu den Natur- und Geisteswissenschaften weniger auf ein Erkennen als auf ein Gestalten der Wirklichkeit ausgerichtet sind".[3]

Forschendes Entwerfen

Ein allgemein anerkannter Weg des architektonischen Entwurfes ist das Generieren eines Entwurfskonzeptes unter Inaugenscheinnahme des Ortes und seiner Parameter, zumeist führt genau dadurch die individuelle Intuition den Entwerfer zum Ergebnis.

Entgegen diesem linearen Prozess aus unterschiedlich vielen Schritten schlagen wir ein dem hermeneutischen Zirkelschluss ähnliches Verfahren vor, indem einer ersten Analyse über Interviews, Bilder, Filme eine auf diese ersten Eindrücke reagierende Entwurfsthese folgt. Mit dem dadurch generierten Wissen und den entstehenden Fragen folgt eine genauere, die These „abprüfende" Analyse des Ortes und darauf basierend der eigentliche Entwurfsprozess. Analyse und Entwurf sind in diesem Prozess eng miteinander verwoben, die Analyse ist zielgerichtet und fokussiert, der Entwurfsprozess ist von analytischen Überlegungen durchdrungen. Analyse und Entwurf sind damit nicht als Einzelleistung eindeutig abgrenzbar, das „objektive" Analysieren der Begebenheiten wird hier vielmehr Teil des „subjektiven" Entwerfens.

Daraus Entwerfen als Hermeneutik zu verstehen, führt aber in die Irre. Entwerfer wissen, dass ihre Praxis sowohl hermeneutische als auch empirische Momente enthält – dass aber der eigentliche Kern im Versuch steckt, einen Möglichkeitsraum abzubilden. Entwerfer können sich dabei nicht auf eine bestehende Theorie oder Technik stützen, die im entworfenen Raum ihre Anwendung findet, vielmehr gehen sie „tatsächlich das Wagnis ein, Teil eines eigenen Theoriebildungsprozesses zu sein. Und sind damit Wissenschaftler im engsten Sinne."[4] Denn ein Entwurf ist die Grundlage für ein späteres Werk und das

Leben in und mit diesem. Damit erfüllt der Entwurf vergleichbare Anforderungen wie eine Theorie (Wissenschaft), wenn man als Charakteristika einer Theorie gelten lässt, dass es sich um ein vereinfachendes Bild eines Ausschnittes der Realität handelt und sie als Prognose oder Handlungsempfehlung verstanden werden kann[5]. Der Entwurf ist die Theorie einer möglichen Zukunft.

Man kann es sehr gut mit den Worten Robert Musils umschreiben: „Wenn es so etwas wie einen Wirklichkeitssinn gibt, muss es auch einen Möglichkeitssinn geben."[6]

Wie also weiter?

Um Entwerfen, oder besser: forschendes Entwerfen wissenschaftlich zu qualifizieren, müssen die Kriterien von Wissenschaftlichkeit und Entwerfen verbunden werden. Wissenschaft sucht, sehr vereinfacht formuliert, einen verobjektivierbaren Zugang vom Allgemeinen aus – der Entwurf macht konkrete Vorschläge für eine einzelne mögliche Zukunft.

Zur Überwindung dieses vermeintlichen Widerspruchs aus Deduktion und Induktion ist für das Forschende Entwerfen ein hermeneutischer Zugang aus der qualitativen Forschung zielführend. „Unter exakter Angabe der subjektiven Umstände, die zu dem Entwurf führen, wird das Entstehen des Entwurfes abduktiv nachgezeichnet."[7] Abduktion geht, verkürzt ausgedrückt, nicht der Frage nach, wie etwas sein soll (Deduktion), noch wie etwas ist (Induktion), sondern wie etwas sein könnte. Die beiden benannten anerkannten wissenschaftstheoretischen Erkenntniswege – bei denen zum einen aus dem Allgemeinen spezifisches Wissen, zum anderen aus dem Spezifischen das Allgemeine abgeleitet wird – helfen nur unzureichend weiter.

Die Abduktion, welche der Frage nachgeht, wie etwas sein könnte, stellt genau diesen Versuch – von Musil so treffend formuliert – dar und soll als gedankliche Grundlage des vorliegenden Buches dienen.

Mit dieser Strategie ist, auch wenn es „nur" ein möglicher Raum ist, der durch den Entwurf dargestellt wird und kein absoluter, die Möglichkeit verbunden, die Arbeit des Entwerfers für andere Forscher erkenntnistheoretisch nachvollziehbar zu machen. Das kategorische Entweder-oder der Ingenieure in ihrem Verhältnis zur theoretischen und praktischen Arbeit würde in diesem Verständnis ersetzt werden durch das Sowohl-als-auch, wie es etwa durch den Sonderforschungsbereich Reflexive Modernisierung formuliert wurde[8]. Dieses Sowohl-als-auch greift den Begriff des Möglichkeitssinns Musils auf, in dem sich mehrere Möglichkeiten und somit Gleichzeitigkeiten entfalten.

Es bleibt allerdings offen, ob wissenschaftliches Entwerfen nicht immer hypothetisch bleibt, wenn man davon ausgeht, dass der Entwurf nur ein Zwischenstand auf dem Weg zum tatsächlichen Raum ist, welcher als der eigentliche Beitrag der Disziplin Architektur zur Gestaltung unserer Umwelt gesehen wird. Der in der Wissenschaft angestrebte Erkenntnisgewinn könnte sich in der Architektur demnach frühestens mit dem Vorhandensein des Raumes einstellen und nicht bereits als Resultat eines Forschungsvorhabens „herbeientworfen" werden. Nichtsdestotrotz hat forschendes Entwerfen seine Berechtigung, da durch die antizipierte Zukunft vorab durchgespielt wird, was unter welchen Bedingungen möglich sein sollte. Der Entwurf beinhaltet eine Entscheidung, welchen Möglichkeitsraum man begründet anvisiert. Er macht die Zukunft konkret und vorstellbar.

Mit diesem Ziel, einen Möglichkeitsraum abduktiv abzuleiten, wird in der vorliegenden Arbeit neben dem Text bereits im Analyseteil des Buches vorwiegend grafisch anhand von Diagrammen und Plänen gearbeitet, da diese räumlichen Darstellungsformen dem realen Raum unmittelbarer verbunden sind als ein isolierter Text. Die räumliche Analyse wird hier, gleich den bildgebenden Verfahren anderer Disziplinen, (wie die Magnetresonanztomographie der in Medizin) bereits als Teil des Entwurfsprozesses verstanden und entsprechend grafisch-räumlich dargestellt. Sie ist ein methodisch notwendiges Werkzeug der Wissensbildung, um mit dem Entwurf eine mögliche künftige Realität zielgerecht vorwegnehmen zu können.

[1] Grafe, Christoph: „Praxis oder Wissenschaftsdisziplin?". In: *eine romantische wissenschaft – der architekt* 6/2015, S. 40–43, nach: Cunningham, Allan: „Notes on Education and research around architecture". In: *The Journal of Architecture* 09/2005, S. 415

[2] Vgl. Kegler, Karl R.: „NormenKunst. Warum Architektur keine Wissenschaft ist". In: *trans 24 normiert*, 2014, S. 138–143

[3] Kegler 2014, S. 138

[4] Kleinekort, Volker / Rott, Josef, et.al.: *Was Wissen schafft – Forschendes Entwerfen, Oder, kann man durch Entwerfen wissenschaftlich Forschen,* In: *Planerin* 4/2008, S. 51–52

[5] Kleinekort, Volker / Rott, Josef: „Skizzierte Theorie – Suchen oder generieren wir architektonisches Wissen?". In: *Das Wissen der Architektur – Conference Proceedings.* 2011, S. 50–53

[6] Musil, Robert: *Der Mann ohne Eigenschaften.* Berlin 1987, Band I, S. 16

[7] Schöbel, Sören: *Forschendes Entwerfen* (unveröffentlichtes Diskussionspapier). NSL TU München, 2008

[8] Beck, Ulrich et al.: *Reflexive Modernisierung – Analysen zur Transformation der industriellen Moderne,* DFG-Sonderforschungsbereich 536, 1994

~~THEORIE~~

~~ANALYSE~~

Strategie

STRATEGISCHE BESTANDSENTWICKLUNG

GRUNDSÄTZLICHE UMGANGSFORMEN

In der Analyse hat sich trotz der immer gleichen Grundzutaten „Zeile, Grünraum, Funktionstrennung" eine hohe Varianz der Siedlungen gezeigt: wirtschaftsstarker Standort, strukturschwacher Standort, stadtnah, peripher, groß, klein, sozial gemischt, sozial homogen, typologisch gemischt (Geschosswohnungsbau, Reihenhäuser, Einfamilienhäuser), typologisch homogen (Geschosswohnungsbau), durch den ÖPNV gut erschlossen, durch den ÖPNV nicht gut erschlossen, alt, jung, deutsch, international, gut gestaltet, schlecht gestaltet, gute Bausubstanz, schlechte Bausubstanz. Die möglichen Konstellationen sind umfassend. Aufgrund dieser Varianz kann eine einheitliche Umgangsform mit den Siedlungen nicht zielführend sein. Stattdessen sind drei unterschiedliche grundsätzliche Vorgehensweisen denkbar: die Siedlungen zu belassen, wie sie sind, sie zu ersetzen oder sie im Bestand zu entwickeln.

Bei einigen Siedlungen besteht kein Handlungsbedarf – sie wurden kürzlich architektonisch instand gesetzt, sie liegen gut, sie sind gut vermietbar, sie erscheinen, so wie sie sind, zukunftsfähig. Eine solche grundsätzlich intakte Siedlung aus dem Kapitel „Analyse" ist die Theatersiedlung in Darmstadt, welche aufgrund der zentralen Innenstadtlage an Theater und Fußgängerzone substanziell tragfähig erscheint. Andere Siedlungen aus dem Analyseteil, wie die Siedlung Gottesaue in Karlsruhe, sind zum Abriss vorgesehen. Die Bausubstanz der Gottesaue ist schlecht, die Siedlung ist klein und kann in sich nicht autark funktionieren. Sie liegt darüber hinaus in einem Stadtteil, der sich räumlich-funktional in eine ganz andere Richtung entwickelt, sodass die Siedlung einen Fremdkörper darstellt. Eine neue Bebauung kann an dieser Stelle mehr leisten als die vorhandene Siedlung. Der Abriss erscheint folgerichtig.

In den meisten Fällen sind die Siedlungen städtebaulich wie architektonisch jedoch weiterzubauen und auf diesen Prozess der Bestandsentwicklung soll nachfolgend das Augenmerk gelenkt werden. Die betroffenen Siedlungen bieten häufig ein „untergestaltetes" Bild, das keine Wertschätzung der Lokalität und damit auch der dort ansässigen Bewohner vermittelt. Sie sind insofern untergestaltet, als keine zureichende Definition ihrer räumlichen Elemente erfolgt ist. So gibt es keine Sonderlösungen für das Erdgeschoss, das aber ganz andere Eigenschaften, insbesondere den Bezug zum Boden, hat als die darüber liegenden Geschosse. Die Zuwegungen und Eingangssituationen sind wenig zoniert und inszenieren nicht den Übergang von außen nach innen. Zudem sind die Freiflächen in der Siedlung oft unterdefiniert und laden zu keinerlei Tätigkeit ein. Das Projekt zielt auf jene Siedlungen, die inhaltlich leer wirken, in denen sich die Freiräume kaum für Aktivitäten anbieten, es kaum soziale Schnittstellen gibt, sich kein kollektiver Raum bildet, die kein Identifikationsraum sind und diese Attribute auch nicht aus ihrem umgebenden Kontext ziehen können. Anders ausgedrückt, die Arbeit zielt auf die Siedlungen, in denen Siedlungsraum Wohnraum und nichts darüber hinaus ist. Das heißt nicht, dass die Siedlungen massive Probleme aufweisen müssen, um Gegenstand einer Bestandsentwicklung zu werden. Im Gegenteil.

ENTWICKLUNGSPERSPEKTIVE

Vielmehr ist das Ziel eine gesamtheitliche Entwicklungsperspektive, die schon greift, bevor sich akute Probleme negativ auf die Siedlung auswirken. Hier soll der Begriff der „strategischen Bestandsentwicklung" eingeführt werden. Sie umfasst das aktive Management der Siedlung anstelle einer reinen Verwaltung. Ihr geht eine grundsätzliche Haltung voraus und sie beinhaltet eine grundsätzliche Handlungsform – eben weniger reaktiv zu handeln als vorsorglich begleitend und steuernd.

Bestandsentwicklung meint auf dem Bestand aufbauende Veränderungen unter Entfaltung zuvor nicht vorhandener, neuer Merkmale. Mit dem Bestand zu arbeiten bedeutet aber auch, sich mit der inneren Logik des bestehenden Raumes zu beschäftigen und wie mit dieser umzugehen ist, in unserem Fall der Typologie der Zeile sowie der städtischen Typologie der Siedlung.

Eine Strategie lässt sich als zielgerichtete Handlung in Raum und Zeit umschreiben, der eine Planung zugrunde liegt. Sie beruht auf einer Vorstellung von dem, was man erreichen möchte. Sie reagiert auf gesellschaftliche, räumliche und/oder ökonomische Bedingungen und bedient sich spezifischer Mittel oder Instrumente, auf die später im Kapitel eingegangen werden wird, während nun zunächst die Ziele einer solchen Bestandsentwicklung für die 1950er-Jahre-Siedlungen folgen.

ZIELE UND BEDINGUNGEN EINER STRATEGISCHEN BESTANDSENTWICKLUNG

Die Bestandsentwicklung der Siedlungen aus den 50er Jahren betraf bisher meistens die Architektur, seltener eine städtebauliche Entwicklung. Wenn städtebauliche Maßnahmen zum Tragen kommen, erfolgen diese meist als Nachverdichtung. Wenn diese Nachverdichtung einen typologischen Umbau von der Zeile zum Block bedeutet, geht damit klassischerweise die Annahme einher, dass die lockere Zeilenbebauung mit den dazwischen liegenden Grünflächen weder in urbaner noch ökologischer Hinsicht leistungsfähig sei. Der Block hingegen wird in der Stadttheorie als „urbane" Typologie behandelt, der aufgrund der hohen Wohndichte und der klar definierten öffentlichen Räume die Eigenschaft zugeschrieben wird, öffentliches Leben produzieren zu können. Gleichzeitig wird aber an der Funktion der Siedlung als nahezu reiner Wohnstandort nicht gerüttelt, denn die für die Produktion von Stadt nötigen Funktionen stehen am Wohnstandort Siedlung nicht zur Verfügung. So entsteht ein bloßes Bild von Stadt, die aber keine Stadt ist, sondern Siedlung bleibt. Dieser Prozess wurde analog schon im Theorieteil beschrieben. Sinnvoller, als dem Raum simplifizierende Allgemeinlösungen überzustülpen ist es, die Potenziale der vorhandenen Raumtypologie und die geltenden Bedingungen genau zu betrachten und zielgerichtet spezifische, angepasste Lösungen zu entwickeln.

Die Siedlungen in Zeilenform werden gemeinhin nicht als Orte kollektiven Lebens und performativer Teil eines städtischen Organismus betrachtet. Grund dafür ist vor allem, dass die Typologie Zeile per se als nicht-städtisch gilt. In der vorliegenden Publikation hingegen wird der Gedanke verfolgt, dass die Siedlungen in Zeilenform sowohl im Hinblick auf ein Kollektivleben in der Siedlung als auch auf eine nachhaltige Stadtentwicklung sehr viel mehr leisten können, als sie es tun. Die großzügig vorhandenen Grünräume spielen dabei eine Schlüssel- und Trägerrolle, gemeinsam mit der Stärkung des Wohnumfeldes durch die Ansiedlung neuer Funktionen. Die Siedlung bleibt trotz der Stärkung des Wohnumfeldes allerdings Siedlung und wird nicht „Stadt" beziehungsweise „Innenstadt". Vielmehr ist es das Ziel, die Siedlungen als Stadtraum eigener Kategorie zu behandeln. Dabei gilt es, neuen Bedingungen aufgrund des demografischen Wandels und einer mittlerweile eingetretenen interkulturellen Mischung sowie aktuellen Anforderungen an soziale wie ökologische Nachhaltigkeit zielorientiert und vorsorglich steuernd zu begegnen.

SOZIALE MISCHUNG

Aus gesellschaftlicher Sicht ist es wenig wünschenswert, dass sich die bestehende Tendenz der sozialen wie ethnischen Entmischung fortsetzt oder gar verstärkt. Integration verschiedener Generationen, sozialer Schichten und Migrationshintergründe sind eine Voraussetzung, wenn unsere Gesellschaft langfristig erfolgreich und friedlich miteinander leben möchte. Soziale Integration ist ohne räumliche Integration kaum vorstellbar. Ein Typologiemix mit unterschiedlichen Wohnungsgrößen und -zuschnitten, Gebäude mit unterschiedlichem Sanierungsstand und/oder Ausbaustandard sind Mittel, um eine gesellschaftlich repräsentative Bewohnermischung zu erzielen. Dem Außenraum kommt die Aufgabe zu, als kollektiver Raum wirksam zu werden, den verschiedenen Gruppen in der Siedlung Aktionsraum anzubieten und Begegnungen zu ermöglichen.

ALTENGERECHTES WOHNEN

Da der Anteil der Alten in der Gesellschaft steigt, ist der altengerechte Ausbau der Wohnungen eine wichtige Maßnahme, die vielerorts schon angewandt wird. Mit dem Ausbau der Wohnungen ist es allerdings nicht getan. Die monofunktional angelegten Siedlungen erzwingen derzeit Mobilität, sei es zum Einkaufen, für Arztbesuche, für Freizeitaktivitäten. Das Internet bietet hier sicherlich Möglichkeiten (zum Beispiel Online-Einkauf, soziale Kontakte in den sozialen Netzwerken), diese können den Realraum aber nicht vollständig ersetzen. Es müssen neue Formen der Nahversorgung, Serviceleistungen eingeschlossen, entwickelt werden, zum Beispiel als Servicestationen innerhalb der Siedlungen.[1] Auch diese könnten Treff- und Kommunikationspunkte werden.

FAMILIENWOHNEN

Bezahlbarer Wohnraum ist für Familien rar, zumindest in den Ballungsräumen. Sie sind eine weitere Zielgruppe für die Siedlungsentwicklung. Der große, meist autofreie Grünanteil der Siedlung stellt ein großes Potenzial für Familien dar. Die Wohnungen sind aus heutiger Sicht beengt und sollten – sofern sie nicht unter dem Stichwort Suffizienz entwickelt und vermarktet werden – zusammengelegt beziehungsweise vergrößert werden. Insbesondere für Familien, in denen beide Elternteile arbeiten, oder für Alleinerziehende ist der Ausbau von Serviceleistungen eine wesentliche Voraussetzung, damit die Siedlungen attraktiv werden. Sie sind auf nahgelegene Kitas, Einkaufsmöglichkeiten und Freizeitangebote angewiesen, um sich lange, zeitintensive Wege zu ersparen und den Kindern früh eigene Bewegungsmöglichkeiten einräumen zu können.

FUNKTIONSMIX

Die Siedlungen eignen sich nicht für einen umfassenden Funktionsmix sowie die Integration „echter" öffentlicher Funktionen, die es ihnen erlauben würden, autark zu funktionieren. Sie werden sich nicht zu eigenen kleinen Städten umfunktionieren lassen. Aber es können das Wohnen ergänzende Funktionen integriert werden. Dies betrifft zuvorderst die Aktivierung kollektiver Siedlungsräume, den Ausbau notwendiger Serviceeinrichtungen insbesondere für Senioren und Familien, den Erhalt und Ausbau der Nahversorgung in den Siedlungen sowie bedingt die Ansiedlung des Faktors Arbeit. Vorstellbar sind Wohn-Arbeitstypologien, Praxen, Coworking-Spaces. Ziel wäre also eine Teilautonomie hin zu „mehr als Wohnen", die Wege einspart und das Sozialleben in den Siedlungen katalysiert.

KOLLEKTIVE RÄUME

Kollektive Räume bieten Gelegenheiten für beiläufige soziale Interaktionen, wie das Gespräch mit den Nachbarn im Treppenhaus, den Klatsch beim Nahversorger und in der Servicestation. Sie bieten aber auch Raum für „Freizeitfunktionen". Spielplätze für kleinere Kinder sorgen schon jetzt für Begegnung und Kommunikation. Raum für größere Kinder und Jugendliche muss noch geschaffen werden, hier sind Fußball- oder Basketballfelder, Bahnen zum Inline-Skaten,

---

[1] Beispiel eines alternativen Nahversorgungskonzeptes: DORV UG aus Jülich: www.dorv.de

Rampen für das Skateboarden, aber auch weitere Aktivflächen, die als Treffpunkt dienen können. Auch Gemeinschaftsräume könnten einen positiven Beitrag zur Stärkung des Kollektivlebens in der Siedlung leisten. Insbesondere für die Alten wären Vereinsräume, die zugehörigen Aktivitäten eingeschlossen, wünschenswert. Insgesamt wäre die Organisation von Festen und Veranstaltungen für die Stärkung des Siedlungskollektivs hilfreich. Mieter- oder auch Gemeinschaftsgärten könnten die Aktivitätsrate erhöhen. Vor allem die Außenräume haben großes Potenzial, dem Kollektivleben der Siedlungen Platz zu bieten. Sie sind offen, einsichtig, und können beiläufig genutzt werden.

NACHHALTIGKEIT

Neben der sozialen Funktion sind die Außenräume in ökologischer Hinsicht wertvoll. Sie sollten zu einem Mehr an „ökologischer Leistung" qualifiziert werden: Hierzu ist eine größere Vielfalt an Pflanzen als Voraussetzung für einen größeren Artenreichtum an Insekten und Kleintieren erforderlich. Hecken können einen wertvollen Beitrag zur ökologischen Vielfalt leisten, ebenso wie Nistkästen für Vögel oder die sogenannten Insektenhotels. Wo möglich, sollten die Außenbereiche der Siedlungen zu einem fließenden Grünraum ausgebaut und an übergeordnete Grünzüge und Kaltluftschneisen angebunden werden. Um dies zu erreichen, sollten Parkplätze aus den Siedlungen beziehungsweise Grünräumen herausgeschnitten und an anderer Stelle – sofern notwendig – kompakter gebündelt neu angelegt werden. Aber auch Fuß- und Radwegeverbindungen durch die Siedlungen könnten hier unterstützend wirken. Daneben könnten modale Verkehrssysteme mit Carsharing-Stationen, Elektroaufladestationen, öffentlichen Rädern, einer Bushalte- oder S-Bahnhaltestelle weitere Bestandteile eines intelligenten Mobilitätskonzeptes sein. Alternativen zum Auto, eine Funktionsmischung mit einem vernünftigen Angebot an Nahversorgung, Freizeitmöglichkeiten vor Ort, aber auch bessere Wärmedämmung der Häuser sind elementare Bausteine der Energieeinsparung in den Siedlungen.

Gerade die energetische Sanierung durch den Einsatz von Wärmedämmverbundsystemen ist gängige Praxis. Städtebauliche Maßnahmen in diesem Bereich umfassen meist die Nachverdichtung. Beide bedienen nicht nur ökologische, sondern auch ökonomische Interessen. Sie durchzusetzen war und ist relativ einfach; sie sind mittlerweile Standard. Schwieriger ist es, den urbanen und nachhaltigen Umbau mit der erwünschten Mischung der Funktionen Arbeiten, Wohnen, Nahversorgung und Freizeit sowie den Ausbau intelligenter Mobilitätskonzepte mit Alternativen zum Auto umzusetzen. Dieser Prozess gestaltet sich zäh, denn hier werden nicht unmittelbar wirtschaftliche Interessen bedient, im Gegenteil: Maßnahmen wie der Ausbau des ÖPNV und die Einführung intelligenter Mobilitätssysteme kosten die öffentliche Hand wie auch die Siedlungseigentümer Geld, und gerade in den Gemeinden, in deren Hoheit die Stadtentwicklung liegt, ist dieses rar. Es müssen Möglichkeiten gefunden werden, auch diese Themen verstärkt anzugehen und dazu ist es notwendig, die Rollen und Aktionsfelder der einzelnen Akteure zu beleuchten.

AKTEURE EINER STRATEGISCHEN BESTANDSENTWICKLUNG

Zum sozialen wie ökologischen Ausbau der Siedlungen unter dem Stichwort der strategischen Bestandsentwicklung müssen die beteiligten Akteure nicht nur ihre eigenen Profile erweitern, sondern darüber hinaus verstärkt miteinander interagieren. Warum sollten sie dies tun beziehungsweise wo sind solche Prozesse schon erkennbar?

WOHNUNGSBAUGESELLSCHAFTEN / EIGENTÜMER

Die Nachkriegssiedlungen sind überwiegend in der Hand von Wohnungsbaugesellschaften und diese sind nicht alle gemeinnützig, sondern arbeiten zuvorderst gewinnorientiert. Geld verdient wird über die Vermietung von Wohnraum. Es ist naheliegend, sich in diesem Sinne auch nur mit diesem zu befassen. Das Management der Siedlung als Kollektivraum hingegen bringt zunächst Arbeit mit sich, bei welcher der wirtschaftliche Nutzen nicht unmittelbar erkennbar ist. Dieser Gedanke greift allerdings zu kurz. Über die Gestaltung nicht nur der Wohnung, sondern darüber hinaus auch des Wohnumfeldes kann die Wohnzufriedenheit gesteigert und können Bewohner an die Siedlung gebunden werden. Über die strategische Bestandsentwicklung der Siedlungen können die Wohnungsbaugesellschaften die gewünschte Bewohnerstruktur stärker steuern und aktiv Neumieter akquirieren. Sie können dies vorsorglich tun, anstatt auf Problemstellungen zu warten, welche die Handhabung der Siedlungen erschweren, aber vor allem auch den Marktwert ihres Wohnungsbestandes senken. Letztlich bedeutet das den Schritt von der passiven Verwaltung, welche den Weg des geringsten Widerstands geht (es ist einfacher, ein Schild aufzustellen, dass Fußballspielen verbietet, als das Fußballspielen an geeigneter Stelle zu ermöglichen), hin zur Verwaltung, die sich als aktives Management versteht, um nachhaltig attraktiven und darüber hinaus auch wirtschaftlich erfolgreichen Wohnraum anbieten zu können. In diesem Sinne ist die strategische Bestandsentwicklung auch nie „fertig", sondern ein Prozess mit periodischem Handlungsbedarf.

Wenn eine Siedlung komplett in der Hand einer Wohnungsbaugesellschaft liegt, hat diese relativ freie Hand in der Entwicklung dieser Siedlung. Komplizierter wird es, wenn die Siedlungen, was meist der Fall ist, verschiedenen Eigentümern gehören. Hier müssen Formen gefunden werden, wie sich diese als Kollektiv organisieren und gemeinsame Ziele definieren lassen.

ÖFFENTLICHE HAND / STADTPLANUNG

Solche eigeninitiierten städtebaulichen Entwicklungsprozesse sind ohne den Einbezug der öffentlichen Hand nicht zu realisieren. Schließlich sind die öffentlichen Flächen wie Straßen, Plätze, Parks oder auch Schulen und Kindergärten kommunales Eigentum. Zudem besitzen die Städte Planungsknow-how und können nicht nur als Kooperationspartner auftreten, sondern auch Prozesse als Moderatoren begleiten.

Doch auch für die Stadtplanung gilt es zunächst den Begriff der „strategischen Bestandsentwicklung" als aktives Management des Raumes stärker als Haltung zu verinnerlichen. Angesichts der demografischen Prognosen ist für die Zukunft nicht mehr von einem generellen Flächenwachstum auszugehen, welches aus ökologischen Gesichtspunkten ohnehin problematisch ist. Vielmehr wird der Umbau der vorhandenen Bausubstanz, sei es in den Innenstädten oder der Zwischenstadt, eine sehr viel größere Rolle spielen. Seit die ganzheitliche Entwicklungsplanung der 1960er Jahre als gescheitert angesehen wird, hat die Stadtplanung über Dekaden ihre Aufmerksamkeit vorwiegend auf Ausschnitte von Stadt und einzelne Projekte gelegt: auf Soziale-Stadt-Programme, innerstädtische Bestandsentwicklung oder innerstädtische Konversionsareale und vor allem auf die Stadterweiterung mit der Anlage von Neubaugebieten. Neben der klassischen Aufgabe, Wachstum zu bewältigen, konzentriert sich die Planung damit entweder auf von ihr wertgeschätzte Teile von Stadt oder auf Problemzonen. Damit ist aber kein ganzheitlicher Stadtumbau möglich. Im Sinne einer strategischen Bestandsentwicklung der Städte gilt es auch Räume im Auge zu behalten, die weder im Zentrum des Interesses stehen noch größere Probleme bereiten,

[2] Beispiele für eine gesamtstädtische Betrachtung sind beispielsweise die Leitbildentwicklungen der letzten Jahre wie Karlsruhe 2015 oder auch der Masterplan Köln.

wie zum Beispiel der Großteil der Siedlungen der Nachkriegszeit. Erst in neuerer Zeit hat sich ein Bewusstsein für die Notwendigkeit entwickelt, Städte ganzheitlich zu betrachten und Einzelprojekte in einen größeren, gesamtstädtischen bis regionalen Zusammenhang einzuordnen. Viele Städte frischen ihre gesamtstädtischen Leitbilder auf, kommen zurück auf den gesamtstädtischen Masterplan oder stellen einen integrierten Stadtentwicklungsplan auf.[2]

Auf den Theorieteil dieser Publikation zurückgreifend, soll hier noch einmal angemerkt werden, dass es auch bei einer gesamtheitlichen Betrachtung von Stadt wenig zielführend ist, diese mit einer homogenen, die Unterschiedlichkeit der Substanz nicht beachtenden Einheitslösung zu überziehen. Die Stadtplanung hat in den vergangenen Jahren immer und immer wieder die städtebauliche Verdichtung als Hauptziel urbanistischen wie ökologischen Wirkens propagiert und diese für so ziemlich jede Situation in Ansatz gebracht. Eine solche Haltung wird die einseitige Konzentration der Planung auf die Innenstädte weiter fortführen, ohne Lösungen für anders geartete Räume wie die der Zwischenstadt oder auch der Nachkriegssiedlungen parat zu haben. Ziel einer Gesamtplanung muss der differenzierte, Alternativen einschließende Umgang mit dem vorhandenen divergierenden Raum sein. Das heißt zum Beispiel Verdichtung und Offenhalten der Räume als simultane Verfahren in unterschiedlichen Teilen der Stadt oder auch des Stadtquartiers.

BEWOHNER

Wenn das Kollektivleben der Siedlungen gestärkt werden soll, müssen die Bewohner in der Betrachtung der Thematik natürlich einbezogen werden. Sie sind die Adressaten einer Bestandsentwicklung. Sie müssen die Siedlungen beleben. Insofern sind die Bewohner an dem Prozess der Bestandsentwicklung sinnvollerweise zu beteiligen. Partizipation spielt eine immer größere Rolle in der Planung, und auch Wohnungsbaugesellschaften gehen neue Wege, um die Bewohner zu aktivieren. Letzteren müssen Brücken gebaut werden, damit sie sich in den Planungsprozess einbringen, aber auch den Siedlungsraum aktiv nutzen können.

Selbst wenn Partizipation inzwischen eine wichtige Rolle in der Planung spielt, findet diese oft im Rahmen einer hoheitlichen Planungsstruktur statt. Die Bewohner werden bei anstehenden, von der Planung initiierten, unter ihrer Kontrolle befindlichen Projekten und Prozessen involviert. Seltener werden in der Stadt von Bewohnern initiierte Prozesse aufgegriffen und gestärkt. Eine Möglichkeit hierzu ist es, Baugruppen Raum zu bieten, ihr Wohnprojekt zu verwirklichen, zumal die Baugruppen häufig etwas für das Quartier leisten wollen und Gemeinschaftsorte kreieren.

ANWENDUNGEN AUS DER PRAXIS

Mögen die bislang beschriebenen Ziele einer strategischen Bestandsentwicklung im Ganzen genommen vielleicht wie ein Wunschzettel wirken, so sind sie doch an manchen Stellen bereits Planungsrealität, sei es, dass einzelne Aspekte aus den genannten Bereichen Anwendung finden, sei es, dass mehrere Aspekte nutzende integrative Strategien verfolgt werden.

Im Folgenden sollen einige Beispiele für Umsetzungen vorgestellt werden. Dabei geht es nicht vorrangig um eine Darstellung von Best-practice-Architekturbeispielen. Vielmehr sollen stadträumliche, strukturelle und soziale Aspekte betrachtet werden, etwa eine gelungene Akteurskonstellation oder an anderer Stelle das Aktivieren von bestehenden Räumen oder die Möglichkeit der Nachverdichtung. Es soll aufgezeigt werden, wie sich die nicht unmittelbar räumlich wirkenden Ziele in realisierten Projekten beziehungsweise „gebauten Räumen" wiederfinden.

Ein Projekt, das sich durch eine innovative Akteurskonstellation auszeichnet, aber auch durch eine andere Zielebene, nämlich die Anpassung der Siedlungsräume an Nutzergruppen, ist das Josefsviertel in Moers.

AKTEURE UND NUTZERGRUPPEN

Wie bereits dargestellt, sind nicht nur ein guter Entwurf oder eine begünstigte Lage für eine tragfähige Bestandsentwicklung entscheidend: Besondere Bedeutung kommt dem Zusammentreffen der unterschiedlichen am Prozess beteiligten Akteure zu. Bei dem aus den 1960er Jahren stammenden Josefsviertel in Moers wurde ein Wettbewerb ausgeschrieben mit dem Ziel, das Wohnangebot im bestehenden Preissegment der Bestandsbauten zu erweitern. Über 35 Prozent der Bewohnerinnen und Bewohner im Quartier haben einen Migrationshintergrund. Zudem ist das Josefsviertel der kinderreichste Stadtteil von Moers mit im gesamtstädtischen Vergleich überdurchschnittlich vielen Arbeitslosen, Sozialhilfeempfängern sowie Schülerinnen und Schülern, die einen niedrigen Bildungsstand aufweisen. Interessant ist, dass dieser Wettbewerb zur barrierefreien Wohnraumanpassung und zur Nachverdichtung des Quartiers vom Quartiersmanagement unter Beteiligung der Bewohnerinnen und Bewohner initiiert wurde. Sie waren unter anderem als Bürgervertreter Teil der Wettbewerbsjury.

Das Stadtteilmanagement hat seit Anfang der 2000er Jahre im Rahmen des Programms „Soziale Stadt" kontinuierliche Arbeit geleistet – vom integrierten Handlungskonzept über kleine Bausteine wie eine Stadtteilzeitung, ein Stadtteilfest, die Einrichtung eines Stadtteilhauses und einer Fahrradwerkstatt bis hin zu dem eingangs erwähnten Realisierungswettbewerb.

WOHNUNGSBAU ALS TESTFELD

Wohnungsbaugesellschaften, denen weite Teile von Stadt gehören, sind ein wichtiger Akteur im nachhaltigen Umbau unserer Städte. Mit „Mehr als Wohnen" haben sich die Wohnungsbaugesellschaften ein kooperatives Instrument geschaffen, das nicht nur Diskurs erzeugt, sondern auch testet, wie ein solcher sozialer und nachhaltiger Umbau vor dem Hintergrund wirtschaftlichen Handelns möglich wird.

Die Schweiz hat eine lange Tradition gemeinnützigen Wohnungsbaus. Anlässlich des 100-jährigen Jubiläums dieser Institution haben sich über 50 Wohnungsbaugenossenschaften zu einem Pilotprojekt zusammengetan und eine neue Genossenschaft gegründet: „Mehr als Wohnen" versteht sich „als Innovations- und Lernplattform für die gesamte Genossenschaftsbewegung". „Sie soll ermöglichen, gemeinsam Erkenntnisse zu sammeln, Neues auszuprobieren und neue Wege zu gehen." Ein solcher neuer Weg war die Entwicklung des Hunziger-Areals in Zürich, wo verschiedene Architekten eingeladen wurden, in einem kooperativen Prozess eine Siedlung zu entwickeln, die sozial und ökologisch nachhaltig strukturiert ist. Die Ergebnisse des Prozesses wurden unter anderem in einem Buch dokumentiert und damit der Öffentlichkeit zugänglich gemacht.[3] Hier werden nicht nur der Siedlungsraum, sondern auch die Methodik und der Prozess der Entwicklung vorgestellt. Über Interviews mit Schlüsselbeteiligten werden Potenziale und Probleme der getesteten Verfahrensweise präsentiert.

Ebenso prozessual gedacht ist das Weltquartier in Hamburg, das an dieser Stelle aber als Beispiel für eine Nutzerorientierung in der Planung dienen soll.

PARTIZIPATION DER BEWOHNER

Bei der Transformation des Weltquartiers Wilhelmsburg stand ein integrativer Ansatz im Umgang mit Bestehendem im umfassenden Sinne des Wortes im Mittelpunkt. Die Entwicklung neuer Raumtypen und Nutzungsprogramme geht einher mit kulturellen Aktivierungsstrategien und einer stetigen kooperativen

---

[3] Vgl. hierzu: Hugentobler, Margrit et al. (Hg.): *Mehr als Wohnen. Genossenschaftlich planen – ein Modellfall aus Zürich.* Basel 2016

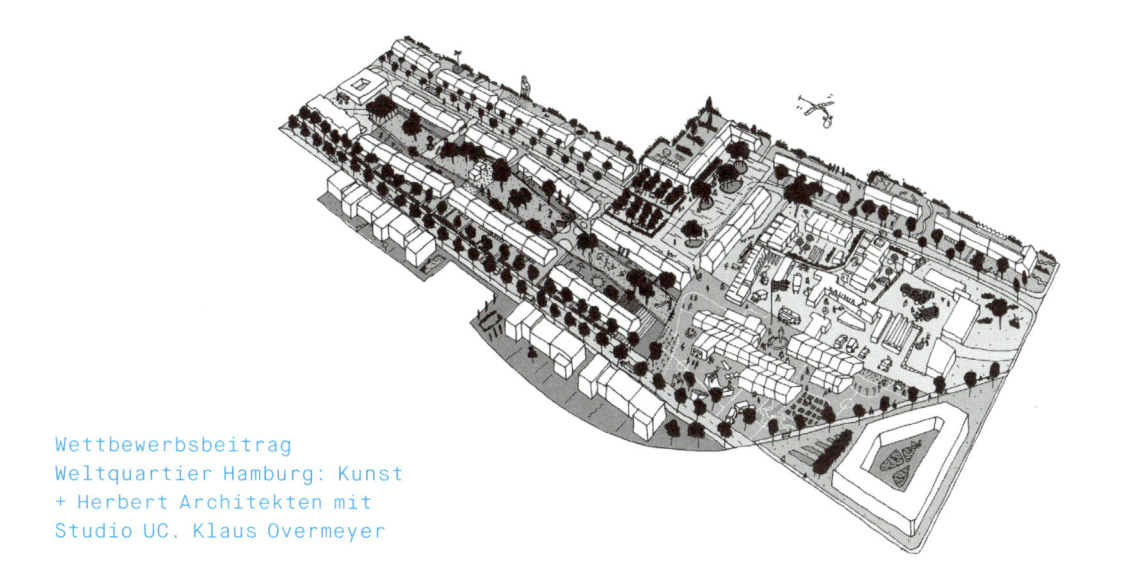

Wettbewerbsbeitrag
Weltquartier Hamburg: Kunst
+ Herbert Architekten mit
Studio UC. Klaus Overmeyer

Miteinbeziehung der Anwohnerschaft und deren individuellen beziehungsweise kollektiven Bedürfnissen. So wurde unter anderem angestrebt, dass die Bewohner nach der Sanierung in ihr Quartier zurückkehren.

Der Wettbewerbsbeitrag von Kunst + Herbert Architekten in Zusammenarbeit mit Studio UC. Klaus Overmeyer und KunstRepublic als künstlerische Berater sieht eine städtebauliche Konzeption basierend auf der Neugestaltung besonderer Orte wie den Eingangssituationen vor. In Kooperation mit den Bewohnern soll ein lebhaftes Quartier mit charakteristischen Merkmalen statt einer Aneinanderreihung monotoner Raumtypen entstehen. Dabei erscheint es wichtig, private, gemeinschaftliche und nutzerspezifische Räume derart voneinander abzugrenzen, dass die Freiräume dazwischen im Sinne geeigneter Rückzugs- aber auch kommunikativer Austauschmöglichkeiten vielfältig genutzt werden. Eine stabile, charakterstarke sowie identitätsstiftende Basis inmitten des Weltquartiers war notwendig, um die Bewohner zu binden. Der aus unterschiedlich großen Gewächshäusern bestehende sogenannte Kristallpalast lädt zur Nutzung durch Kleinökonomien wie Basare, Handwerksleistungen, Reparaturwerkstätten, lokale landwirtschaftliche Erzeuger, Imbisse oder sonstige freizeitlich-gesellschaftlich motivierte Initiatoren ein.

Das Projekt wurde im Anschluss an einen Wettbewerb durch die Preisträger, wie beispielsweise die Kopfbauten durch Gerber Architekten, umgesetzt und 2014 mit dem deutschen Städtebaupreis ausgezeichnet.

NACHHALTIGKEIT – DICHTE

Ebenfalls in Hamburg liegt die, gleichfalls mit Preisen ausgezeichnete Siedlung Altenhagener Weg. Die Siedlung, erbaut in den 1950er und 1960er Jahren im Nordosten der Stadt, war sowohl im Hinblick auf ein einheitliches Erscheinungsbild als auch auf ein harmonisches soziales Gefüge sanierungsbedürftig. Da viele Bewohner seit der Entstehung dort ansässig sind, wurde beabsichtigt, möglichst viele Mieter auch nach den Umbaumaßnahmen weiterhin an die Siedlung

Kopfbauten Weltquartier
Hamburg: Gerber Architekten

Bestand – Erweiterung
Siedlung Altenhagener Weg,
Hamburg: Springer Architekten

zu binden. Hauptsächliche Ziele des architektonischen Konzepts waren eine energetische Bestandssanierung sowie eine gemäßigte Nachverdichtung, um auch größere Wohnungen für Familien anbieten zu können.

Die Gebäudezeilen wurden ursprünglich gemäß dem Leitbild der Nachkriegsmoderne in optimaler Sonnenausnutzung diagonal auf den Grundstücken errichtet. Diese Ausrichtung bildet nach wie vor die Basis der gestalterischen Maßnahmen für Um- und Neubau, die das Ziel verfolgen, innerhalb der Siedlung für Geschlossenheit zu sorgen. Mit der Addition eigenständiger Formen gelingt es aber gleichzeitig, die Siedlung besser in das Quartier zu integrieren. Die mit ihren Eingängen zu den öffentlichen Straßen hin orientierten, nahezu quadratischen Neubauten besetzen die Flächen, welche an den Grundstücksrändern bisher als Garagenhöfe genutzt wurden. Durch die Neubauten und die Aufstockung der Bestandsbauten können 48 neue Wohnungen entstehen. Viele Mieter können in ihre alten, nun sanierten Wohnungen zurückkehren, während einige auch das Angebot größerer Wohnungen nutzen. Wertvolle Grünflächen bleiben erhalten und fast alle Stellplätze werden in zwei Tiefgaragen verlagert. Trotz erheblicher Umbaumaßnahmen bleibt die gewohnte Nachbarschaft weitgehend erhalten; die nun durchlaufenden Balkonplatten und die damit einhergehende atmosphärische Veränderung sind dem Charakter und der Identität der Siedlung nicht abträglich.

NACHHALTIGKEIT DURCH AUSBAU DES GRÜNRAUMS

Oft sind es auf den ersten Blick nebensächliche Aspekte, die eine strategische Bestandsentwicklung stützen können, wie eine nachhaltig-ökologische Inwertsetzung der Freiräume. Ein einfaches Beispiel für eine solche Aktivierung von Grünräumen ist die Kooperation zwischen dem Bund für Umwelt und Naturschutz Deutschland (BUND) und der Bauverein AG in Darmstadt. Die Liegenschaften des Bauvereins, zu denen zahlreiche Nachkriegssiedlungen gehören, umfassen 30 Hektar Grünflächen. In einem gemeinsamen Projekt hat der Bauverein 100 Nistkästen gestiftet, die der BUND in den Siedlungen der Wohnungsbaugesellschaft aufhängen konnte. Auf die Nistkästen folgte das Programm „Bunte Wiesen" (wie das Projekt vom Bauverein genannt wird), in dem wenig genutzte Grünflächen in selbigen Liegenschaften mit einem Saatgutmix bestellt werden, der Schmetterlinge und Hummeln anzieht. Ziel ist die Erhöhung der Artenvielfalt, die als ein Hauptkriterium gelungenen Naturschutzes gilt. Natürlich ist dies eher ein Initiavprojekt als ein umfassender ökologischer Ausbau der betreffenden Grünflächen.

FUNKTIONSMISCHUNG

Ähnlich kleinteilig ist die folgende Strategie der Raumaktivierung zu verstehen. In vielen Siedlungen stehen Kioske und Geschäfte leer.

Die Nahversorgung ist längst nicht überall gesichert. Orte, die Serviceleistungen für Familien und Alte anbieten sind kaum etabliert. Klassischer Einzelhandel kann sich in den Siedlungen schwerlich halten, doch es gibt Alternativkonzepte, die auch in Siedlungen funktionieren könnten. Das Projekt DORV wurde vorab schon einmal kurz umrissen. Diese Initiative steht für „Dienstleistungen und ortsnahe Rundum-Versorgung". Um der Abwärtsspirale der dörflichen Nahversorgung Einhalt zu gebieten, wurden unter dem Stichwort einer multidimensionalen Nahversorgung verschiedene Zweige der Nahversorgung wie zum Beispiel ein Bäcker, ein Metzger, ein Tante-Emma-Laden, eine Bank, aber auch ein Reisebüro und ein Café kombiniert und zu einem kleinen Ortsteilzentrum ausgebaut. Die Initiative hat sich in einem dörflichen Kontext als Reaktion auf den dortigen Nahversorgungsnotstand gebildet und wird vorwiegend auf ehemals funktionsgemischte Gebiete angewandt. Das Modell lässt sich aber auf die Nachkriegssiedlungen übertragen, zumal sich Serviceleistungen wie haushaltsnahe Dienstleistungen, Einkaufsdienste oder auch eine Hausaufgabenbetreuung über eine solche Nahversorgungsstation organisieren lässt. Ein Beispiel für die Ausweitung der Nahversorgung um eine Dienstleistung ist das DORV-Projekt in Eisental, wo man mit einem Sozialträger kooperiert, um einen Mittagstisch anbieten zu können.[4]

Die Funktionsmischung zielt nicht nur auf die Absicherung der Nahversorgung und die Verbesserung des Wohnumfeldes ab, sondern auch darauf, Nachbarschaft und Kommunikation zu stiften. Es werden „kollektive Räume" geschaffen. Dieses Ziel kann auch über räumliche Strategien verfolgt werden, wie das nachfolgende Beispiel veranschaulicht.

KOLLEKTIVE RÄUME

Die Außenräume der Siedlungen spielen in der Raumaktivierung eine herausragende Rolle. Sowohl den Straßen und Wegen als auch den Grünflächen fehlt es dabei an zusätzlichen Dimensionen jenseits der einen Funktion. Ein Beispiel für die Anreicherung der Außenräume ist der landschaftsplanerische Teil des Colville-Estate-Projektes im Londoner Stadtteil Hackney, der von muf architecture/art bearbeitet wird. Hier werden öffentliche Flächen durch Nachverdichtung zunächst verknappt. Die verbleibenden Freiflächen werden fast vollständig bespielt, Nutzungen werden dabei überlagert. So schieben sich private Terrassen als Plateaus auf die Bürgersteige. Es entsteht eine Kommunikationsfläche zwischen den Nachbarn und Passanten. Ähnlich wird mit dem Streifen für die seitlich parkenden Autos verfahren. Hier schieben sich Bäume und Pflanzflächen für Guerilla Gardening als Pufferzone zwischen die parkenden Autos. Durch beides, die privaten Terrassen und die Guerilla-Pocketgärten, wird eine visuelle Erlebnisdichte und eine höhere Nutzbarkeit bei voraussichtlich mehr Kommunikation erzeugt.

Ähnlich funktionieren die privaten Vorgärten, denen eine halböffentliche Grünfläche mit Bäumen und Pflanzbeeten vorgeschaltet wird. Beide, privater Vorgarten wie halböffentliche Vorzone, sind von einem Zaun umgeben, wobei die halböffentliche Zone zur zentralen öffentlichen Grünfläche hin ein offenes U bildet. In einem Hof, auf dem die öffentliche Fläche durch private Gärten verknappt ist, wird die verbleibende Fläche mehrdimensional bespielt. Eine zentrale Grünfläche, die mit einem Baum, Büschen, Blumen und Rasen bepflanzt ist, dient als Spiel- und Kommunikationsraum. Die Kante, welche die leicht erhöhte Fläche umfasst, wird an manchen Stellen zur Bank, auf der man sitzen, sich ausruhen und reden kann.

---

[4] Vgl. hierzu die Website der DORV UG aus Jülich: www.dorv.de

Anreichern des Straßenraums:
muf architecture/art

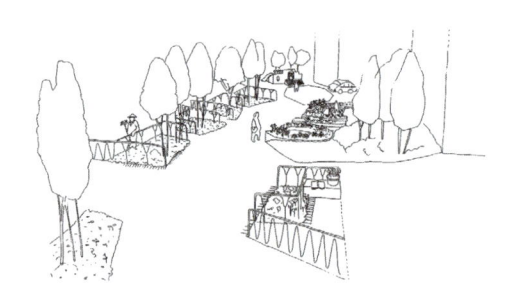

Frontgärten mit Flexizone:
muf architecture/art

Alle drei Flächen funktionieren nach demselben Prinzip. Private, halböffentliche und öffentliche Bereiche stoßen räumlich aufeinander. Sie sind so gestaltet, dass sie zu spezifischen Nutzungen, zum Beispiel dem Guerilla Gardening, einladen. Die Flächen sind einander so zugeordnet, dass sie einen Kommunikationsraum bilden. Von den privaten Flächen geht eine soziale Kontrolle der öffentlichen Bereiche aus, es wird Nachbarschaft kreiert.

Diese und andere Beispiele zeigen auf unterschiedliche Weise, dass strategische Bestandsentwicklung in der Anwendung nicht immer das große Projekt bedeutet. Kleine, mikroräumliche Interventionen, oft auf Nachbarschafts-

maßstab, können sehr wohl strategisch eingesetzt werden und Siedlungen stärken, steuern und für die Zukunft umprogrammieren.

ÜBERLAGERUNG

Ein Projekt, das etwas umfassender dem vorab dargelegten Gedanken der strategischen Bestandsentwicklung folgt, ist das Projekt der Nordweststadt Frankfurt.

Die Stadt Frankfurt am Main beabsichtigte mit einem Wettbewerb im Jahr 2011 die Nordweststadt, eine Großsiedlung aus den 1960er Jahren, behutsam weiterzuentwickeln und zu ergänzen und damit zeitgemäß auf die sich ändernden Anforderungen an Wohnen und Wohnumfeld zu reagieren. Die Nordweststadt ist ursprünglich als sozialräumlich stimmiges Gefüge geplant und realisiert worden. Heute ist daraus, wie in den allermeisten anderen Fällen auch, ein differenzierter Stadtteil mit unterschiedlichsten Eigentümer- und Mieterstrukturen geworden, der allerdings bei den Bewohnern immer noch sehr beliebt ist.

Das im Wettbewerbsverfahren mit dem ersten Preis ausgezeichnete Projekt des Berliner Büros ANNABAU ist eine gezielte Neuordnung und Strukturierung der Grünräume und des sogenannten kleinen Zentrums der Nordweststadt in Frankfurt am Main. Im Sinne der Weiterentwicklung der Idee der gegliederten, aufgelockerten Stadt der Nachkriegsmoderne wird

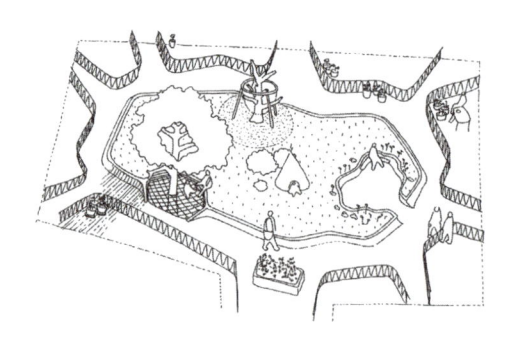

Hof mit Spiel- und Freizeitfläche: muf architecture/art

Ausschnitt Lageplan
Nordweststadt: ANNABAU

zum einen ein räumlich eigenständiger Städtebau für die Nachverdichtung des Siedlungsrandes vorgeschlagen – und zum anderen die bestehende Bebauung behutsam nachverdichtet. Die Struktur des Nachkriegsstädtebaus wird fortgeschrieben. Die schon im Plan der Nordweststadt von Walter Schwagenscheidt vorgesehen, auf der Idee seiner Raumstadt basierenden „Wohnzellen" werden aufgegriffen und als Wohnhöfe geplant und weiterentwickelt.

Das Projekt von ANNABAU fasst, wie sich am nebenstehenden Lageplan ablesen lässt, jede Wohnzelle gestalterisch zu einer Insel im übergeordneten Grünraum zusammen. Der ehemals undifferenzierte Übergang von öffentlichem und privatem Raum wird klarer ablesbar und die Räume werden eindeutig einer von beiden Sphären zugeordnet. Privatgärten werden den Wohnungen der Erdgeschosszone direkt angegliedert; weitere Grünräume werden den Bewohnern der Obergeschosse zugänglich gemacht. Durch diese Zonierung des Privaten und das dadurch ermöglichte Zusammenfassen großzügiger und zusammenhängender öffentlicher Freiräume gelingt es, den stark unternutzten Freiräumen der Nordweststadt eine neue Wertigkeit zu geben.[5] Freiräume, die heute nur noch quantitativ grün sind, gewinnen neue Qualität. So wird der Baumbestand in den Wohnhöfen teilweise zurückgenommen. Demgegenüber wird der Baumbestand im Park erhalten, Sträucher werden entfernt und Bäume aufgeastet, um das Landschaftsbild klarer herauszuarbeiten.

Der Entwurf ist ein gutes Beispiel einer relativ umfassenden strategischen Bestandsentwicklung, welche die vorhandene Struktur innovativ weiterentwickelt und der Siedlung neues Leben einhaucht.

[5] Vgl. hierzu: Harnack, Maren: „Die Inneren Werte". In: bauwelt 40/2014, 2014, S. 26

INSTRUMENTE UND MITTEL

WERKZEUGKASTEN

Im Folgenden werden eine Reihe von Instrumenten vorgestellt, mit welchen sich die oben benannten Ziele strategisch verfolgen beziehungsweise umsetzen lassen. Der Schwerpunkt liegt dabei auf räumlichen und programmatischen Interventionen.

Die einzelnen Instrumente werden begrifflich gefaßt, mit einem Icon und Diagramm versehen und in einer Übersicht aufgelistet. Nachfolgend wird jedes einzelne Instrument mit einer Kurzbeschreibung, der Darstellung der Motivation/Ziele, einer Bewertung und anhand von Maßnahmenbeispielen näher erläutert.

Die Instrumente bilden einen Werkzeugkasten, der fallabhängig variierend eingesetzt werden kann. Die Instrumente lassen sich nicht losgelöst vom jeweiligen Kontext, der jeweiligen Siedlung mit den ihr eigenen Potenzialen, ihrer Morphologie, Bebauung, ihren Freiräumen sowie ihren Nutzungsmustern in Ansatz bringen. Diese sind in der nachfolgend beschriebenen Anwendung als Ausgangspunkte anzunehmen.

HANDLUNGSFELD ANREICHERN

EIN MASSNAHMENKATALOG

ZIELORIENTIERTES HANDLUNGSFELD

DICHTESPRITZE

LOCKER BLEIBEN!

MEHRFACHKODIEREN

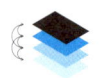

RAUMERZIEHUNG

SPEZIFIZIEREN

VERNETZEN

RÄUMLICHE VERORTUNG	ZIELFORMULIERUNG	MASSNAHME / PROJEKTVORSCHLAG
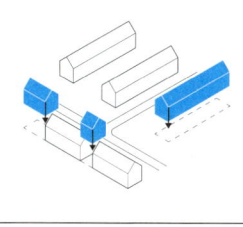	Nachverdichtung bei Schaffung eines Typologiemixes	Neubauten Aufstockungen Ummantelungen
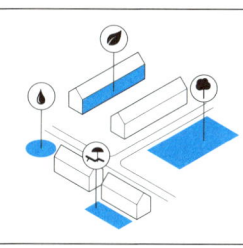	Freiraumbewahrung oder Entdichtung bei Aktivierung des Grünraums	Landschaftsgestaltung Sportangebote, Joggingstrecke ausbauen Private Gärten anlegen Urban Gardening Freiflächen ökologisieren
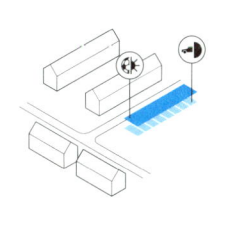	Umprogrammieren durch Mixen Unterschiedliche Nutzungen derselben Fläche Sowohl-als-auch-Gestaltung	Erdgeschosse umwidmen Typologiemix durch neue Häuser Typologiemix durch Umbau Parkplatz als Spielfläche Freiräume sowohl ökologisch als auch funktional aktivieren
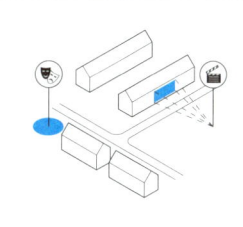	Raum zur Nutzung anregend gestalten Raumnutzungserziehung Coachen Raumwahrnehmungserziehung	Quartiersmanagement Quartiersfest Siedlungsführungen (Heimatkunde) Grillplatz
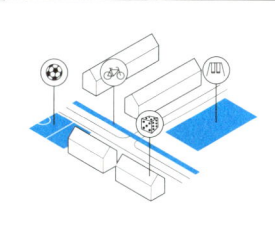	Aufräumen Bestehendes unterstützen / stärken Gentrifizieren Räume definieren Funktionen definieren	Belegung unternutzter Flächen (z. B. mit Mietergärten) Profil der Siedlung einschränken: z. B. Familienstandort schaffen oder Mehrgenerationenwohnen ausbauen
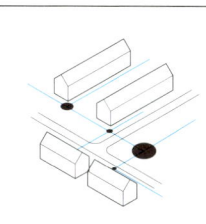	Räume vernetzen (nach innen oder nach außen) Nutzungen vernetzen Menschen vernetzen	Infrastruktur ausbauen Infrastruktur klären Quartiersaktion organisieren Gemeindehaus bauen

STRATEGIE / INSTRUMENTE UND MITTEL

DICHTESPRITZE

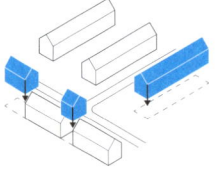

EIN MASSNAHMENKATALOG

MOTIVATION / ZIELE

Kombiniert mit der Ansiedlung neuer Funktionen kann die Verdichtung zu einer Stadt der kurzen Wege beitragen. Die Verdichtung kann die Fortschreibung des Modells der europäischen Stadt bedeuten. Die Nachverdichtung kann die Sanierung des vorhandenen Bestandes mitfinanzieren.

KURZBESCHREIBUNG

Die modernen Zeilenbauten mit den weiten Grünräumen lassen viel Raum für Nachverdichtung.

Neu eingefügte Gebäude können die Siedlungsmorphologie transformieren. Einem Teilabriss kommt die sogenannte Ummantelung gleich, in diesem Fall erhält der Bestand neben einer neuen Hülle auch eine neue Kubatur.

Über die Nachverdichtung können neue Typologien und Wohnungsarten, aber auch ein Funktionsmix entstehen.

BEWERTUNG

Gerade in Städten mit Wachstumsdruck kann die Verdichtung eine sinnvolle Form der Bestandsentwicklung sein. Zudem ist sie als Maßnahme eines nachhaltigen, da Flächen sparenden Städtebaus anerkannt.

MASSNAHMENBEISPIELE

Neubauten, Aufstockungen, Ummantelungen

Beispiel für Aufstockung

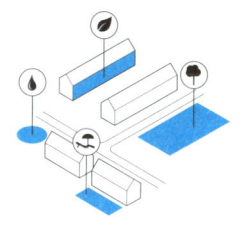

LOCKER BLEIBEN!

MOTIVATION / ZIELE

Mit der Ökologisierung des Grünraums wird das Mikroklima und die Ausbildung von Artenvielfalt unterstützt. Die Aktivierung des Grünraums dient der Freizeitgestaltung und kann darüber hinaus Selbstversorgung, bewussten Konsum landwirtschaftlicher Erzeugnisse und allgemein eine Steigerung der Lebensqualität erzeugen. „Locker bleiben!" ist auch eine Strategie, auf stagnierendes Wachstum oder Schrumpfung zu reagieren.

BEWERTUNG

„Locker bleiben!" hängt vom regionalen Umfeld, dem Wohnungsmarkt des Agglomerationsraums inklusive der Bevölkerungsentwicklungsprognosen ab, aber auch von der Qualität der Außenräume, deren Idenitfikationswert für die Siedlung und der möglichen Rolle des Grünraums in einem größeren Stadtkontext.

MASSNAHMENBEISPIELE

Landschaftsgestaltung, Sportangebote, Joggingstrecke (Sportifikation), private Gärten, Urban Gardening, Ökologisierung der Freiflächen, Vernetzung mit Grünräumen des städtebaulichen Kontexts

KURZBESCHREIBUNG

Die Außenräume der Nachkriegssiedlungen zeichnen sich durch die Quantität an Grünflächen aus. „Locker bleiben!" meint, diese zu erhalten, gegebenenfalls zu erweitern und funktional wie ökologisch zu aktivieren. Das Leitbild der Stadtlandschaft wird gegenüber der Nachkriegsmoderne insofern verändert, als der Grünraum zum Aktions- und öffentlichen Raum wird.

Beispiel für Außenraumanreicherung

STRATEGIE / HANDLUNGSFELDER

MEHRFACHKODIEREN

EIN MASSNAHMENKATALOG

Gestaltung der Elemente kann Aneignung anregen, aber auch zur Identifikation mit der Siedlung beitragen.

MOTIVATION / ZIELE

Mehrfachkodieren zielt darauf ab, die Monostrukturen der Siedlungen aufzubrechen und somit mehr als Wohnen zu ermöglichen. Aneignungsmöglichkeiten der Bewohner werden mitgedacht und provoziert.

Durch Nutzungsüberlagerungen lässt sich „Urbanität" erzeugen.

BEWERTUNG

Die Kritik an den Nachkriegssiedlungen bezieht sich häufig auf deren Monostruktur. Eine Mehrfachkodierung ist von grundsätzlichem Wert. Mehrfachkodieren ist ein sehr grundlegendes Instrument, das viel mit dem übergeordneten Ziel der Anreicherung der Siedlungen zu tun hat.

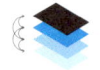

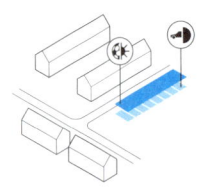

KURZBESCHREIBUNG

Mehrfachkodieren bedeutet, einem Element, einem Grünraum, einer Straße oder auch einem Haus mehr als nur eine Lesart und Funktion zu geben.

So kann eine andere Funktion, wie zum Beispiel ein Gemeinschaftsraum oder eine gewerbliche Nutzung, in die Erdgeschosszone eines Wohnhauses integriert werden. Ein Grünraum kann sowohl ökologisch aktiviert werden als auch Freizeitnutzungen aufnehmen. Die

MASSNAHMENBEISPIELE

Erdgeschosse umwidmen, Typologiemix durch neue Häuser, Typologiemix durch Umbau, Parkplatz als Spielfläche, Gestaltung, die zur Aneignung anregt

Beispiel für Parkplatz als Spielfläche

RAUMERZIEHUNG

Blick der Bewohner auf ihre Siedlung zu schärfen, ist ein mögliches Mittel der „Raumerziehung". Kommunikation ist wesentlicher Bestandteil dieses Instruments. Eine etablierte Form der Raumerziehung ist das Quartiersmanagement.

MOTIVATION / ZIELE

Ziel ist, Identität zu stiften, die Nachbarschaft zu stärken, Kommunikation zu erzeugen und den Menschen zu ermöglichen, mehr Lebensbereiche in der Siedlung selbst abzudecken.

BEWERTUNG

Die „Raumerziehung" ist ein sinnvolles Instrument, Aktivitäten in der Siedlung anzustoßen. Eine Verstetigung tritt nur dann ein, wenn die Vernetzung mit lokalen Akteuren hergestellt wird.

MASSNAHMENBEISPIELE

Quartiersmanagement, Quartiersfest, Grillplatz, Siedlungssführungen (Heimatkunde)

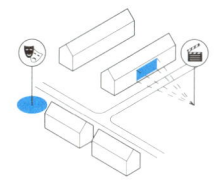

KURZBESCHREIBUNG

Die Bewohner nutzen die Siedlung als reinen Wohnort. „Raumerziehung" ist ein partizipatives Planungsinstrument, um die Aneignung von öffentlichem Raum anzuregen. Die Bewohner werden angeleitet, den Raum in Besitz zu nehmen.

Teil der „Raumerziehung" kann es sein, besondere Orte und Situationen durch geschulte Beobachter ausfindig zu machen, ein kreatives Nutzungskonzept zu entwickeln und die Nutzer zur Nutzung zu animieren. Auch den

Beispiel für Quartierstreff

STRATEGIE / HANDLUNGSFELDER

SPEZIFIZIEREN

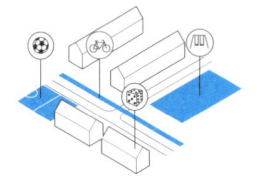

EIN MASSNAHMENKATALOG

KURZBESCHREIBUNG

Viele Räume der Siedlung wirken untergestaltet und allgemein. Eine „Spezifizierung" kann dazu beitragen, den Raum genauer zu definieren und dadurch nutzbar zu machen. Zum Beispiel kann eine Abstandsfläche durch „Spezifizierung" zu einem halböffentlichen Raum werden, der klar definierte Nutzungen beherbergt, wie Mietergärten oder einen Grillplatz. Die Lesbarkeit der Elemente wird erhöht.

Es kann auch eine ganze Siedlung einem bestimmten Motto unterstellt werden, so könnte eine Siedlung durch Ausbau der Sportfunktionen sichtbar eben dieses Image einer „Sportsiedlung" transportieren.

MOTIVATION / ZIELE

Über die „Spezifizierung" können unternutzte Flächen aktiviert werden. Die Lesbarkeit und das Image der Siedlung werden verbessert. Die Bewohnerzufriedenheit kann steigen, ebenso die Vermarktbarkeit des Wohnraumes.

BEWERTUNG

Die Gestaltung der Elemente, wie zum Beispiel der Vorzonen von Häusern oder des Grünraumes zwischen den Zeilen, erhöht nicht nur die Lebensqualität in der Siedlung, sondern auch deren Immobilienwert. Allerdings ist eine unter Umständen gentrifizierende Wirkung der wertsteigernden Maßnahmen im Auge zu behalten.

MASSNAHMENBEISPIELE

Landschaftsarchitektur, Belegung unternutzter Flächen (zum Beispiel mit Mietergärten), Familienstandort ausbauen, Mehrgenerationenwohnen ausbauen

Beispiel für Eingangszonen definieren

VERNETZEN

MOTIVATION / ZIELE

Die Gestaltung und der Ausbau von Wegeverbindungen schaffen nicht nur eine leichtere Orientierung, vielmehr werden Räume besser nutzbar gemacht, Verbindungen zwischen internen und externen Orten ausgebaut, Begegnungsräume erzeugt und Nachbarschaft gestärkt. Die räumliche Vernetzung ist das Mittel zum Zweck, Menschen miteinander zu vernetzen.

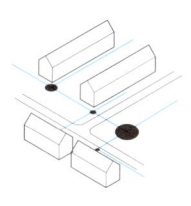

KURZBESCHREIBUNG

Das Instrument „Vernetzen" ist zunächst räumlicher Natur. Wegeverbindungen werden gestärkt und öffentliche Funktionen mit der Siedlung verknüpft. Häufig geht es auch um eine Vernetzung der Siedlung mit deren städtebaulichem Kontext, zum Beispiel mit einem übergeordneten Grünzug oder der Verbindung zur Innenstadt.

Neben der räumlichen hat „Vernetzen" eine soziale Komponente: es geht darum, Begegnungsorte zu kreieren und Kommunikation zu erzeugen.

BEWERTUNG

Die Vernetzung von Räumen und darüber von Menschen ist eine grundsätzlich positiv zu bewertende Maßnahme. Das Bedürfnis nach Privatsphäre ist zu beachten.

MASSNAHMENBEISPIELE

Infrastruktur ausbauen, Infrastruktur klären, Quartiersaktion organisieren, Gemeindehaus bauen

Beispiel für
Ausbau Wegenetz

ANWENDUNG DER INSTRUMENTE

EINE GEBRAUCHSANWEISUNG

Auf den folgenden Seiten werden die Instrumente beispielhaft auf drei verschiedene Siedlungen angewandt. Anhand einer Axonometrie werden drei Ebenen vorgestellt: die „Raumaktivierung", „Locker bleiben!" und die „Dichtespritze". [1]

„Raumaktivierung" umfasst dabei die Instrumente „Mehrfachkodierung", „Spezifikation", „Vernetzung" und „Raumerziehung", die allesamt darauf zielen, den Siedlungsraum über das reine Wohnen hinaus zu aktivieren. [2]

Die „Dichtespritze" und „Locker bleiben!" bilden die beiden weiteren Ebenen, die eher räumlicher als programmatischer Natur sind. Auch wenn „Dichtespritze" und „Locker bleiben!" zunächst konträr erscheinen, lassen sie sich bei genauerer Betrachtung simultan einsetzen, indem zum Beispiel bestimmte Teile der Siedlung verdichtet werden, während in anderen bewusst der Grünraum beziehungsweise die lockere Bauweise erhalten wird. Diese grundsätzlichen Möglichkeiten, die Verdichtung, das Lockerbleiben und die Mischung der beiden strategischen Ansätze, werden jeweils anhand einer Siedlung exemplarisch durchgespielt. [3]

Die Axonometrie mit den drei Ebenen füllt die linke Seite des ersten Doppelblattes, während auf der rechten jeweils der strategische Umgang mit den Siedlungen beschrieben wird. Auf der darauf folgenden Doppelseite werden auf Basis eines Lageplans die Instrumente in Einzelmaßnahmen übersetzt. Diese werden über ein Piktogramm anschaulich gemacht, verortet und in einem dazugehörigen Kurztext essenziell umrissen.

Da sich das „strategische Entwerfen" auf einen längeren Zeitraum bezieht und unerwartete Entwicklungen auf dem Weg passieren können und werden, ist es von entscheidender Bedeutung, sich Flexibilität zu erhalten. Die Planung sollte strategisch konzipiert sein, sodass die Reaktionsfähigkeit auf Eventualitäten methodisch implementiert ist. Das Ganze ist wie die flexible Masse eines Gummibandes zu sehen, welches zwar in Material und Struktur kontinuierlich ist, dessen Form aber auf unterschiedlichste Einflüsse von innen und außen reagieren kann und das in jeder erdenklichen Form einen Zusammenschluss leistet.[1] Mit den verschiedenen Layern „Raumaktivierung", „Locker bleiben!" und „Dichtespritze" zu arbeiten, ermöglicht es, die jeweils übergeordneten raumprogrammatischen strategischen Ziele im Auge zu behalten, die einzelnen Maßnahmen auf dem Weg aber noch anzupassen. So ist das jeweils nachfolgende Maßnahmenblatt nur als ein mögliches Umsetzungsszenario zu verstehen.

[1] Vgl. Kleinekort, Volker / Severin, Björn: „Zu einer urbanen Kontingenz". In: *Neuer Städtebau – AW Architektur und Wettbewerbe* 216, Stuttgart 2008

[1] RAUMAKTIVIERUNG

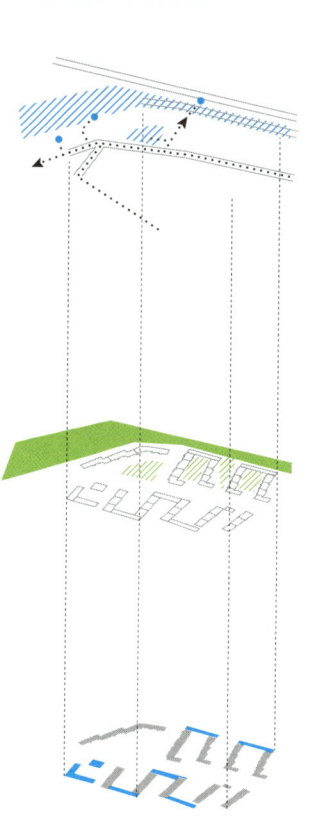

LOCKER BLEIBEN!

DICHTESPRITZE

[2] ERGÄNZENDE, BEGLEITENDE MASSNAHMEN ZUR RAUMAKTIVIERUNG

Mehrfachkodieren

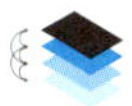

Raumerziehung

Spezifizieren

Vernetzen

Visualisierter Raumeindruck eines Maßnahmenvorschlags

[3] HAUPTMASSNAHMEN

Dichtespritze

Locker bleiben!

Kombination

STRATEGIE / INSTRUMENTE

STRATEGIE- UND MASSNAHMENWAHL

HERTEN SCHÜTZENSIEDLUNG UND FEIGE SOPHIE

Die Schützensiedlung und die Feige Sophie liegen nahe der Innenstadt, dem Schlosspark und dem Waldgebiet Katzenbusch. Trotz dieser guten städtischen Lage ist es wenig sinnvoll, die Siedlung zu verdichten und damit mehr Wohnraum zu schaffen. Im nördlichen Ruhrgebiet sind die Bevölkerungszahlen rückläufig. Daher empfiehlt sich „Locker bleiben!" als strategischer Ansatz der qualitativen Weiterentwicklung.

Der Standort kann durch die Intensivierung der öffentlichen Nutzungen, insbesondere in den Außenflächen, gestärkt werden. Die attraktiven angrenzenden Grünräume, Schlosspark und Katzenbusch, sollten stärker mit der Siedlung vernetzt werden. Eine in Ostwestrichtung verlaufende Querverbindung, an der punktuell Aktionsflächen angeordnet sind, kann hier das Rückgrat der Siedlungen bilden.

Beide Siedlungen sind geprägt durch Geschosswohnungsbau einfachen Standards. Die Mieten sind entsprechend niedrig. Angesichts der relativen Armut vieler Bewohner des nördlichen Ruhrgebietes sollte dies auch so bleiben. Allerdings ist die Lage der Siedlungen im städtischen Kontext vorteilhaft, was dafür spricht, den Wohnraum teils zu qualifizieren, um eine dauerhafte Perspektive für die Siedlungen zu schaffen.

Die Schützensiedlung kann nach einem perspektivisch anstehenden Bewohnerwechsel ein Wohnort vorrangig für ältere Menschen werden. Um diese Tendenz gezielt zu unterstützen, sollten Teilbereiche sukzessive für die Nutzergruppe 60+ ausgebaut werden. Dazu sind sowohl Eingriffe in die Gebäudesubstanz als auch die Anreicherung mit spezifischen Nutzungen erforderlich.

Im Gegensatz dazu eignet sich der Standort Feige Sophie dazu, ihn für eine junge Bewohnergruppe, insbesondere für Familien, auszubauen. Das Durchschnittsalter ist schon heute deutlich jünger als im Bereich der Schützensiedlung. Auch hier müssten Anpassungen der Grundrisse an die Zielgruppe erfolgen. Das Freizeitangebot richtet sich schon jetzt an Kinder und Jugendliche. Die Wohnungsbaugesellschaft hat mit der Erneuerung der kollektiven Außenräume begonnen, die Spielplätze und Sportflächen beleben den Siedlungsraum und stehen auch für die angrenzenden Nachbarschaften zur Verfügung. Um die Freiräume in diesem Sinn weiterzuentwickeln wird eine „Sportifikation" der Feigen Sophie vorgeschlagen. Über die schon begonnenen Maßnahmen hinaus wird eine Vielzahl von sportlichen Betätigungsfeldern in der Siedlung verortet, die imageprägend wirken können.

Neben den Grünräumen bieten insbesondere die leerstehenden Gebäude das Potenzial auf funktionale Anreicherung. Der Bedarf an Nutzungen kann in partizipativen Planungswerkstätten ermittelt, aber auch unmittel-bar umgesetzt werden. Die Kreativwirtschaft ist ein möglicher Initiator zum Beispiel von Zwischennutzungskonzepten.

RAUMAKTIVIERUNG

Die Vernetzung der Siedlungen untereinander, mit der Innenstadt sowie den Naherholungsgebieten schafft eine bessere Orientierung und Nutzbarkeit. Insbesondere der Grünraum der Siedlung wird funktional angereichert.

LOCKER BLEIBEN!

Der hohe Anteil an Grünraum ist das wichtigste Potenzial der Siedlung. Dieser wird nicht nur neu gestaltet und funktional angereichert, sondern auch mit dem benachbarten Schlosspark und dem Waldgebiet Katzenbusch besser räumlich vernetzt.

DICHTESPRITZE

Eine bauliche Nachverdichtung erscheint derzeit im strukturschwachen Herten nicht sinnvoll.

STRATEGIE / ANWENDUNG DER INSTRUMENTE

Labels: TREFFPUNKT, NACHBARSCHAFTSPFLEGE, COACH, GRÜNRAUMANBINDUNG, SPORTIFIKATIONSPLATZ, SPORTIFIKATIONSFASSADE, AUSSENRAUMNUTZUNG, TREFFPUNKT, FREIZEITTREFFPUNKT, AUSSENRAUMGESTALTUNG, NUTZUNGSANREICHERUNG, GRÜNRAUMANBINDUNG

SCHÜTZENSIEDLUNG UND FEIGE SOPHIE   STRATEGIE- UND MASSNAHMENWAHL

SPORTIFIKATION

Der ehemalige Hochbunker eignet sich als Kletterturm. Es müssen nur Griffe und Ösen angebracht werden.

MARKIEREN

Der Spiel- und Sportplatz kann so eingefriedet werden, dass eine Torsituation entsteht.

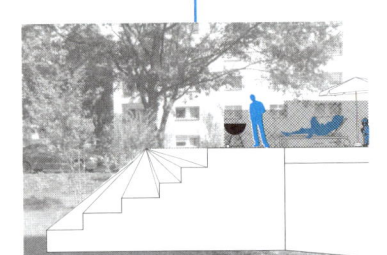

MEHRFACHKODIEREN

Mit breiten Sitzstufen könnten die Garagendächer erschlossen und zu Gemeinschaftsterrassen ausgebaut werden.

MEHRFACHKODIEREN

Die Garagenhöfe ließen sich tagsüber zum temporären Basketballplatz transformieren.

LOCKER BLEIBEN!

Gartenboxen ermöglichen Urban Gardening, ohne dass die Durchgängigkeit der Grünfläche unterbrochen wird. Ein Fest zur Ernte kann das soziale Nachbarschaftsgefüge der U-Höfe zusätzlich stärken.

RAUMAKTIVIERUNG

LEERSTANDSAKTIVIERUNG

Leerstehende Flächen eignen sich zur Einrichtung von Projektbüros etwa für einen Quartiersmanager, für die Erprobung neuer Nutzungen, für temporäre Kulturprojekte und anderes.

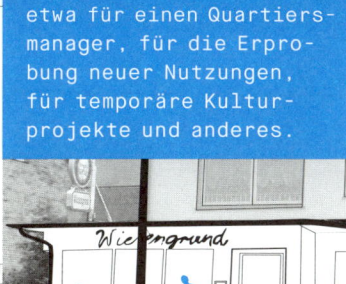

VERBINDUNG VERORTEN

Eine Sitzgelegenheit am Nadelöhr könnte einen kurzen Plausch forcieren.

AUSSENNUTZFLÄCHE

Für gemeinschaftliche Aktivitäten wäre eine Boulefläche geeignet.

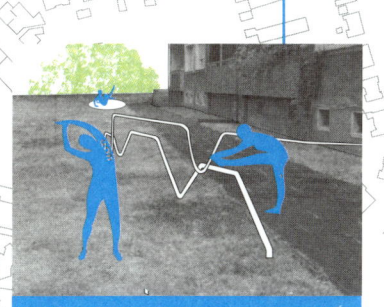

TREFFPUNKT SPORT

Start- und Zielpunkt einer nachbarschaftlichen Laufstrecke könnten durch Geräte zum Dehnen und Aufwärmen markiert werden. Die abstrakten Formen sind gleichzeitig skulpturale Elemente im Außenraum.

INFRASTRUKTURELL VERBINDEN

Ein Zebrastreifen kann die Verbindung zwischen Waldgebiet und Wohnsiedlung stärken.

STRATEGIE / ANWENDUNG DER INSTRUMENTE

FRANKFURT/MAIN SINDLINGEN FERDINAND-HOFMANN-SIEDLUNG

Die Ferdinand-Hofmann-Siedlung liegt am äußersten Rand von Frankfurt. Angesichts des engen Wohnungsmarktes und der hohen Mietpreise der Stadt wäre die Schaffung neuen Wohnraumes trotz der peripheren Lage der Siedlung sinnvoll. Die Siedlung ist infrastrukturell gut erschlossen, mit der S-Bahn braucht man nur 15 Minuten in die Innenstadt. Der Flughafen, dessen Fluglärm die Siedlung nicht betrifft, sowie ein Autobahnanschluss liegen in der Nähe. Zugleich stellen die Feldrandlage sowie der vorhandene öffentliche Grünzug im Süden ein Potenzial der Siedlung dar. Insofern sollten in dieser Siedlung die „Dichtespritze" und „Locker bleiben!" simultan verfolgt werden.

Die Sozialstruktur der Siedlung ist gemischt, wobei der südliche Teil der Siedlung sozial schwächer einzuordnen ist. Der öffentliche Grünzug in diesem Siedlungsteil wirkt derzeit unübersichtlich und gilt als unsicher. Dennoch bietet es sich nicht zuletzt aufgrund dieses Grünzuges an, die Wohnungstypologien familiengerecht auszubauen, da hier viel autofreie öffentliche Spiel- und Aufenthaltsfläche zur Verfügung steht. Der mittig gelegene Grünzug kann das Zentrum des Siedlungsteiles werden.

Von der gesteuerten partiellen Gentrifizierung des Südteils könnte die gesamte Siedlung profitieren.

Die Siedlung hat außer der angrenzenden, räumlich hochwertigen 1930er-Jahre-Bebauung Sindlingens kaum ausgeprägte Identifikationsmöglichkeiten. Potenziale wie die Feldrandlage sind kaum erlebbar, die vorhandenen Grünräume sind schlecht vernetzt, die eher zahlreichen öffentlichen Einrichtungen wie Schulen und Kindergärten liegen wie zufällig gelagerte, unverbundene Fremdkörper in der Siedlung. Diese sollten besser mit der Siedlung vernetzt und erlebbar gemacht werden. Gleiches gilt für die wenigen öffentlichen Nutzungen, wie einen kleinen Supermarkt, einen Kiosk und ein Restaurant. Diese müssen viel klarer als zentrale Orte der Siedlung inszeniert werden. Die Siedlung ist zudem groß genug, das Serviceangebot auszuweiten, was im Sinne der Stärkung der Infrastruktur für Familien auch notwendig wäre. Dem zentral gelegenen Paul-Kirchhof-Platz, der zudem die Verknüpfung zum 30er-Jahre-Siedlungsteil bildet, kommt eine Schlüsselrolle zu. Der Platz ist untergestaltet, hat aber das Potenzial eines zentralen Identifikations- und Treffpunktes der Siedlung.

RAUMAKTIVIERUNG

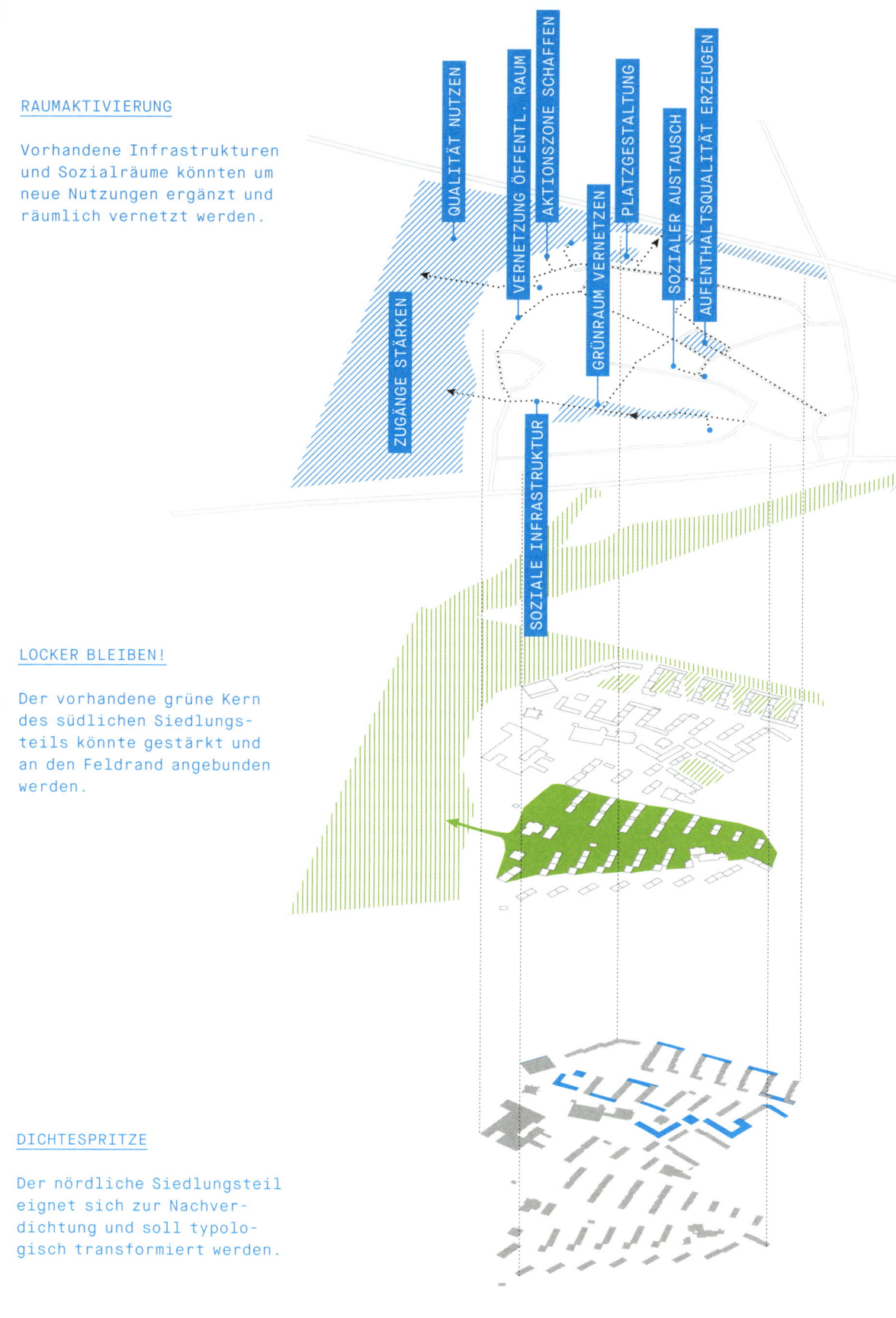

Vorhandene Infrastrukturen und Sozialräume könnten um neue Nutzungen ergänzt und räumlich vernetzt werden.

QUALITÄT NUTZEN
VERNETZUNG ÖFFENTL. RAUM
AKTIONSZONE SCHAFFEN
GRÜNRAUM VERNETZEN
PLATZGESTALTUNG
SOZIALER AUSTAUSCH
AUFENTHALTSQUALITÄT ERZEUGEN
ZUGÄNGE STÄRKEN
SOZIALE INFRASTRUKTUR

LOCKER BLEIBEN!

Der vorhandene grüne Kern des südlichen Siedlungsteils könnte gestärkt und an den Feldrand angebunden werden.

DICHTESPRITZE

Der nördliche Siedlungsteil eignet sich zur Nachverdichtung und soll typologisch transformiert werden.

STRATEGIE / ANWENDUNG DER INSTRUMENTE

FERDINAND-HOFMANN-SIEDLUNG STRATEGIE- UND MASSNAHMENWAHL

GEMEINSCHAFTSGÄRTEN

Die halböffentlichen Durchgangsbereiche könnten durch semiprivate Nutzungen angereichert werden.

MIETERGÄRTEN

Bauliche Ergänzungen könnten Höfe formieren. Diese eignen sich zum Beispiel für Mietergärten.

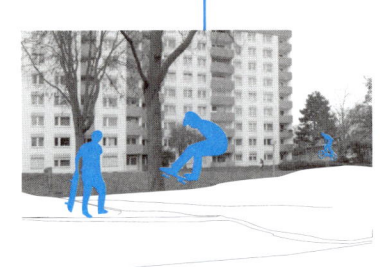

SKATEPARK

Von der Siedlung abgewandt kann sich hinter dem Haus ein Ort für Jugendliche entwickeln.

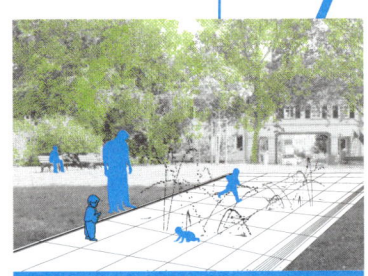

PLATZGESTALTUNG

Der zentral gelegene Paul-Kirchhof-Platz kann durch die Verbesserung der Aufenthaltsqualität zum Zentrum der Siedlung und Identifikationspunkt ausgebaut werden.

RAUMAKTIVIERUNG

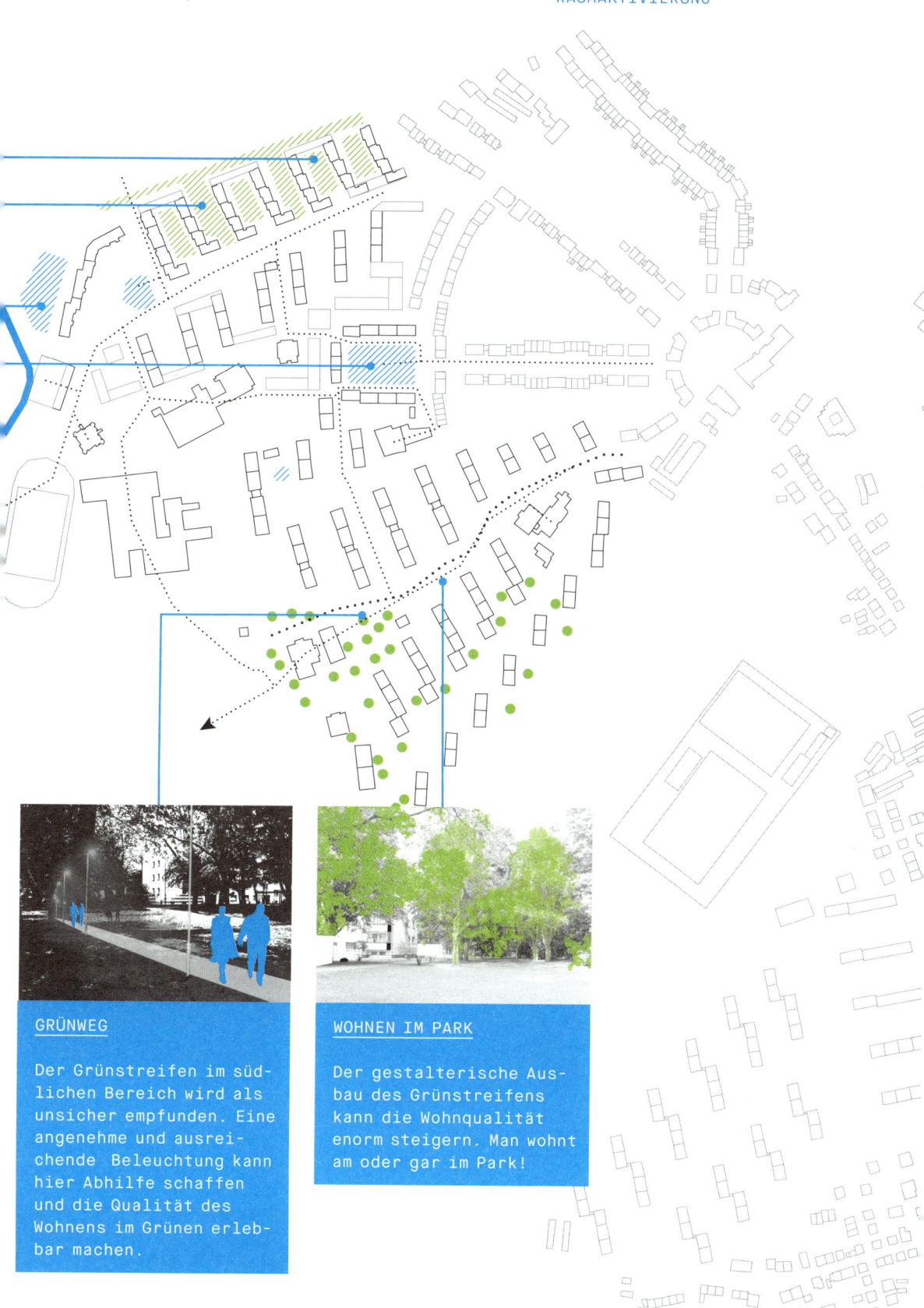

GRÜNWEG

Der Grünstreifen im südlichen Bereich wird als unsicher empfunden. Eine angenehme und ausreichende Beleuchtung kann hier Abhilfe schaffen und die Qualität des Wohnens im Grünen erlebbar machen.

WOHNEN IM PARK

Der gestalterische Ausbau des Grünstreifens kann die Wohnqualität enorm steigern. Man wohnt am oder gar im Park!

STRATEGIE / ANWENDUNG DER INSTRUMENTE

STRATEGIE- UND MASSNAHMENWAHL

DARMSTADT POSTSIEDLUNG

Die Postsiedlung wurde von der Bauverein AG, der sie in weiten Teilen gehört, schon maßgeblich nachverdichtet. Insbesondere im südöstlichen Teil bleibt aber Raum für weitere Verdichtung. Solch umfassende Anwendung der „Dichtespritze" erscheint sinnvoll angesichts des Wohnraummangels bei gleichzeitigem Wachstumsdruck, der auf Darmstadt liegt. Da die Stadt nicht nach außen wachsen kann, ist Nachverdichtung an vielen Orten der Stadt unumgänglich.

Im umgebauten Teil der Siedlung wurden Geschosse aufgesattelt, Balkone und Aufzüge vorgesetzt, die Hauszwischenräume zu Parkplätzen umgestaltet. Zum Teil wurden Mietwohnungen in Eigentum umgewandelt. Grundrisse wurden teils zusammengelegt. Insbesondere in den Obergeschossen sind barrierefreie Wohnungen entstanden. Im Südosten könnte bei den noch nicht sanierten Zeilen parallel verfahren werden. Es sollte aber darauf geachtet werden, dass preiswerter Wohnraum erhalten bleibt.

Die typologische Mischung der Siedlung aus Geschosswohnungsbau, Reihenhäusern und Einfamilienhäusern geht mit einer sozialen Mischung einher. Hier wohnen sowohl verschiedene Einkommensschichten als auch verschiedene Gruppierungen wie Singles, Paare und Familien, Alte und Junge, Deutsche und Migranten.

Die Siedlungsbewohner fühlen sich Bessungen zugehörig, einem beliebten Stadtteil mit historischem Kern und Dorfcharakter. Die Siedlung ist aber mit dem Donnersberger Ring und der Heidelberger Straße gleich durch zwei große Straßen von diesem Dorfkern abgetrennt. Mehr Angebote innerhalb der Siedlung und eine bessere Gestaltung der öffentlichen Räume und Grünflächen könnten zu einer höheren Identifikation mit der Siedlung an sich führen. Das Wohnumfeld ist in der Siedlung unzureichend ausgebaut. Akuter Mehrbedarf ist im gastronomischen wie insgesamt im Freizeitbereich zu sehen. Insbesondere die zentral gelegene Moltkestraße ließe sich aktivieren. Der Südbahnhof markiert das westliche Ende dieser Straße und hat besonderes Potenzial, ebenso wie der ehemalige Kiosk auf der Grünfläche, welche den östlichen Siedlungseingang markiert. Die zentral gelegene Grundschule ließe sich stärker als Siedlungsmittelpunkt und Treffpunkt ausbauen.

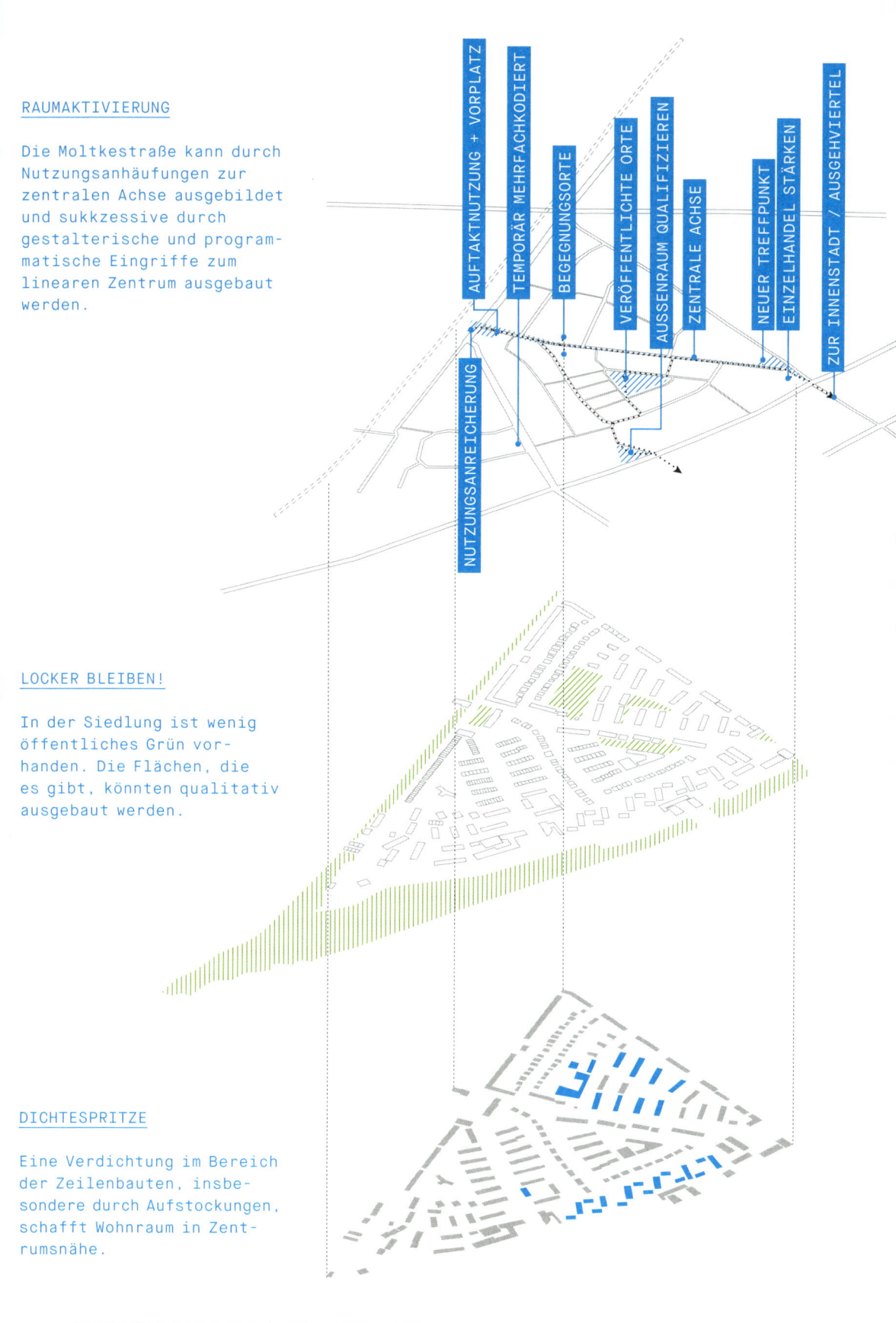

RAUMAKTIVIERUNG

Die Moltkestraße kann durch Nutzungsanhäufungen zur zentralen Achse ausgebildet und sukkzessive durch gestalterische und programmatische Eingriffe zum linearen Zentrum ausgebaut werden.

AUFTAKTNUTZUNG + VORPLATZ | **TEMPORÄR MEHRFACHKODIERT** | **BEGEGNUNGSORTE** | **VERÖFFENTLICHTE ORTE** | **AUSSENRAUM QUALIFIZIEREN** | **ZENTRALE ACHSE** | **NEUER TREFFPUNKT** | **EINZELHANDEL STÄRKEN** | **ZUR INNENSTADT / AUSGEHVIERTEL**

NUTZUNGSANREICHERUNG

LOCKER BLEIBEN!

In der Siedlung ist wenig öffentliches Grün vorhanden. Die Flächen, die es gibt, könnten qualitativ ausgebaut werden.

DICHTESPRITZE

Eine Verdichtung im Bereich der Zeilenbauten, insbesondere durch Aufstockungen, schafft Wohnraum in Zentrumsnähe.

STRATEGIE / ANWENDUNG DER INSTRUMENTE

POSTSIEDLUNG   STRATEGIE- UND MASSNAHMENWAHL

AKTIVIERUNG SÜDBAHNHOF

Im Südbahnhof kann ein Ort der Begegnung entstehen, der die Nachbarschaft stärkt und in Form einer gastronomisch-kulturellen Nutzung bereichert.

WOHNWEGGESTALTUNG

Die Neugestaltung der Wohnungszugänge und deren Vorzone kann dazu einladen, sich länger im semiöffentlichen Raum aufzuhalten. So kann Kommunikation entstehen.

RAUMAKTIVIERUNG

ANREICHERN / VERNETZEN

Aufgrund seiner Gestalt und Lage könnte der Pavillon zum Anziehungspunkt für Bewohner werden. Hier könnten Servicefunktionen oder wechselnde kulturelle Angebote untergebracht sein.

ZUGANG ZUM GARTEN

Auch direkte Zugänge von Erdgeschosswohnungen zum Außenraum könnten die Abstandsflächen aktivieren.

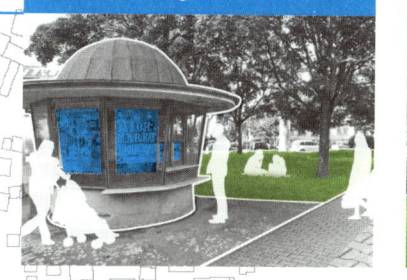

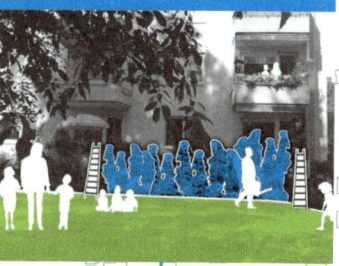

MEHRFACHKODIEREN

Ein Bibliotheksbus kommt wöchentlich in die Siedlung und schafft temporär öffentlichen Raum. Passendes Stadtmobiliar könnte diese Nutzung noch stärker mit dem Ort verknüpfen.

MOBILE / TEMPORÄRE NUTZUNG

Mobile Pflanzkisten könnten ein weiteres Angebot zur aktiven Nutzung der verbleibenden grünen Flächen sein.

STRATEGIE / ANWENDUNG DER INSTRUMENTE

ENTWURFLICHE KONKRETISIERUNG

WARUM ENTWERFEN?

Die vorstehenden Maßnahmenblätter, in welchen die strategischen Instrumente in Form von Maßnahmen beispielhaft auf drei Siedlungen bezogen wurden, bieten noch kein ganzheitliches Bild. Die Maßnahmen haben den Charakter singulärer Eingriffe, denen der Zusammenhang fehlt. Um die einzelnen strategisch eingesetzten Instrumente ganzheitlich in einem übergreifenden, räumlich-programmatischen Konzept integrieren zu können, bedarf es eines konsistenten Entwurfs. Der Entwurf ist damit elementarer Bestandteil einer umfassenden strategischen Bestandsentwicklung.

ENTWURF ALS THEORIE

Ein Entwurf hat einen einer Theorie ähnlichen Charakter, zumindest wenn man als Charakteristika einer Theorie gelten lässt, dass es sich dabei um ein vereinfachendes Bild eines Ausschnittes der Realität handelt, das als Prognose oder Handlungsempfehlung verstanden werden kann.[1] Der Entwurf nimmt eine mögliche Realität vorweg, im Falle einer stimmigen Theorie erfüllt der Entwurf seine Versprechen nach seiner Umsetzung. Dabei bietet der Entwurf allerdings keine vollständigen und ausschließlichen Lösungsmöglichkeiten. Eher beinhaltet er ein Set relevanter Möglichkeiten. Der Entwurf vermag anschaulich zu machen, was ansonsten abstrakt bliebe.

Auf die nachfolgenden Seiten angewandt bedeutet dies: Der dort präsentierte Entwurf ist die szenarische Vorwegnahme einer möglichen Realität, in der ökologische, soziale und gestalterische Aspekte eine integrative konkrete Lösung gefunden haben.

MÄRCHENSIEDLUNG

Welche Siedlung eignet sich für eine entwurfliche Durcharbeitung? Die Wahl fiel auf die Frankfurter Märchensiedlung, da sie in vielen Punkten repräsentativ ist. Die suburban geprägte Siedlung ist groß genug, um als identifizierbares Quartier mit „mehr als Wohnen" zu funktionieren. Es ist absehbar, dass die Siedlung in ihrer jetzigen Struktur und in ihrem jetzigen Sanierungsstand mittelfristig nicht mehr gut funktionieren wird. Die Wohntypologien entsprechen nur bedingt zeitgenössischen Ansprüchen wie der Barrierefreiheit oder dem Flächenbedarf von Familien. Die Infrastruktur ist nicht auf den aktuellen demografischen, sozialen und ökologischen Wandel ausgerichtet. Dennoch wird die Siedlung momentan zumindest von der Stadtplanung als unproblematisch wahrgenommen.[2] Gerade deshalb eignet sie sich als Beispiel einer vorsorglichen Bestandsentwicklung mit dem Ziel, die Siedlung aktiv zu managen, anstatt sie nur zu verwalten.

FAZIT

Üblicherweise würde der Leser zum Ende eines Buches hin ein Fazit, einen Ausblick zu einer möglichen Zukunft erwarten. Dieses soll das vorliegende Buch nicht vermissen lassen. Nur ist das Fazit in diesem Falle der Entwurf zur strategischen Bestandsentwicklung der Märchensiedlung. Auf den Folgeseiten wird dieser in

---

[1] Kleinekort, Volker / Rott, Josef et al.: „Was Wissen schafft – Forschendes Entwerfen oder Kann man durch Entwerfen wissenschaftlich forschen?" In: *Planerin* 4/2008, S. 51. Vgl. hierzu auch den Exkurs zum Forschenden Entwerfen in diesem Buch, S. 149–154

[2] So zumindest die Wahrnehmung der Autoren aus einem Gespräch mit dem Stadtplanungsamt Frankfurt bei der gemeinsamen Besichtigung der Siedlung am 6. Mai 2014

Form eines Lageplans mit dem Detaillierungsgrad des Maßstabes 1:500 erarbeitet, der eine zusammenhängende räumliche Vorstellung der strategisch eingesetzten Instrumente schafft. Dieser Entwurf wird einschließlich der angewandten strategischen Instrumente und einer Reihe „sezierender" Diagramme präsentiert und schließt mit einem mehr Detail zeigenden Ausschnitt des Lageplans ab. Er spricht für sich selbst.

Beim Entwerfen wird methodisch vorwiegend mit Skizzen, Diagrammen, maßstabsgetreuen Zeichnungen und Modellen gearbeitet. Dies sind räumliche Darstellungsformen, die dem realen Raum unmittelbar verbunden sind. Mehr noch, nur in der Grafik kann das räumliche Konzept erarbeitet und kommuniziert werden. Mittels der Grafik und des Modells produziert der Entwurf eine spezifische Form von Wissen, das sich von einem Text oder gesprochenen Wort grundlegend unterscheidet und durch diese nicht ersetzt werden kann. Es ist ein Wissen, welches die künftigen Eigenschaften des transformierten Raumes in einem hohen Ausmaß vorwegnimmt.

FRANKFURT/MAIN ZEILSHEIM MÄRCHENSIEDLUNG

Wohnraum ist in Frankfurt knapp und das allein ist schon ein Grund für die Verdichtung der an Grünraum reichen Märchensiedlung. Da das Grün den Charakter der Siedlung aber prägt und Identifikationsraum bietet, wird eine Doppelstrategie aus „Dichtespritze" und „Locker bleiben!" verfolgt.

Es ist absehbar, dass die Siedlung in ihrer jetzigen Struktur und in ihrem jetzigen Sanierungsstand mittelfristig nicht mehr gut funktionieren wird. Der Wohnungsbestand ist überwiegend unsaniert. Die Siedlung genügt nicht den Anforderungen an das Altenwohnen. Die Wohnungsgrundrisse sind eher klein im Hinblick auf den heutigen Standard von Familienwohnungen. Die Mittelschicht sollte verstärkt in die Siedlung geholt werden, um die soziale Mischung zu stabilisieren. Hierzu sollte mehr Wohnraum privatisiert werden.

Eine öffentliche Infrastruktur ist zwar rudimentär vorhanden, immerhin gibt es einen Kindergarten, eine Handvoll Geschäfte und Grünräume mit Parkcharakter. Diese gehören ausgebaut, wenn man ein lebendiges Quartier schaffen möchte, in dem sowohl Versorgungseinheiten als auch Freizeitmöglichkeiten verankert sind. Insbesondere alte Menschen und Familien haben einen hohen Bedarf an verfügbaren Serviceleistungen. Der Bedarf an einer Stärkung der öffentlichen Funktionen, einer Steuerung des Bewohnermixes und einer gestalterischen Ausformulierung räumlicher Potenziale ist offensichtlich.

Die Morphologie der Siedlung legt bestimmte räumliche Konzeptansätze nahe. Die Annabergstraße ist schon jetzt die „heimliche" Siedlungsachse und es ist naheliegend, diese durch Nachverdichtung und Ansiedlung weiterer Funktionen zu stärken. Die eher niedrige, offene Bebauung des östlichen Siedlungsteils hat ein hohes Potenzial als öffentlicher Grünraum, der in den Feldrand überleitet. Hier können „Outdoor-Aktivitäten" angereichert werden, die für die gesamte Siedlung als Attraktionspunkt dienen. Die nördliche und westliche Bebauung hingegen ist sowohl von der grundsätzlichen Lage als auch von der vorherrschenden Morphologie her eher für Nachverdichtungsmaßnahmen sowie die Anlage privater Mietergärten geeignet.

Die Siedlung ist peripher gelegen, aber recht gut an das S-Bahnsystem von Frankfurt angebunden. Ein Smart-Mobility-Konzept – zu dem auch die Neuordnung des Parkraumes gehört – mit Leihfahrrädern, Carsharing und einem Sammeltaxisystem kann einen Beitrag dazu leisten, die Anzahl der Autos beziehungsweise Autofahrten zu verringern. Ohne die Dominanz des Autos in den Straßen eröffnen sich diese verstärkt den Fußgängern und Radfahrern.

Die Grünräume der Siedlung sollten sowohl ökologisch als auch programmatisch aktiviert werden. Im Entwurf werden Sportflächen definiert und darüber hinaus öffentliche Bereiche, die sich zum Spielen, Spazieren oder Grillen eignen. Weite Teile des Grüns werden in Bewohnergärten verwandelt, die nicht nur einem Bedarf nach „eigenem" Grün gerecht werden, sondern auch die ökologische Vielfalt des Siedlungsgrüns erhöhen. Durch die Verknappung des öffentlichen Grüns wird dieses letztlich gestärkt, da eindeutiger als solches wahrnehmbar.

RAUMAKTIVIERUNG

Entlang der Annabergstraße können bestehende Nahversorgungsstrukturen durch neue ergänzt werden. Mit Hilfe gestalterischer Eingriffe lässt sich die Achse als lineares Zentrum ausbilden.

Der Grünraum wird zum Teil durch Sportaktivitäten angereichert, zum Teil zu Mietergärten ausgebaut.

NAHVERSORGUNG · **SOZIALE FUNKTION** · **ZENTRUMSFUNKTION** · **EINZELHANDEL** · **FREIZEITNUTZUNG INSTALLIEREN** · **AUFTAKTNUTZUNG**

NAHVERSORGUNG · **AKTIVITÄTSFELD** · **ZUGÄNGE AUSBILDEN** · **WOHNUNGSVIELFALT**

LOCKER BLEIBEN!

Die Feldrandlage bietet Potenzial für die ansässigen sowie für neue Nutzergruppen. Die Attraktivität dieses Grünraums kann stärker betont und besser mit dem Wohnumfeld vernetzt werden.

DICHTESPRITZE

Nachverdichtungsmaßnahmen werden insbesondere zur Herstellung von neuen Raumkanten sowie zur typologischen Anreicherung der Siedlungsmitte vorgeschlagen.

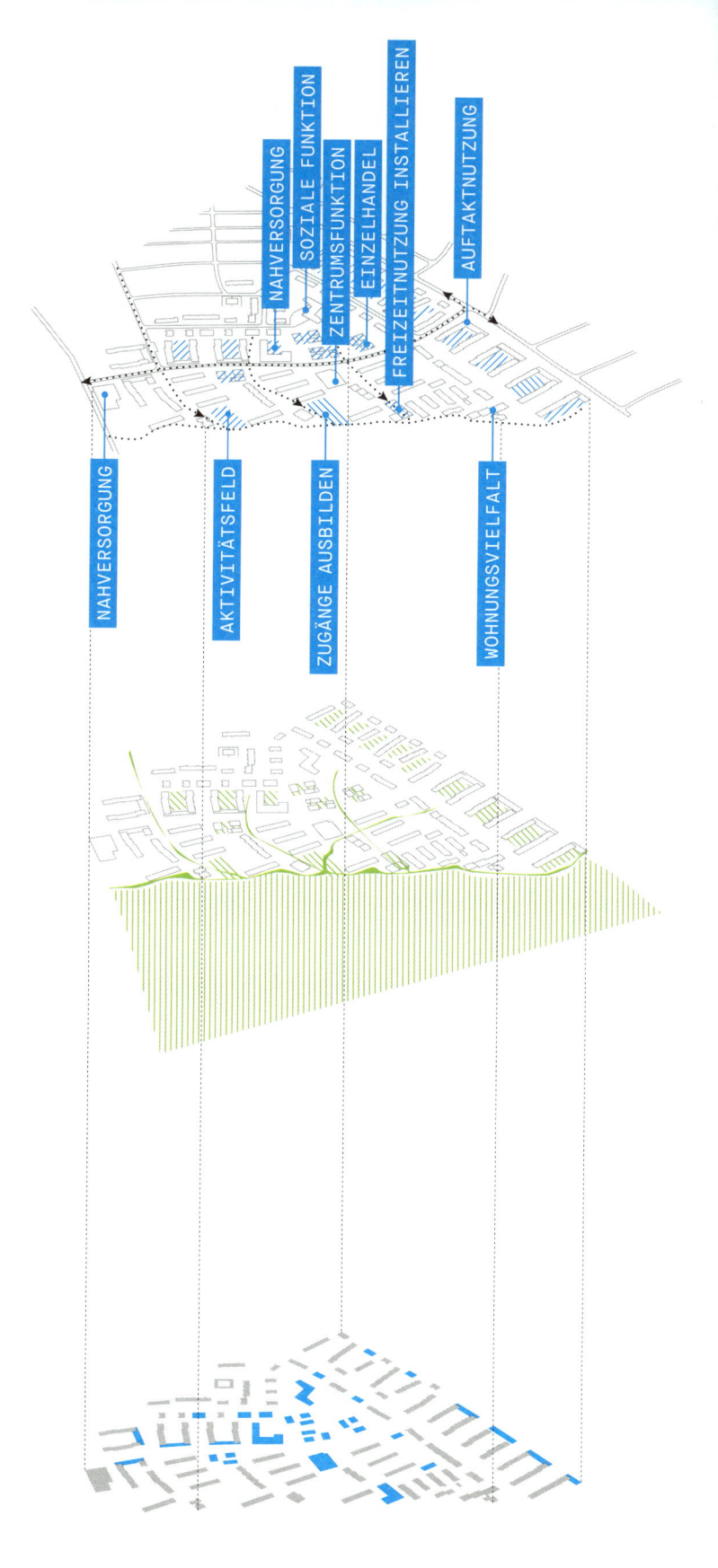

STRATEGIE / ENTWURFLICHE KONKRETISIERUNG

FRANKFURT/MAIN ZEILSHEIM MÄRCHENSIEDLUNG DIAGRAMME

SCHWARZPLAN BESTAND

Westlich des neuen Kindergartens werden Zeilen abgerissen, welche den Raum zur Annabergstraße hin zerfallen lassen. Im Nordwesten werden einzelne Einfamilien- und Doppelhäuser abgerissen, um Platz für eine dichtere Bebauung zu schaffen. Gleiches gilt für die Garagen im Süden.

SCHWARZPLAN NEU

Mittels Nachverdichtungsmaßnahmen entsteht eine Vervielfältigung der Typologien, die eine klare Raumbildung entlang der zentralen Annabergstraße und der nördlichen Pfaffenwiese verfolgen. Ein Teil der Zeilen wird zum U geschlossen. Die abgerissenen Zeilen werden durch Punkthäuser ersetzt. Die Einfamilienhäuser im Westen werden durch kleine Mehrfamilienhäuser ersetzt. Die zentral gelegene Parkgarage wird aufgestockt und funktional angereichert.

BAUPHASE 1

Die Verdichtung einzelner Häuser im Westen und Norden ist ein Entwicklungsschritt, der unabhängig von der restlichen Entwicklung erfolgen kann.

BAUPHASE 2

Die Gestaltung der Annabergstraße sollte gemeinsam mit dem Bau der neuen Punkthäuser sowie der Nachverdichtung der Zeilen in Angriff genommen werden. Der Bau der Häuser bedingt ohnehin, dass der Straßenbelag aufgebrochen sowie Anschlüsse geschaffen werden müssen.

BAUPHASE 3

Die Nachverdichtungsmaßnahmen sollen Geld in die Kassen der Eigentümer spülen, welche für den Ausbau der öffentlichen Außenanlagen verwendet werden können. Die entstehenden Mietergärten im Westen und Norden können sich durch die Vermietung selbst tragen.

STRATEGIE / ENTWURFLICHE KONKRETISIERUNG

FRANKFURT/MAIN ZEILSHEIM MÄRCHENSIEDLUNG

BAUENTWICKLUNG

BESTANDSSITUATION

GELD EINTREIBEN!

Neubau von Privateigentum in Form von Einfamilienhäusern und Eigentumswohnungen

ACHSE STÄRKEN!

Öffentliche Funktionen ansiedeln, Raumkanten zur Straße bilden, Altenwohnen integrieren

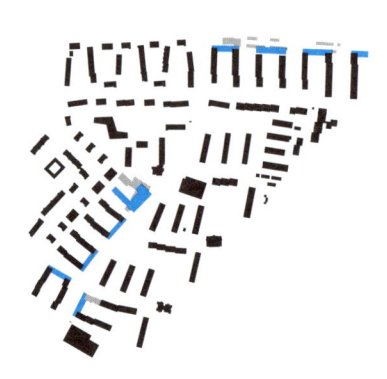

BAUPHASE 0

BAUPHASE 1

BAUPHASE 2

FREIRAUMAKTIVIERUNG

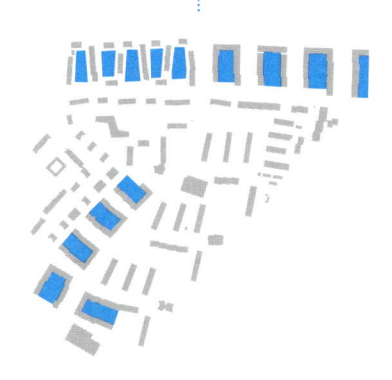

Individuelle Freiräume stärken durch Anlage von Mietergärten

MASSNAHMEN IM ÜBERBLICK

NEUES KLIENTEL ANZIEHEN!

Punkthäuser integrieren, Familienwohnen ausbauen

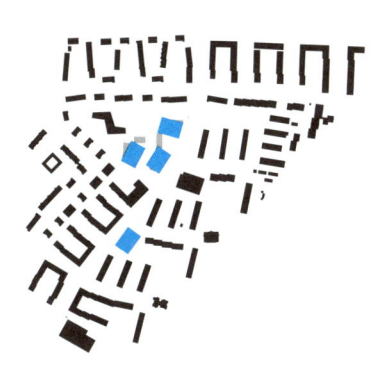

FELDRANDLAGE AUSBAUEN!

Grünraum als öffentlichen Raum gestalten, Parken und Sport platzieren

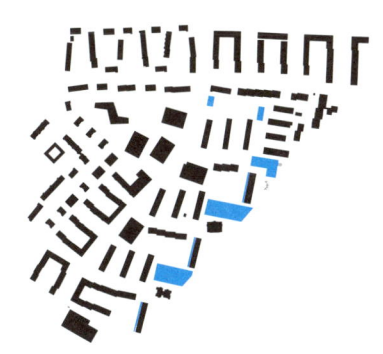

ZIELSITUATION

| BAUPHASE 3 | BAUPHASE 4 | BAUPHASE 5 |

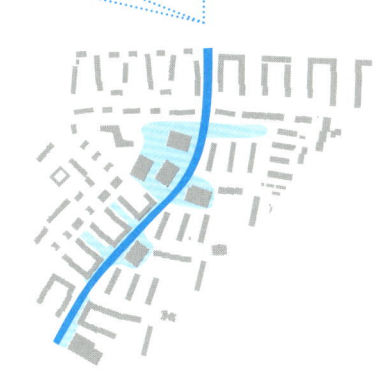

Ausbau und Aktivierung der Achse durch Straßengestaltung, Bebauung und Nutzungsprogrammierung

Öffentliche Grünflächen aktivieren durch Landschaftsgestaltung, Durchwegung und Sportangebot

STRATEGIE / ENTWURFLICHE KONKRETISIERUNG

FRANKFURT/MAIN ZEILSHEIM MÄRCHENSIEDLUNG

GRÜNPLAN

■ Intensivieren:
öffentliches Grün mit
besonderer Qualität

■ Privatisieren:
Mietergärten

■ Belassen:
öffentliches Grün

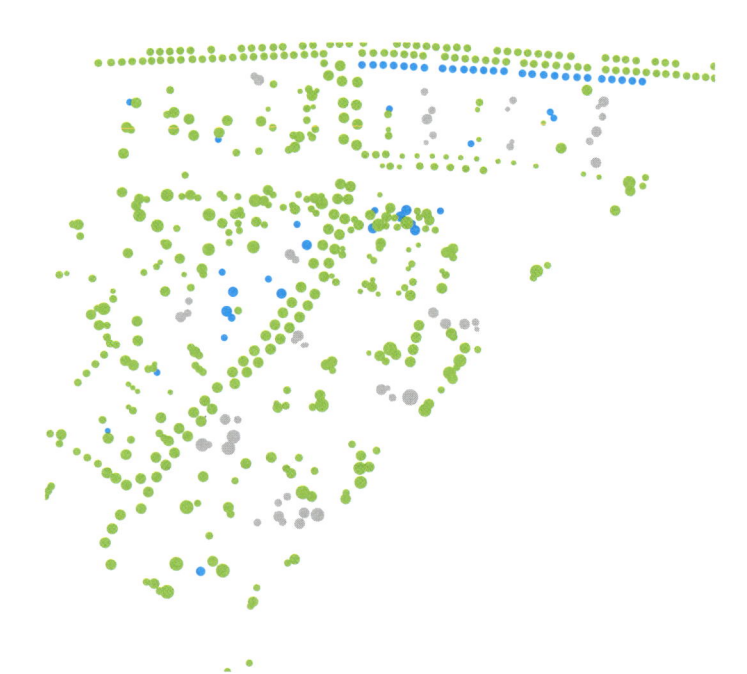

BAUMPLAN

● Bestandsbäume
● Neupflanzungen
● Abholzung

DIAGRAMME

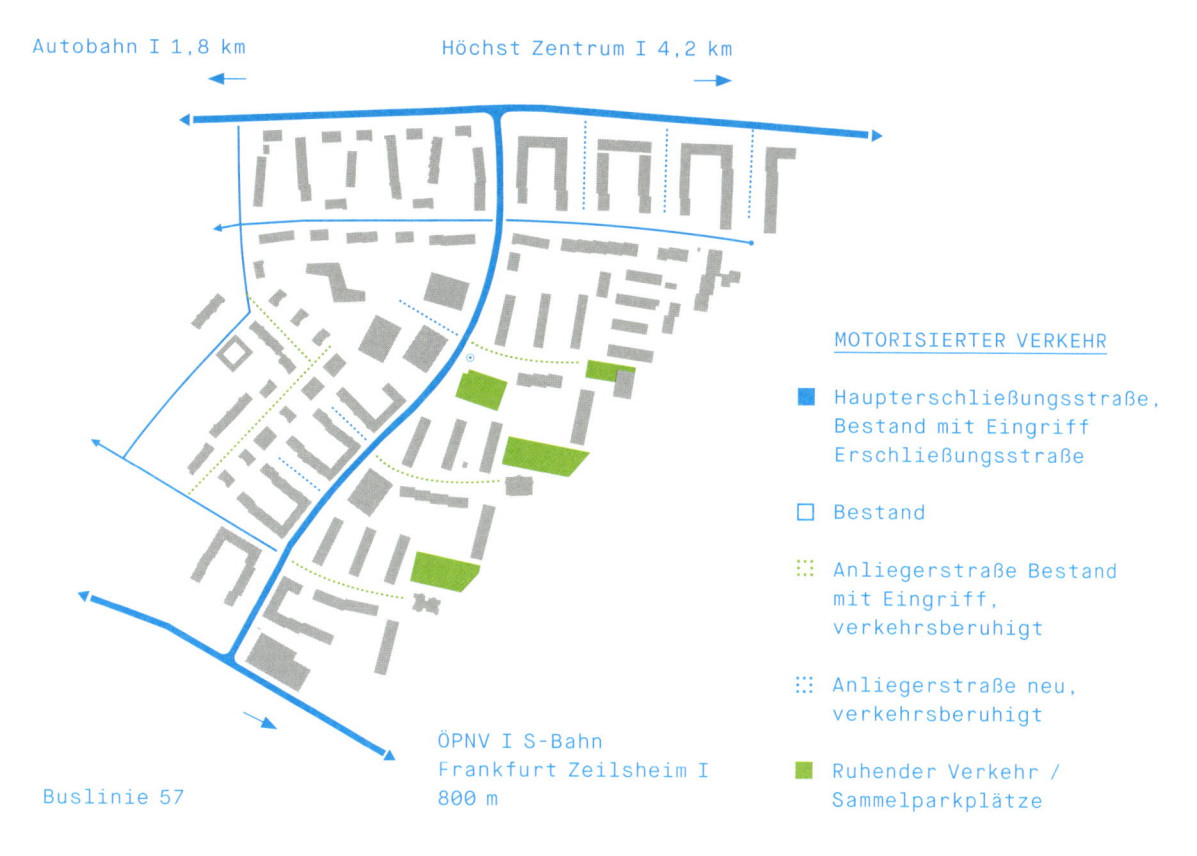

Autobahn I 1,8 km   Höchst Zentrum I 4,2 km

MOTORISIERTER VERKEHR

- ■ Haupterschließungsstraße, Bestand mit Eingriff Erschließungsstraße
- □ Bestand
- ⋮ Anliegerstraße Bestand mit Eingriff, verkehrsberuhigt
- ⋮ Anliegerstraße neu, verkehrsberuhigt
- ■ Ruhender Verkehr / Sammelparkplätze

Buslinie 57

ÖPNV I S-Bahn Frankfurt Zeilsheim I 800 m

FUSS- UND RADWEGE / HALTESTELLEN

- = Gehwege Fuß- und Radwege
- ⋮ Anliegerstraße, verkehrsberuhigt
- ■ Fußgängerwege
- ● Bushaltestelle

Buslinie 53/54/57

ÖPNV I S-Bahn Frankfurt Zeilsheim 9 Gehminuten

STRATEGIE / ENTWURFLICHE KONKRETISIERUNG

FRANKFURT/MAIN ZEILSHEIM MÄRCHENSIEDLUNG

Der ruhende Verkehr parkt teils weiterhin entlang der Straße, allerdings in eigens vorgesehenen, gestalteten Zonen mit Queraufstellung der Autos. Die kleinen Straßen im östlichen Siedlungsteil werden hingegen entparkt. Die Autos werden in neu angelegten, halbgeschossig aus der Erde ragenden Tiefgaragen untergebracht. Deren Dächer werden mit Sportfunktionen angereichert.

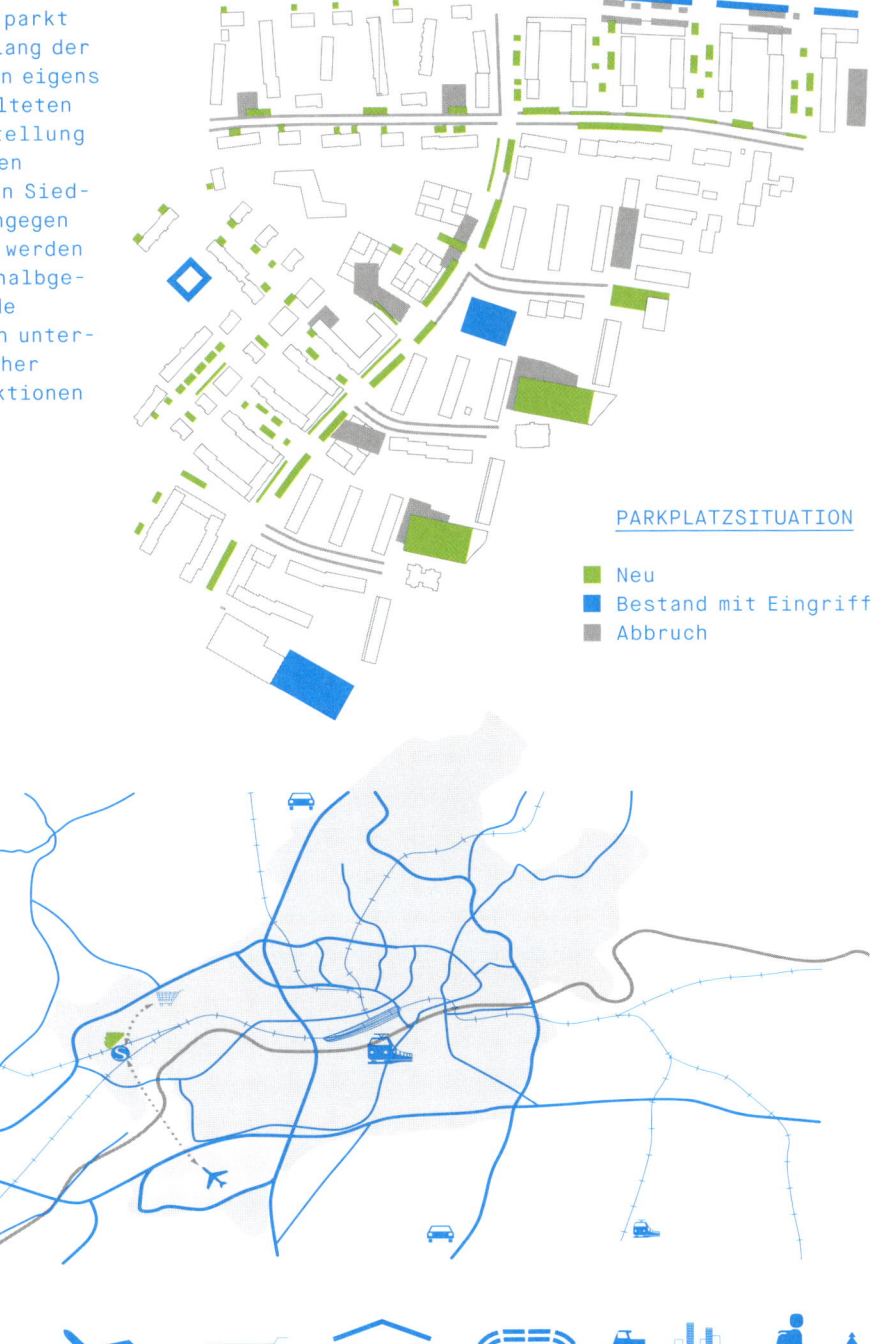

PARKPLATZSITUATION

- Neu
- Bestand mit Eingriff
- Abbruch

PKW: 23 Min.	PKW: 19 Min.	PKW: 14 Min.	PKW: 10 Min.	PKW: 3 Min.	PKW: 5 Min.	PKW: 6 Min.	PKW: 13 Min.
ÖPNV: 36 Min.	ÖPNV: 24 Min.	ÖPNV: 55 Min.	ÖPNV: 41 Min.	ÖPNV: 7 Min.	ÖPNV: 9 Min.	ÖPNV: 15 Min.	ÖPNV: 41 Min.

PARKRAUM UND MOBILITÄT

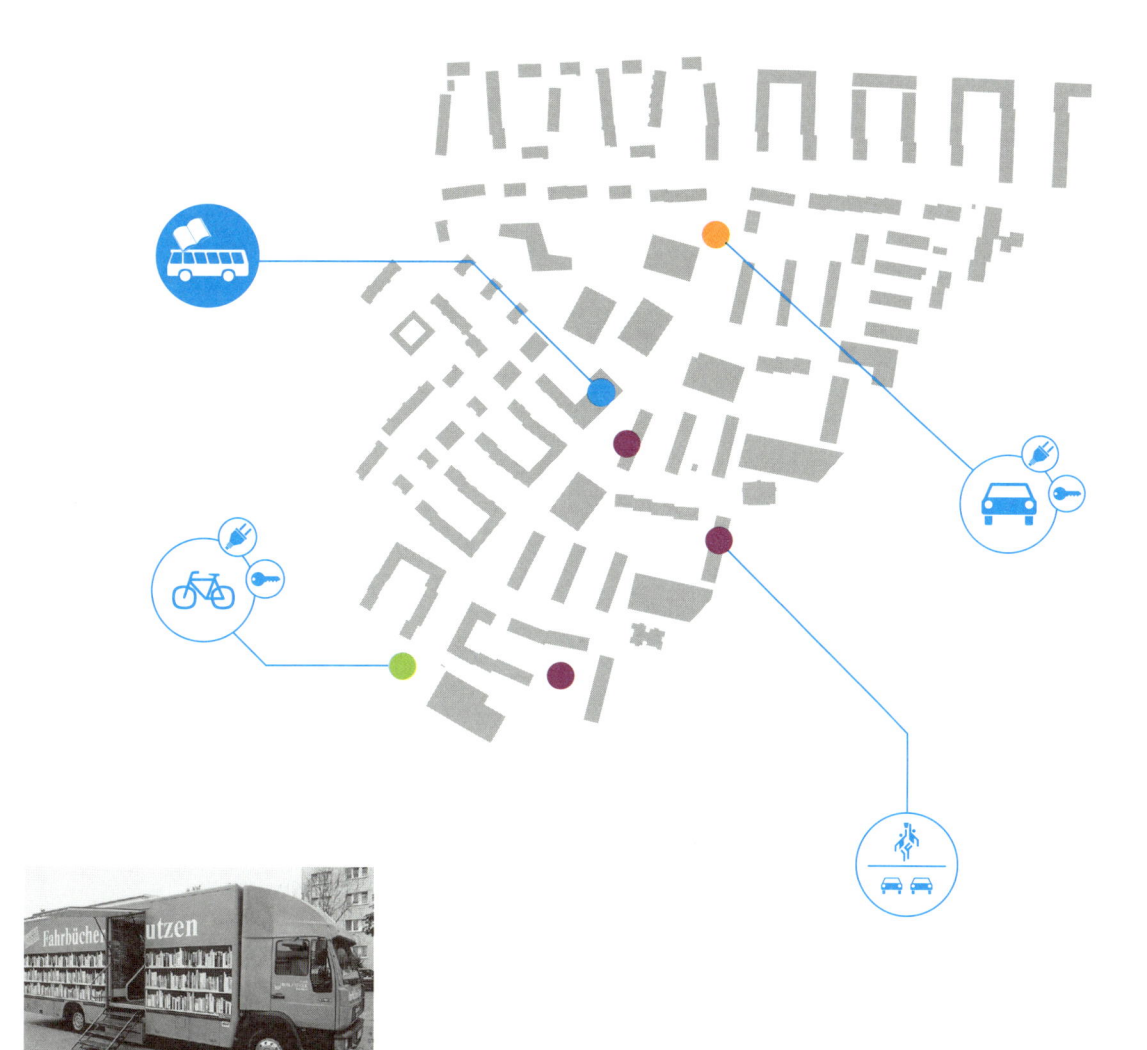

Die Infrastruktur der Siedlung wird durch ein Mobilitätskonzept ergänzt. Neben Ladestationen für Elektrofahrzeuge, einem Carsharing-Punkt sowie einer Fahrradstation entsteht ein Platz für temporäre Nutzungen, mit Raum für einen Bibliotheksbus oder mobilen Marktstand. Dem Konzept ging eine Seminararbeit von Johanna Schulte und Katy Kulpa voraus.

STRATEGIE / ENTWURFLICHE KONKRETISIERUNG

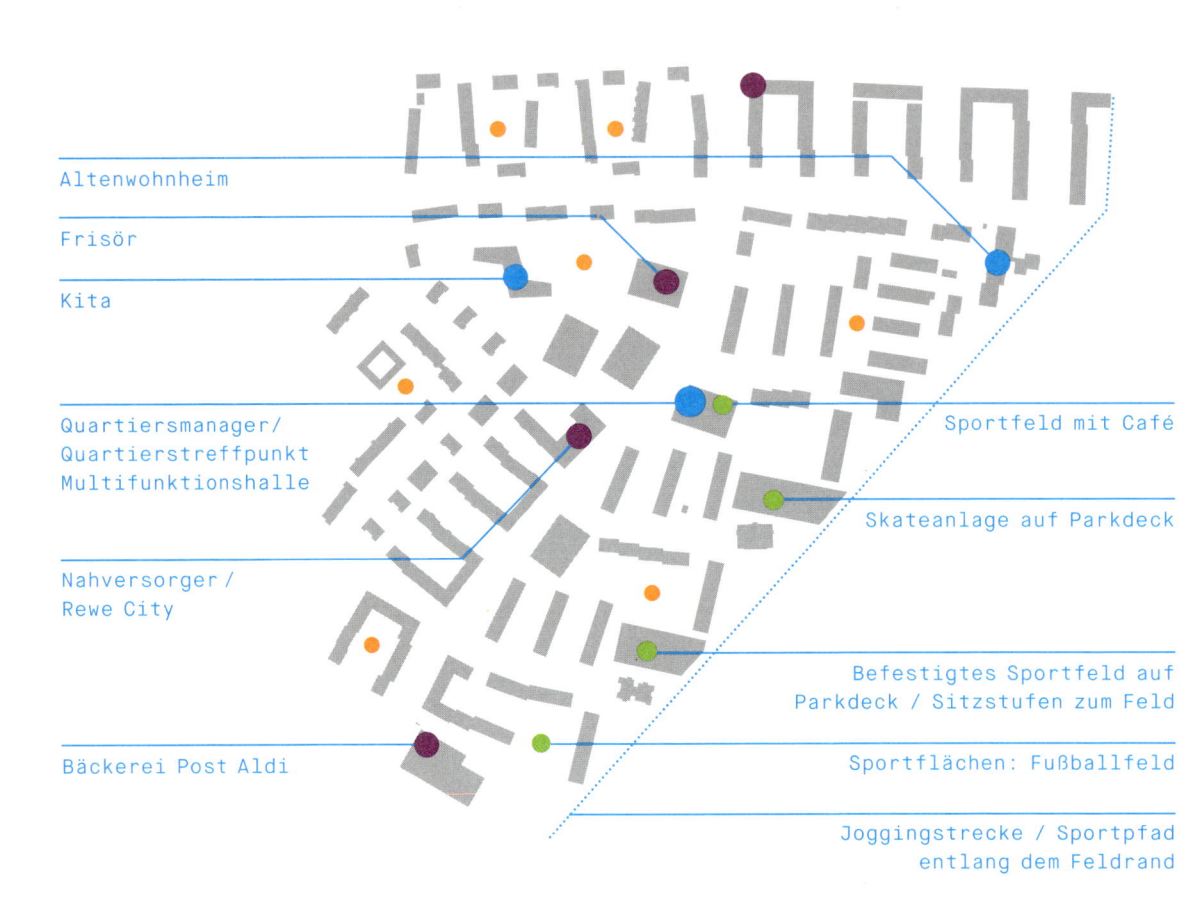

FRANKFURT/MAIN ZEILSHEIM MÄRCHENSIEDLUNG AKTIONSFELDER / MEHRFACHKODIEREN

Altenwohnheim

Frisör

Kita

Quartiersmanager/
Quartierstreffpunkt
Multifunktionshalle

Nahversorger /
Rewe City

Bäckerei Post Aldi

Sportfeld mit Café

Skateanlage auf Parkdeck

Befestigtes Sportfeld auf
Parkdeck / Sitzstufen zum Feld

Sportflächen: Fußballfeld

Joggingstrecke / Sportpfad
entlang dem Feldrand

- ● Gemeinnützige Institutionen
- ● Geschäfte des täglichen Bedarfs
- ● Sport
- ● Spielplätze

BEWOHNERSTRUKTUR

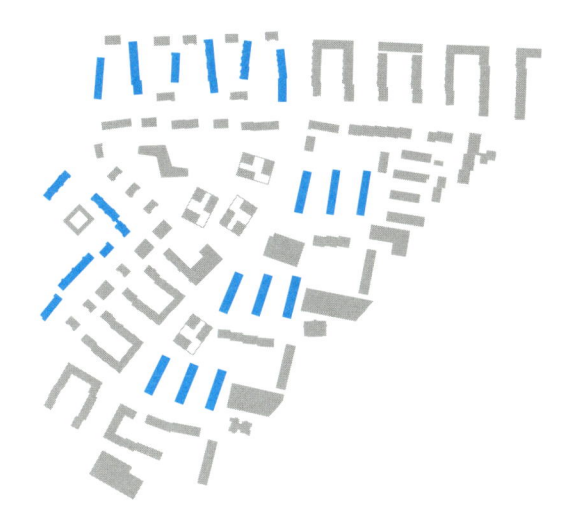

WOHNBESTAND

In den zwei- bis dreigeschossigen Zeilen befinden sich überwiegend Zwei- bis Vierzimmerwohnungen (ca. 50–70 m²). Ein Balkon oder eine Loggia sind in den meisten Fällen vorhanden. Nach heutigem Standard sind die Wohnungen für Alleinerziehende, junge Paare und Wohngemeinschaften geeignet.

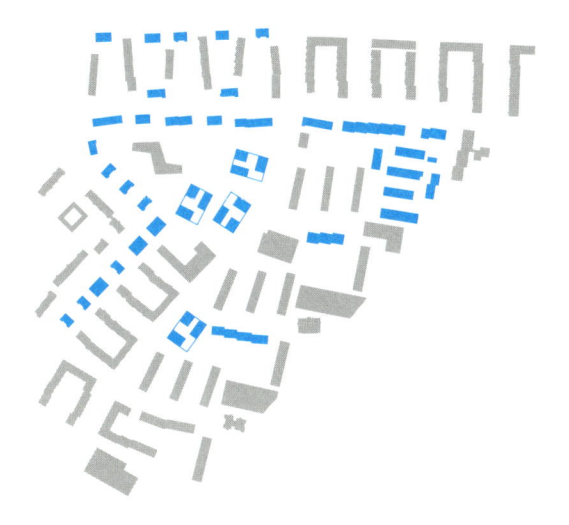

FAMILIENFREUNDLICHES WOHNEN

Einfamilienhäuser, Reihenhäuser und Punkthofhäuser von ca. 90–150 m² sollen den Mittelstand ins Quartier ziehen und jungen Familien einen attraktiven Wohnort bieten.

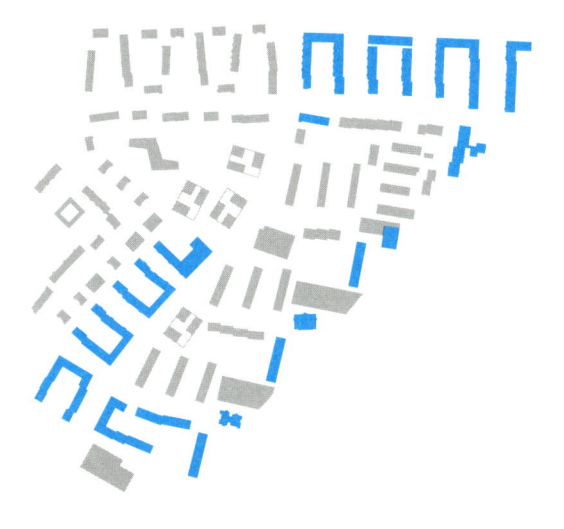

ALTENGERECHTES WOHNEN

Die demografische Entwicklung erfordert barrierearme bis barrierefreie Wohnungen.

STRATEGIE / ENTWURFLICHE KONKRETISIERUNG

FRANKFURT/MAIN ZEILSHEIM MÄRCHENSIEDLUNG

ZEILE

Je nach Lage werden die Zeilen differenziert modernisiert. Für die lockere Zeilenbebauung im Osten sind nur Instandhaltungsmaßnahmen vorgesehen, auch um preiswerten Wohnraum zu erhalten. Andere Zeilen werden typologisch verändert, um das Spektrum der Zielgruppen auszuweiten.

PUNKTHAUS

Die neuen Punkthäuser bringen einen hochwertigeren Wohnstandard in die Siedlung. Ziel ist die soziale Mischung. Die Bauten begleiten den zentralen Straßenraum der Annabergstraße, werden aber zugleich vom Grünraum durchzogen.

BLOCKRAND

Zeilen entlang der Annabergstraße und der Pfaffenwiese werden zu Blockrändern ergänzt und begrenzen somit den Straßenraum zur Annabergstraße und zur Pfaffenwiese. Sie zonieren bzw. differenzieren die Innenhöfe zu privateren Räumen.

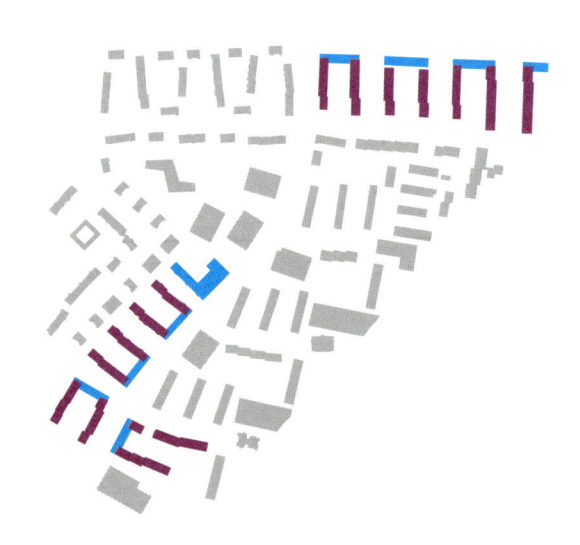

TYPOLOGIEN UND MASS DES EINGRIFFS

REIHENHAUS

Einige Zeilen werden zu reihenhausartigen Typologien umgebaut, um Familien erschwinglichen Wohnraum mit genügend Platz zu bieten.

EINFAMILIENHAUS

Einfamilien- und kleine Mehrfamilienhäuser bringen zusätzliche typologische Vielfalt in die Siedlung.

SONDERNUTZUNGEN

Für die Sondernutzungen sind überwiegend große Eingriffe geplant. Sie dienen dem Ausbau des öffentlichen Lebens und der Nachbarschaftsbildung in der Siedlung.

- ■ Geringer Eingriff
- ■ Großer Eingriff
- ■ Typologischer Umbau
- ■ Neubau

STRATEGIE / ENTWURFLICHE KONKRETISIERUNG

FRANKFURT/MAIN ZEILSHEIM MÄRCHENSIEDLUNG

M 1:2000 LAGEPLAN

STRATEGIE / ENTWURFLICHE KONKRETISIERUNG

FRANKFURT/MAIN ZEILSHEIM MÄRCHENSIEDLUNG

M 1:1000　　　　　　　　　　　　LAGEPLANAUSSCHNITT

STRATEGIE / ENTWURFLICHE KONKRETISIERUNG

ÜBER DAS BUCH

FORSCHUNGSPROJEKT

Um die urbanen Potenziale moderner Siedlungen der Nachkriegszeit stärker ins Blickfeld zu rücken und ganzheitliche Entwicklungsmöglichkeiten des Wohnungsbaubestandes aufzuzeigen, wurde unter dem Arbeitstitel „Wie Wohnen – Strategische Bestandsentwicklung im Wohnungsbau" im Sommer 2013 ein Antrag zur Forschungsfinanzierung an das Land Hessen gestellt. Mit der genehmigten Forschungsförderung dieses, als „research by design" konzipierten Projektes, wuchs in der Folgezeit eine Arbeitsgruppe um die beiden Autoren, ohne welche die vorliegende Arbeit nicht denkbar gewesen wäre:

MITARBEIT

Im Besonderen ist dies Dipl.-Ing. Iris Scherer als wissenschaftliche Mitarbeiterin am Lehrgebiet Städtebau in Wiesbaden, die maßgeblich an der Struktur der Arbeit, an Recherchen und Analysen vor Ort und nicht zuletzt an der Strategienentwicklung beteiligt war. Als studentische Mitarbeiterinnen sind vor allem Annika Griewisch für den Strategieteil, Athena Isabella Rombach für die Recherche von Best-practice-Beispielen, Katharina Körber und Vanessa Karl für inhaltliche und grafische Ausarbeitungen der Karten und Diagramme und Marie Luisa Kram für Umfragen in den Wohnungsbaugesellschaften zu nennen. Dazu war Prof. Dr. Kai Schuster aus dem Fachbereich Gesellschaftswissenschaften der Hochschule Darmstadt Ansprechpartner für die Methodik einer Umfrage, welche Studentinnen und Studenten im Rahmen eines Seminars unter der Leitung von Iris Scherer in einer Siedlung durchgeführt haben.

Dank gilt auch den zahlreichen Gesprächspartnerinnen und -partnern aus den Kommunen, den Wohnungsbaugesellschaften und den Kolleginnen und Kollegen aus dem akademischen Umfeld der Autoren, die durch inhaltliche Diskussionen das Projekt bewusst oder unbewusst weiter gebracht haben. Dank gilt nicht zuletzt auch den Studentinnen und Studenten, die in den zurückliegenden Semestern in Seminaren, Projekten und in Abschlussarbeiten an den beiden Hochschulen zur Entwicklung des Themenfeldes beigetragen haben.

FORSCHUNGSTEAM

PROF. VOLKER KLEINEKORT,
Lehrgebiet Städtebau und Gebäudelehre der HSRM, Hochschule RheinMain in Wiesbaden

IRIS SCHERER,
Wissenschaftliche Mitarbeiterin, Forschungsprojekt am Lehrgebiet an der HSRM

PROF. ASTRID SCHMEING,
Lehrgebiet Städtebau der h_da, Hochschule Darmstadt

FÖRDERUNG

Ohne die finanzielle und strukturelle Unterstützung des Landes Hessen, der Hochschule Darmstadt und der Hochschule RheinMain hätte diese Arbeit nicht entstehen können. Das Projekt wurde großzügig finanziert aus dem Förderprogramm „Forschung für die Praxis" des Hessischen Ministeriums für Wissenschaft und Kunst. Unser Dank gilt dem Fördergeber, der KHF – Konferenz hessischer Fachhochschulen; der Unterstützung durch die Hochschulen, besonders den Abteilungen für Forschungsförderung und den Ämtern der Kommunen Herten, Frankfurt, Darmstadt und Karlsruhe für die großzügige Unterstützung in Gesprächen und mit Informationen und Planmaterial. Und nicht zuletzt gilt unser Dank auch den Büros, welche uns Pläne und Fotografien von ihren Projekten für die Publikation zur Verfügung gestellt haben.

RheinMain University of Applied Sciences

h_da
HOCHSCHULE DARMSTADT
UNIVERSITY OF APPLIED SCIENCES

FORSCHUNG FÜR DIE PRAXIS
DIE HESSISCHEN HOCHSCHULEN FÜR ANGEWANDTE WISSENSCHAFTEN

AUTOREN

VOLKER KLEINEKORT

ist Architekt und Stadtplaner mit Büro in Düsseldorf und Professor für Städtebau an der Hochschule RheinMain in Wiesbaden.

Architekturstudium an der Hochschule Bochum und Postgraduiertenstudium an der Kunstakademie Düsseldorf. 2003 Bürogründung bK. Von 2005 bis 2009 wissenschaftlicher Assistent am Institut für Entwerfen Stadt und Landschaft der Technischen Universität München sowie Gastdozent und Gastkritiker an verschiedenen Universitäten im In- und Ausland. Seit 2009 Professor für Städtebau und Gebäudelehre an der Hochschule RheinMain in Wiesbaden. Aktuelle Forschungsschwerpunkte sind der Wohnungsbau der Nachkriegsmoderne, besonders deren Siedlungsstrukturen und Aspekte der Reintegration von Infrastrukturräumen in die Stadtmorphologie. Volker Kleinekort ist, neben Hochschule und dem eigenen Büro, unter anderem im Gestaltungsbeirat der Stadt Moers und als Fachpreisrichter tätig.

ASTRID SCHMEING

ist Architektin und Professorin für Stadtbaugeschichte, Städtebau und Entwerfen an der Hochschule Darmstadt.

Architekturstudium an der MSA, Münster School of Architecture, der Ohio State University (Fulbright Stipendium) und der Architectural Association London. Mitarbeit unter anderem bei UNStudio in Amsterdam und BAL in Berlin. Von 1999 bis 2005 wissenschaftliche Mitarbeiterin am Lehrstuhl für Städtebau und Entwerfen an der Technischen Universität Karlsruhe, 2002 bis 2005 Mitarbeit in der Forschungsgruppe „Zwischenstadt andernorts" des „Ladenburger Kollegs". Lehraufträge unter anderem an der Architectural Association London, der Universität Karlsruhe und der Fachhochschule Münster. Seit 2009 Professorin im Studiengang Architektur der Hochschule Darmstadt. Forschungsschwerpunkte sind Strategien zur Zwischenstadt und zum Städtebau der Nachkriegsmoderne.

LUFTBILDER ANALYSETEIL

HERTEN:
Regionalverband Ruhr,
Geobasis NRW
Essen, 2016

KARLSRUHE:
Stadt Karlsruhe,
Liegenschaftsamt, 2014

FRANKFURT:
Geobasisdaten,
Stadtvermessungsamt
Frankfurt am Main, 2014

DARMSTADT:
Vermessungsamt
Darmstadt, 2014

BILDNACHWEISE DER BILDERSTRECKEN

S. U2/1 Volker Kleinekort
S. 2/3 Nathalie Denstorff
S. 4/5 Nathalie Denstorff
S. 6/7 Volker Kleinekort
S. 8 Anne Giesler/
 Bianca Stickler
S. 27 Anna-Lena Möhl/
 Nils Kempe
S. 28/29 Mert Findansoy
S. 30/31 Anna-Lena Möhl/
 Nils Kempe
S. 32/33 Nathalie Denstorff
S. 34 Mert Findansoy
S. 139 Mert, Findansoy
S. 140/141 Astrid Schmeing
S. 142/143 Volker Kleinekort
S. 144/145 Astrid Schmeing
S. 146/147 Volker Kleinekort
S. 148 Mert Findansoy
S. 217 Mert Findansoy
S. 218/219 Astrid Schmeing
S. 220/221 Volker Kleinekort
S. 222/223 Katy Kulpa /
 Johanna Schulte
S. 224/U3 Astrid Schmeing

BILDQUELLEN

S. 20: maxwan architecture, Rotterdam

S. 52/53, 58/59, 64/65: Regionalverband Ruhr, Essen 2016, geotopografische Daten der Bezirksregierung Köln / Geobasis NRW

S. 70/71, 76/77, 82/83, 88/89, 94/95, 100/101: Geobasisdaten, Stadtvermessungsamt Frankfurt am Main, 2014

S. 124/125, 130/131, 136/137: Stadt Karlsruhe, Liegenschaftsamt, 2014

S. 106/107, 112/113, 118/119: Vermessungsamt der Stadt Darmstadt, 2014

S. 163: Kunst + Herbert Architekten mit Studio UC. Klaus Overmeyer

S. 162: Gerber Architekten

S. 164: Springer Architekten, Foto: Bernd Hiepe, Berlin

S. 164: Springer Architekten, Foto: Bernd Hiepe, Berlin

S. 166: muf architecture/art

S. 166: muf architecture/art

S. 166: muf architecture/art

S. 167: ANNNABAU Architektur und Landschaft, Berlin

Alle anderen Grafiken, Karten und Diagramme aus dem Analyse- und Strategieteil stammen aus dem Forschungsprojekt. Die Rechte liegen bei den Autoren.

LITERATUR

Bormann, Oliver / Koch, Michael / Schmeing, Astrid / Schröder, Martin / Wall, Alexander: *Zwischen Stadt Entwerfen.* Wuppertal 2005

Bott, Helmut / C. Grassl, Gregor / Anders, Stephan: *Nachhaltige Stadtplanung.* Regensburg 2013

Boucsein, Benedikt: *Graue Architektur.* Köln 2010

Bundesministerium für Umwelt, Naturschutz, Bau und Reaktorsicherheit (Hg): *Grün in der Stadt – für eine lebenswerte Zukunft. Grünbuch Stadtgrün.* Berlin 2015

Feiersinger, Elise / Vass, Andreas / Veit, Susanne (Hg.): *Bestand der Moderne: Von der Produktion eines architektonischen Werts.* Zürich 2012

Forsyth, Ann: „Innovation in Urban Design: Does Research Help?". In: *Journal of Urban Design* 12/2007

Frey, Oliver / Koch, Florian (Hg.): *Die Zukunft der Europäischen Stadt.* Wiesbaden, 2011

Gerber, Andri: *Forschende Architektur* Luzern 2010

Gisbertz, Olaf (Hg): *Nachkriegsmoderne kontrovers: Positionen der Gegenwart.* Berlin 2012

Goodman, Nelson: *Sprachen der Kunst. Entwurf einer Symboltheorie*. Frankfurt am Main 1995. Originalausgabe: *Languages of Art. An Approach to a Theory of Symbols*. Indianapolis 1968

Grafe, Christoph: „Praxis oder Wissenschaftsdisziplin?". In: *eine romantische wissenschaft – der architekt 6/2015*. Berlin 2015

Hecker, Michael / Krings, Ulrich / Haus der Architektur Köln (Hg.): *Bauten und Anlagen der 1960er und 1970er Jahre – ein ungeliebtes Erbe?*. Essen 2011

Hilberseimer, Ludwig: *Entfaltung einer Planungsidee*. Frankfurt am Main 1963

Hilberseimer, Ludwig: *Groszstadtarchitektur*. Stuttgart 1927

Hopfner, Karin / Simon-Philipp, Christina / Wolf, Clais (Hg.): *größer höher dichter – Wohnen in Siedlungen der 1960er und 1970er Jahre in der Region Stuttgart*. Stuttgart 2012

Hopfner, Karin / Simon-Philip, Christina: *Das Wohnbauerbe der 1950er bis 1970er Jahre – Perspektiven und Handlungsoptionen*. Stuttgart 2013

Hugentobler, Margrit / Hofer, Andreas / Simmendinger, Pia (Hg.): *Mehr als Wohnen. Genossenschaftlich planen – ein Modellfall aus Zürich*. Basel 2016

Kegler, Karl R.: „Normen-Kunst. Warum Architektur keine Wissenschaft ist." In: *trans 24 „normiert"*. Zürich 2014

Kleinekort, Volker / Rott, Josef et al.: „Was Wissen schafft – Forschendes Entwerfen oder Kann man durch Entwerfen wissenschaftlich forschen?". In: *Planerin 4/2008*. Berlin, 2008

Kleinekort, Volker / Rott, Josef: „Skizzierte Theorie – Suchen oder generieren wir architektonisches Wissen?". In: *Das Wissen der Architektur – Conference Proceedings*. Aachen 2011

Körner, Stefan: *Natur in der urbanisierten Landschaft. Ökologie, Schutz und Gestaltung*. Wuppertal 2005

Krier, Leon: *Architektur. Freiheit oder Fatalismus*. München/New York 1998

Krusche, Jürgen: *Die Straße als gelebter Raum*. Zürich 2010

Mercier, Louis-Sébastien: *Bilder einer Großstadt*. Berlin 1989

Mercier, Louis-Sébastien: *Tableau de Paris*. Paris 1781

Mersch, Dieter: *Epistemologien des Ästhetischen*. Zürich 2015

Pasel, Ralf / Paany, Otto: *Situational Urbanism – directing postwar urbanity*. Berlin 2014

Prosser, John: *Image-based Research. A Sourcebook for Qualitative Researchers*. New York 2000

Rott, Josef: *Wie kommt der Entwurf zur Stadt? Der Beitrag von Wettbewerbsentwürfen in städtebaulichen Planungsprozessen*. München 2009

Rowe, Colin / Koetter, Fred: *Collage City*. Zürich 1997

Ruby, Ilka & Andreas: *Druot, Lacaton & Vasal – Tour Bois Le Prêtre*. Berlin 2012

StadtBauwelt Nr. 205: „Die Europäische Stadt – eine Chimäre?", 12/2015. Berlin 2015

Stierle, Karlheinz: „Die Entdeckung der Stadt". In: Knilli, Friedrich (Hg.): *Medium Metropole*. Berlin/Paris/New York 1986

Thiel, Paul: „Nachwort". In: Mercier, Louis-Sébastien (1989): *Bilder einer Großstadt*. Berlin 1989

Ungers, Oswald Matthias: „Die Stadt in der Stadt", Hrsg. von Florian Hertweck und Sébastien Marot, Kritische Ausgabe, Zürich 2013. Original 1977

von Buttlar, Adrian / Heuter, Christoph: *denkmal! Moderne, Architektur der 60er Jahre, Wiederentdeckung einer Epoche*. Berlin 2009

Walk, Sophia: „Stadtbilder und Bildgeschichten". In: Dies.: *Architekturführer Lissabon*. Berlin 2014

Wendorf, Gabriele: *Wohnsiedlungen im Umbruch*. München 2011

IMPRESSUM

© 2016 by jovis Verlag GmbH

Das Copyright für die Texte liegt bei Volker Kleinekort und Astrid Schmeing.

Das Copyright für die Abbildungen liegt bei den Fotografen/Inhabern der Bildrechte.

Alle Rechte vorbehalten.

Umschlagmotive:
Nathalie Denstorff,
Volker Kleinekort

Illustrationen / Diagramme:
Iris Scherer, Katharina Körber, Vanessa Karl, Annika Griewisch

Gestaltung und Satz:
studioheyhey.com,
Frankfurt am Main

Papier:
Munken Lynx 120g/m^2

Schrift:
Maison Neue, Mono /
Lexicon No2, Roman

Lithografie:
Bild1Druck, Berlin

Druck und Bindung:
Graspo CZ, a. s., Zlín

Bibliografische Information der Deutschen Nationalbibliothek

Die Deutsche Nationalbibliothek verzeichnet diese Publikation in der Deutschen Nationalbibliografie; detaillierte bibliografische Daten sind im Internet über http://dnb.d-nb.de abrufbar.

jovis Verlag GmbH
Kurfürstenstraße 15/16
10785 Berlin

www.jovis.de

jovis-Bücher sind weltweit im ausgewählten Buchhandel erhältlich. Informationen zu unserem internationalen Vertrieb erhalten Sie von Ihrem Buchhändler oder unter www.jovis.de.

ISBN 978-3-86859-395-2

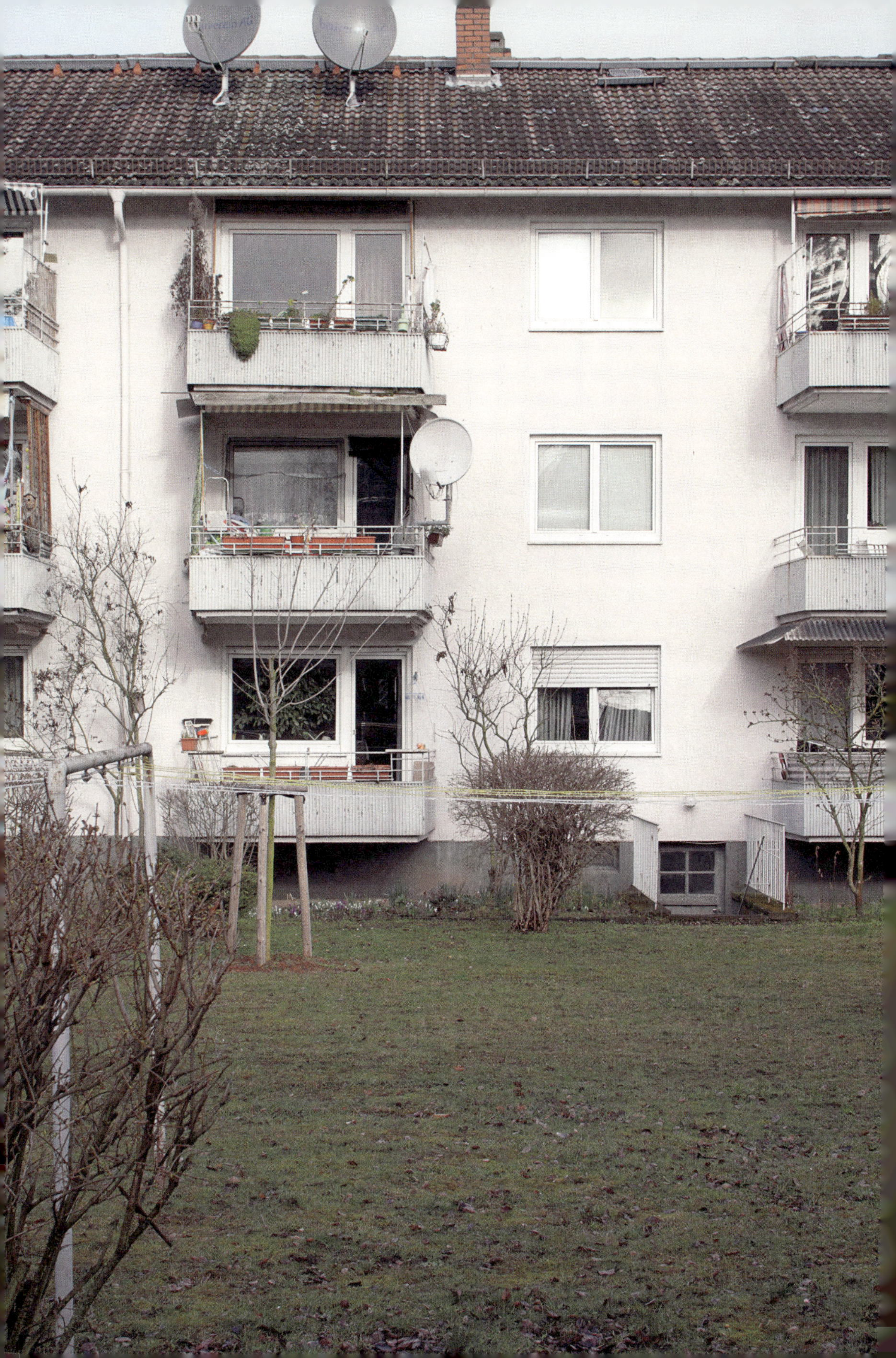

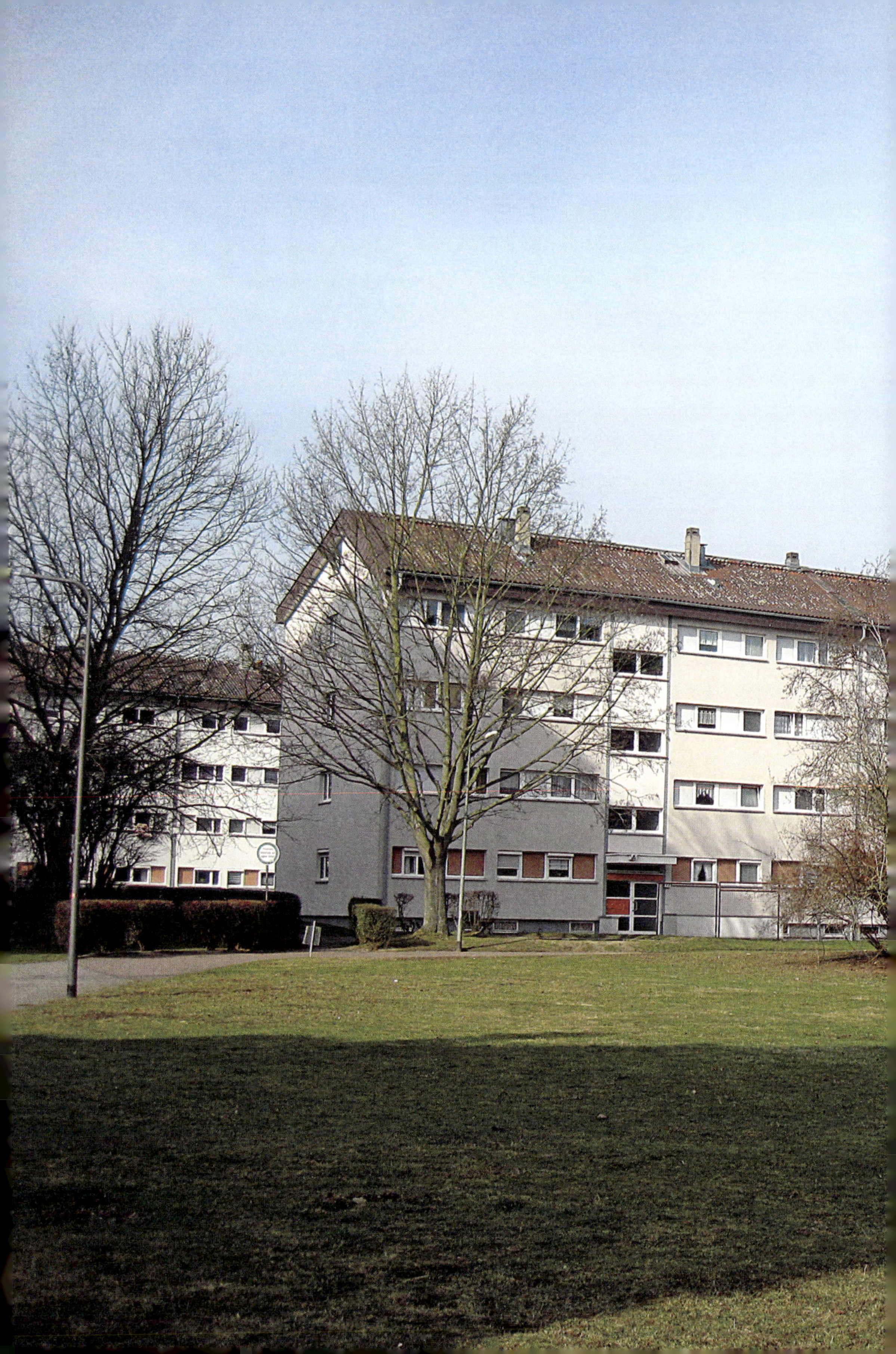

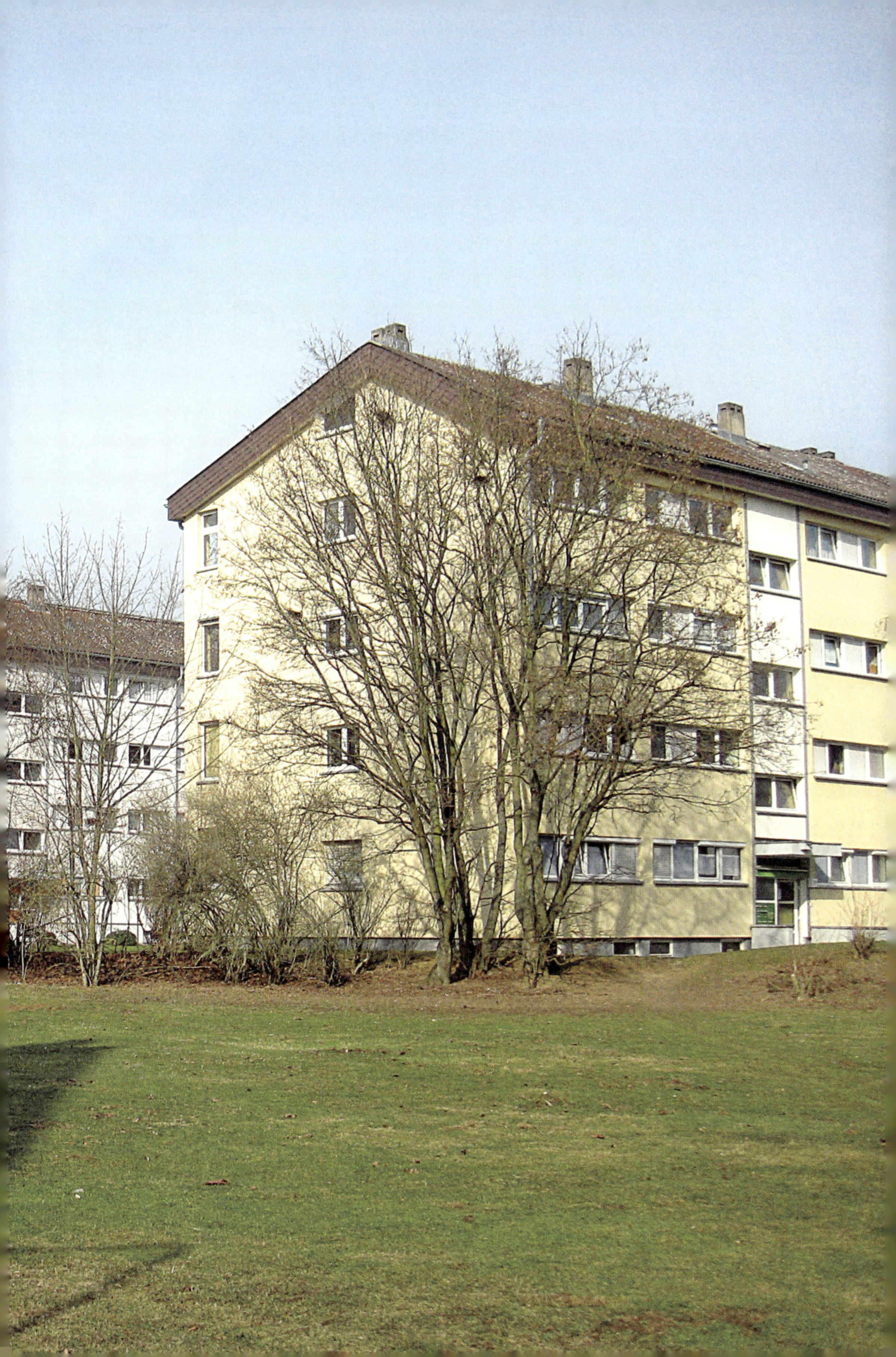

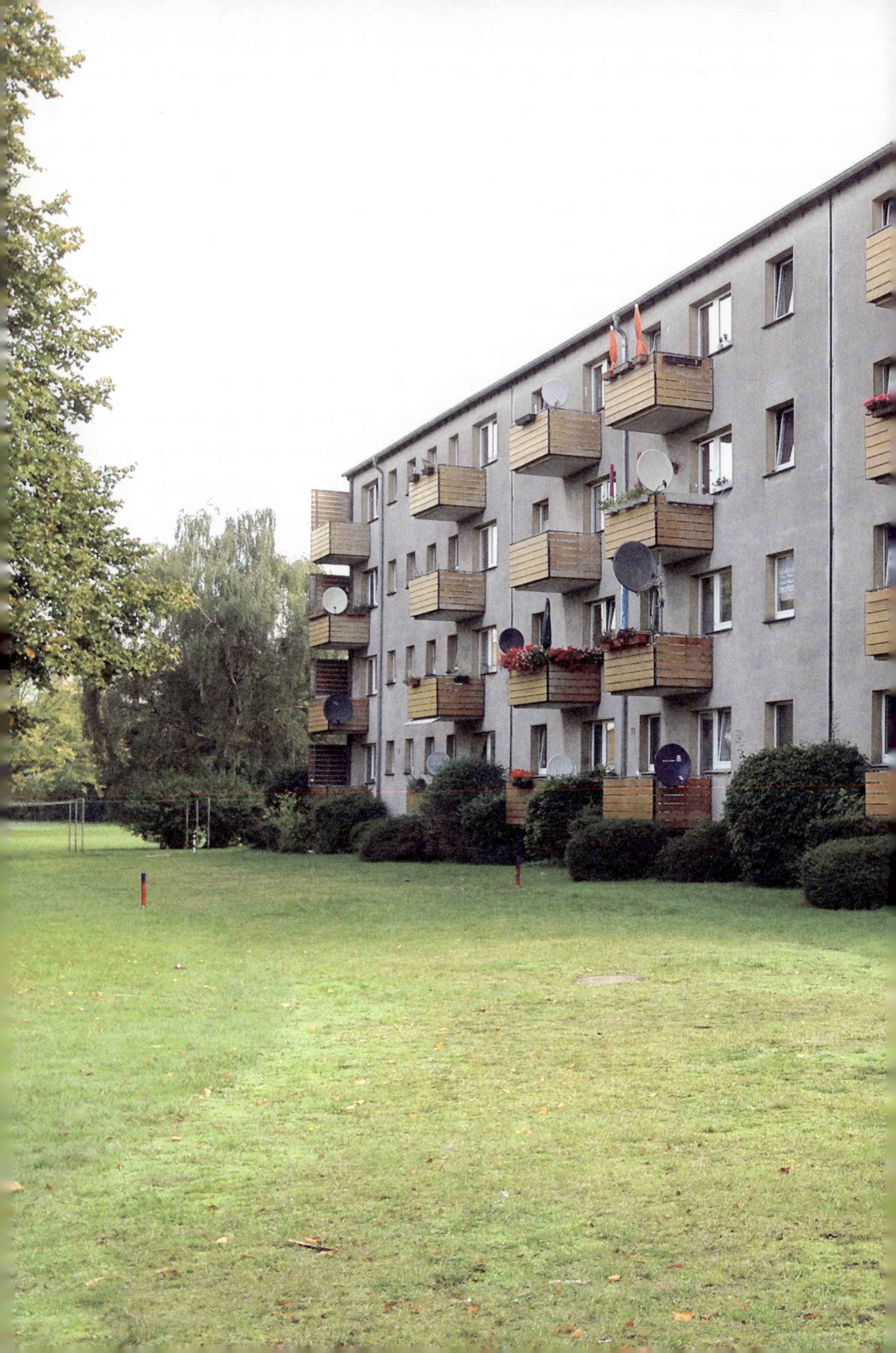

25